区域商贸流通发展战略研究
——以贵州省遵义市为例

曾庆均 孙 畅 王晓琪 ○ 著

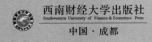

西南财经大学出版社
Southwestern University of Finance & Economics Press

中国·成都

图书在版编目(CIP)数据

区域商贸流通发展战略研究:以贵州省遵义市为例/曾庆均,孙畅,
王晓琪著.—成都:西南财经大学出版社,2024.7

ISBN 978-7-5504-4790-5

Ⅰ.①区…　Ⅱ.①曾…②孙…③王…　Ⅲ.①区域贸易—贸易经济—
流通产业—产业发展—研究—遵义　Ⅳ.①F727.733

中国版本图书馆 CIP 数据核字(2021)第 014502 号

区域商贸流通发展战略研究——以贵州省遵义市为例
QUYU SHANGMAO LIUTONG FAZHAN ZHANLÜE YANJIU——YI GUIZHOU SHENG ZUNYI SHI WEILI
曾庆均　孙　畅　王晓琪　著

策划编辑:李晓嵩
责任编辑:李晓嵩
责任校对:王　琳
封面设计:何东琳设计工作室
责任印制:朱曼丽

出版发行	西南财经大学出版社(四川省成都市光华村街55号)
网　　址	http://cbs.swufe.edu.cn
电子邮件	bookcj@swufe.edu.cn
邮政编码	610074
电　　话	028-87353785
照　　排	四川胜翔数码印务设计有限公司
印　　刷	成都国图广告印务有限公司
成品尺寸	170 mm×240 mm
印　　张	16.75
字　　数	396 千字
版　　次	2024 年 7 月第 1 版
印　　次	2024 年 7 月第 1 次印刷
书　　号	ISBN 978-7-5504-4790-5
定　　价	88.00 元

序言

　　区域商贸流通是区域经济的主要构成要素，是一个地区经济发展的重要引擎，是衡量区域经济发展水平的重要指标。在以国内大循环为主体、国内国际双循环相互促进的新发展格局下，区域经济要实现高质量发展，经济发展要实现"惊险跳跃"，区域商贸流通起着关键作用。

　　遵义市是贵州省第二大城市，是贵州省、四川省、重庆市结合部中心城市，是西部陆海新通道的重要节点城市，是西南地区承接南北、连接东西、通江达海的重要交通枢纽，是成渝—黔中经济区走廊的核心区。推动商贸流通业发展，是中心城市发展的必然要求。

　　2017 年 9 月，中共遵义市委五届三次全会通过的《中共遵义市委关于加快第三产业发展的意见》（遵党发〔2017〕8 号）提出了建设"三区三中心"目标（黔川渝结合部旅游康养集聚区、金融集聚区、大数据服务集聚区和商贸物流中心、会展中心、文化中心）。在此背景下，开展建设黔川渝结合部商贸物流中心和会展中心战略研究，并编制黔川渝结合部商贸物流中心发展规划、黔川渝结合部商贸会展中心发展规划，成为发展之需。笔者及团队在调查研究与规划的基础上，形成《区域商贸流通发展战略研究——以贵州省遵义市为例》一书，从战略层面研究遵义市商贸流通问题，也就是研究黔川渝结合部商贸物流中心和会展中心的发展问题。

　　本书共 11 章，在分析国内外商贸物流和会展经济发展现状与趋势、黔川渝商贸物流和会展经济发展比较、遵义市商贸物流和会展发展 SWOT 分析、遵义市商贸物流和会展发展规模预测的基础上，重点对遵义市商贸物流和会展发展定位、功能与现实作用，遵义市商贸物流和会展发展模式与战略思路，遵义市商贸中心发展，遵义市物流中心发展，遵义市会展中心发展，遵义市城市商业环境与商业文化进行了系统研究。

　　遵义市需要发扬长征精神，通过构建大商贸、大物流、大市场、大开放的格局，增强遵义市作为贵州省第二大中心城市的区域影响力，增强遵义市在长江上游地区和西部陆海新通道沿线的聚集和辐射带动功能，突破商贸瓶颈，开辟商贸流通广阔的发展道路，实现"惊险跳跃"，进而实现将遵义市建设成为黔川渝结合部商贸物流中心和会展中心的发展目标。

曾庆均

2023 年 3 月于重庆

目录 ULU

第一章
国内外商贸物流和会展经济发展现状与趋势

商贸流通的加速发展已成为全球经济发展与结构调整的主要趋势。商贸流通不仅是增加消费、拓展内需、促进就业的重要载体，也是推动经济结构调整、转变经济发展方式和改善民生的重要内容。相比于世界商贸物流的发展，我国商贸物流在引导生产、增加消费、促进就业、改善民生等方面的作用日益突出。相比于会展业发达国家而言，我国会展业发展速度快，但整体竞争力较弱，发展不平衡现状较为明显，对经济的拉动作用尚未完全体现，合作化、国家化、主题化、品牌化是我国未来会展业发展的必然方向。

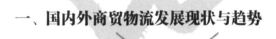

一、国内外商贸物流发展现状与趋势

（一）世界商贸流通业发展现状及其趋势

1. 世界零售业的发展

零售业是指通过买卖形式将工农业生产者生产的产品直接售给居民供生活消费使用或售给社会集团供公共消费使用的商品销售行业。世界范围内的零售业以惊人的速度在发生变化，其基本特点和发展趋势如下：

（1）世界零售业保持了较稳定的增速

据零售业咨询机构伦敦星球零售咨询公司（Planet Retail）统计，世界零售总额在 2015 年达到 22.51 万亿美元（1 美元约等于 7.3 元人民币，下同），比 2014 年增长 5.53%；2016 年达到 23.78 万亿美元，比 2015 年增长 5.64%；2017 年达到 25.11 万亿美元，比 2016 年增长 5.59%（见图 1-1）。从地区来看，亚太市场仍是全球最大的零售市场。2015 年，亚太市场的零售总额达到了 85 730 亿美元，占 2015 年世界零售总额的 38.1%；增速为 8.3%，领跑全球。

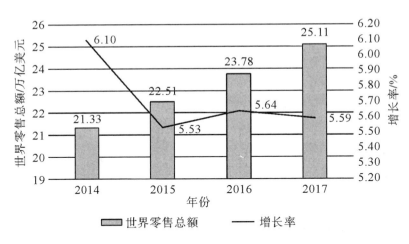

图 1-1　2014—2017 年世界零售总额及增速

（2）大型零售商主导作用增强

近年来，以连锁化、信息化和规模化为特征的零售业发展很快，零售业已成为当今社会经济的支柱产业之一（见表 1-1）。大型店铺连锁零售商试图使自己的每一家门店都成为人们（一站式购物）需求的目的地，增加非传统经营的商品，增加非商品消费服务，在零售业发展中起主导作用。

表 1-1　2017 年全球连锁零售商 10 强

公司	国别	类型	销售额/亿美元
沃尔玛	美国	大卖场/超市	4 821.30
好市多	美国	现购自运/仓储	1 161.99
克罗格	美国	会员超市	1 098.30
施瓦茨集团	德国	折扣店	944.48
沃尔格林博兹联合公司	美国	药店	896.31
家得宝	美国	家具装修	885.19
家乐福	法国	大卖场/超市	848.56
阿尔迪	德国	折扣店	821.64
特易购	英国	大卖场/超市	810.19
亚马逊	美国	电子商务	792.68

（3）电子商务发展迅速

世界电子商务（简称"电商"）零售总额年增速逐渐放缓，但是线上零售额仍呈现上升趋势，对线下零售的冲击仍未消除。全球电商零售总额在2015年达到16 709.9亿美元，占2015年全球零售总额的7.42%；2016年达到20 503.6亿美元，占2016年全球零售总额的8.62%；2017年达到24 984.8亿美元，占2017年全球零售总额的9.95%（见图1-2）。亚太市场是全球最大的电子商务市场，2015年亚太市场的电商零售总额为8 770亿美元，2016年超过10 000亿美元，约占据了全球零售总额的半数。同时，亚太市场的电商零售额增速为全球最快。

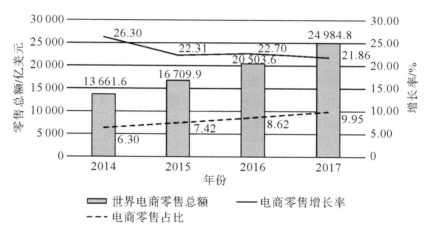

图1-2 2014—2017世界电商零售总额、增速及占比

（4）零售业态的变化

零售业是一个传统的行业。随着经济的发展，零售业环境不断发生变化，从而导致零售业在选址、商品组合、营业时间、技术服务及销售方式上的变化，这些变化最终导致了零售业态的变化。

①选址的变化。传统零售业的选址多在流动人口相对集中的地方，如车站附近和城市中心，但现代零售业的选址已扩大到郊外、高速公路出口和居民区。从发展趋势来看，许多国家的零售业已出现"空心化"现象，即城市中心的零售业经营困难，开始向郊外扩散。这主要是消费者居住地的变化、交通条件的改善以及城市中心地价上升所致。选址的变化导致购物中心、仓储商店以及便利店等业态的出现。

②商品组合的变化。传统零售业多以商品组合较宽泛的业态为主，其代表性业态是杂货店及后来出现的百货店。但是，现代零售业的商品组合则发生了很大的变化，既有范围上的变化，也有内容上的变化。从范围上的变化来看，体现在以下两个方面：一方面是商品组合越来越宽泛，已远远超过传统百货店的商品组合范围，如超大型购物中心；另一方面是商品组合越来越聚焦，甚至聚焦到一个品种、一个品牌，如各种专业商店和专卖店。从内容上的变化来看，传统的商品组合进行了重新调整，从而产生了许多新的业态，如食品超市等。

③营业时间的变化。传统零售业的营业时间多为正常工作日，但随着消费者生活时间的改变，夜间购物的消费者越来越多，从而使零售业向全天候营业转变。一方面，许多传统零售业态的营业时间延长；另一方面，24 小时、全年无休日的零售业态出现。

④技术服务及销售方式的变化。通信与电子技术的发展和普及促进了新业态的产生与发展，如邮寄商店、网上销售、自动售货机等就是通信与电子技术革命的结果。此外，随着零售业竞争的日益激烈和消费者消费偏好的变化，零售业经营者不断增加服务内容，休闲、娱乐、饮食、保健、送货、赊销等已成为零售业必须提供的零售业务，从而大大改变了传统零售业的内涵与外延。不仅如此，零售业还针对消费者的某些偏好，不断开发新业态。例如，折扣商店、仓储商店、剩余品商店，就是满足消费者低价格取向的业态；电视购物、网上购物，则是满足消费者时间及场所便利偏好的业态。

2. 世界批发业的发展

批发业是指将商品从生产者手中收购进来，然后再将其转售给其他生产者或零售商的行业。美国、日本、法国三国的批发业，在相当程度上代表了北美、亚洲、欧洲乃至世界主要国家批发业的基本特点和发展趋势。

（1）美国的批发业

美国批发业主要有独立批发商、生产商销售部门和代理批发商三种基本机构。独立批发商是专门从事商品批发的商业机构，约占商业批发机构总数的 80%，批发销售额占全部批发销售额的 50% 左右，就业人数约占 75%。生产商的绝大多数产品由独立批发商经销，因此独立批发商在商品流通中占有重要地位。独立批发商除了从生产商进货、储运商品、分销给零售商以外，有时还提供资金信贷支持，这是独立批发商的重要特点。美国的全职能独立批发商，产品系列齐全，主要经营食品杂货、药品和金属零件。一些有限职能批发商只经营汽车零件、理发工具、测量仪器等部分产品系列，利用有限的商业设施提供专门服务。货架批发商利用自己的货架经营保健和美容商品，卡车运货批发商专门经营需要直接快速运输的商品，邮购批发商则采用邮购方式经营食品杂货、小五金等商品。

在美国消费品商品流通中，约50%的消费品通过批发渠道进入消费领域，约40%的商品由制造商直接批发给零售商，只有约5%的商品由生产商直接出售给消费者。在生产资料中，约20%的商品由生产商通过批发商出售给用户，其余约80%的商品由生产商直接出售给用户。在批发环节，全部工业品中，经过二站环节的约占50%，经过三站环节的约占30%，经过四站环节的约占20%。在消费品中，经过二站环节的约占5%，经过三站环节的约占45%，经过四站环节的约占50%。生产资料经过二站环节的约占80%，经过三站环节的约占20%，一般不经过第四站环节。

（2）日本的批发业

批发业在日本的商业中占有重要地位。日本的批发业基本上分为一般批发商、经销商和代理商三种机构。日本的批发业有综合商社、连锁批发、工厂批发、经销代理批发和一般的批发商、农业协同组合等批发机构。一般批发商是日本批发业的主要机构，其中100人以下的中小型批发企业约占日本批发业机构总数的99.3%，从业人数约占84.5%，年销售额约占62.1%。100人以上的大型批发业机构数量较少，只约占日本批发业机构的0.7%，从业人数约占15.5%，但年销售额却约占37.9%。

（3）法国的批发业

批发业在法国商业中占有重要地位。法国的批发业主要经营农产品和食品、日用消费品及工业原料、设备批发三大类商品。法国的批发业机构主要有以下几种类型：一是传统的专门从事批发业的独立批发商。这类批发商规模不一，既有面向全国、品种齐全的大型批发机构，也有专门经营一种或几种商品，在部分地区提供批发服务的小型批发商。二是批发合作社。这类批发商属于合作社系统的批发业，主要为消费合作社服务。批发合作社一般直接从厂商进货，甚至自己设立工厂生产部分商品，也从国外直接进口商品。其业务范围除批发业务外，还与银行、保险、农场、运输公司以及旅游公司等有广泛的联系。三是自愿组合连锁批发（批发中心）。一些经营水果、蔬菜、肉类、水产品、奶制品和花卉等农副产品的批发商与零售商自愿组织起来，实行联购分销，寻找在价格、供货、结算方面优惠的供货商，制订进货计划，直接向供货商采购商品，供应各成员商店。这种自愿组合连锁批发有时也组织生产商和零售商的联产联销业务，或者自购自销，提供信息交流、人员培训等服务。各成员商店保持自己的独立性。这种自愿组合连锁批发形式利用联合优势，降低了采购费用和成本，缩短了流通环节和流通时间。四是大型零售业的兼营批发形式。随着法国批发集中程度的提高，一些大型商业企业，如春天百货、拉法耶特百货等自己设置采购部，在国内直接采购或直接从国外订货，形成综合性的批发零售兼营的商业集团。

　　总体来看，批发业在美国、日本等许多国家的地位呈下降趋势，主要原因是信息时代的生产商和零售商之间甚至生产商和消费者之间的距离越来越短，零售商和消费者都想减少流通环节和费用支出。与此同时，现代化的通信技术、发达的运输条件，也使商品可以更经济、快捷地从生产领域进入消费领域。总之，宏观经济的变化、生产商和零售商的直接交易、市场竞争以及零售业各种新业态的出现，在相当程度上都影响着批发业的未来发展。当然，连锁商业的发展在相当程度上依赖批发业的支持，也使批发业面临新的发展机遇。

3. 世界物流业的发展

　　从发达国家的物流发展现状看，物流业已进入较为成熟的阶段，其发展主要是物流服务内涵的拓展、物流服务过程的延伸、物流服务覆盖面的扩大以及物流管理的日益专业化、信息化和标准化。

　　（1）物流服务内涵的拓展

　　物流服务已经逐步将加工、保税、仓储、金融、保险乃至报关、通关、商品检验、卫生检验、动植物检疫、中转等业务统一进来，把整个商贸流通过程作为一个完整的领域来进行通盘考虑和经营。近年来，由于信息技术的发展和比较成本优势的驱动，产品异地加工、装配、包装、标志、分拨、配送、销售等增值服务也逐渐涵盖进来。

　　（2）物流服务过程的延伸

　　物流服务过程的经历了港口到港口、门到门和货架到货架等几个阶段，其过程在逐步延伸。由于生产企业需要实行"即时供货"和"零库存",以加速资金和货物的周转利用,物流业将生产以前的计划、供应也逐渐包括在自己的服务范围之内,使服务过程向前延伸。

(3)物流服务覆盖面的扩大

科学技术的日新月异和交通工具、信息系统的不断创新,使地球变得"越来越小",也使物流业相应地扩大了覆盖面。近年来,跨国家、跨地区、跨城市的物流服务都有了较快发展。

(4)电子物流的发展

基于互联网的电子商务迅速发展,使电子物流快速发展。企业或个人通过电子网络与外界沟通,实现网上购物。这种网上直通的方式使企业能迅速、准确、全面了解需求信息,进一步实现最优的生产模式和物流业务。这种可在线跟踪货物、在线规划物流线路、在线实施物流调度及货运检查的电子物流,是21世纪物流的重要发展方向。

(5)第三方物流的作用日趋显著

随着信息技术的发展和经济全球化趋势的加强,越来越多的产品在世界范围内流通,生产、销售和消费之间的物流活动日益庞大和复杂,降低物流成本的要求越来越迫切。第一方物流、第二方物流的组织和经营方式已经不能完全满足需要。同时,为参与世界性竞争,企业必须增强核心竞争力,加强供应链管理,把不属于核心业务的物流活动外包出去。于是,第三方物流应运而生。

第三方物流企业是指为发货人(第一方)和收货人(第二方)提供专业物流服务的第三方企业。物流服务公司在货物的实际移动链中并不是一个独立的参与者,而是代表发货人或收货人来执行。之所以强调发展第三方,主要是实现物流运营的专业化、科学化,并使物流企业与物流需求者之间建立更紧密、有效的联系。

在国际上,第三方物流虽然仅有约30年的历史,但在各国国民经济中发挥了相当重要的作用。据美国权威机构统计,通过第三方物流公司的服务,企业物流成本下降11.8%,物流资产下降24.6%,办理订单的周转时间从7.1天缩短为3.9天,存货总量下降8.2%。据调查,在西方发达国家,第三方物流已经是现代物流产业的主体。欧洲的大型企业使用第三方物流的比例高达76%,而且70%的企业不只使用一家第三方物流。在欧洲,德国、法国、英国第三方物流所占市场份额分别为 23%、27%、34%。美国、日本等国家使用第三方物流的比例都在 30% 以上。通过第三方物流，德国物流成本可以下降到商品总成本的 10%。美国从 1990 年出现第三方物流后，市场规模增长趋势明显。日本的数据显示，物流业每增长 2.6%，经济总量就增加 1%。目前，美、日、欧等发达国家和地区，已经形成了完善的物流基础设施、高效的物流信息平台和比较发达的由第三方物流企业组成的社会化物流服务体系。

（二）　我国商贸流通业发展现状及其趋势

商贸流通业作为国民经济的先导性、基础性产业，是社会生产力的重要组成部分，是推动我国经济增长的坚实基础。

1. 零售业的发展

改革开放以来，我国零售业得到了快速稳定的发展，其主要表现如下：

（1）多种业态并存，连锁经营快速发展

目前，我国零售业态主要包括百货店、超级市场、便利店、专卖店、购物中心、大型综合性超市和仓储式商场等 17 种类型。其中，专卖店、大型综合性超市和仓储式商场是近年来发展形势较好的零售新形态。大型百货店的地位虽有所下降，但目前仍是中国零售市场的主要业态，约占全社会消费品零售总额的 13.25%，超市零售企业消费品零售额目前约占全社会消费品零售总额的 3.44%。同时，连锁经营在中国零售业中的地位大大提高，连锁企业的规模正迅速扩大。

（2）零售网点迅速扩张，非公有制零售业持续增长

与 2015 年相比，2016 年限额以上零售企业营业网点数（活动单位数）为 98 305 个，增长率为 7.72%。从 2012—2016 年的情况看，营业网点数平均每年增长 11.11%（见表 1-2）。2016 年年末，限额以上连锁零售企业门店总数为 232 444 个，其中国有企业 14 772 个，集体企业 791 个，两者共占全部的 6.7%；股份制企业 390 个；有限责任公司 76 814 个，占全部的 33.05%。

表 1-2　2012—2016 年限额以上零售活动单位数增长情况

年份	2012	2013	2014	2015	2016	2012—2016 年均值
数量/个	65 921	80 366	87 652	91 258	98 305	84 700.40
增长率/%	12.74	21.92	9.07	4.11	7.72	11.11

数据来源:《中国统计年鉴》。

（3）社会消费品零售总额与国内生产总值同步增长，但增速放缓

2007—2016 年，国内生产总值（GDP，下同）年均增长率为 13.06%，社会消费品零售总额年增长速度为 15.49%，社会消费品零售额年均增长率大于 GDP 年均增长率。从 2010 年开始，GDP 和社会消费品零售总额的增长速度均开始下降，表明我国经济从高速增长转为中高速增长，但增长仍在持续（见图 1-3）。

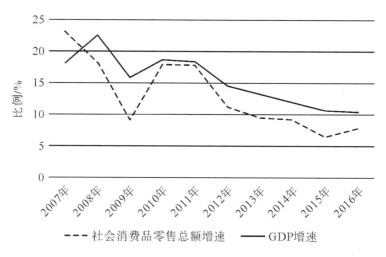

图 1-3　2007—2016 年社会消费品零售总额增速与 GDP 增速
数据来源:《中国统计年鉴》。

（4）外资零售企业在中国市场发展迅速

外资进入中国零售业的特点表现在以下几个方面：一是巨头云集，具有强烈的"倾销"色彩。世界排名前 50 名的零售业集团已有 40 多家在中国"抢滩登陆"，并凭借其雄厚的实力和带有"倾销"色彩的市场战略，基本上完成了其对整个内地市场的战略布局，其中有的已进入快速扩张期。二是以

最具成长性的业态为主导，多方位发展，经营范围不断扩大。外资进入中国，将充裕的资金投向那些最具成长前景的商业业态，如大型综合超市、仓储式商场、便利店、购物中心、商品批发集散中心和标准化食品超市等。据商务部统计，外资大型综合超市占中国同类业态企业数的23%以上。三是积极推进企业本土化。外商为了在中国"安家立业"和"生根开花"，近年来都在采购、人才、促销等环节的本土化上大做文章。

但是，我国零售业在快速发展中也存在许多问题，其主要表现如下：

（1）地区发展不平衡

东部沿海地区消费品市场发育较快，市场规模不断扩大，多种经营方式和业态形式促进了零售业的发展与繁荣，在全国所占份额也相对较高。这些地区也成为国外资本进入中国市场的首选之地。西部经济欠发达地区的流通业市场化程度较低，新型流通方式和市场形式发育较少，吸引内资和外资的条件相对较弱。2016年，东部、中部和西部地区社会消费品零售总额分别为184 557.3亿元、86 271亿元和61 488亿元，东部地区是中部地区的2.14倍，是西部地区的3倍。东部、中部、西部地区零售市场商业网点不均衡性明显。西部地区大中型商业企业与人口规模的比例为全国最低，中西部地区人口约占全国人口总数的60%，但拥有的零售网点和人员不到全国的1/2。就每万人拥有的零售网点和人员而言，西部地区比东部地区分别低34%和36%。2016年，东部地区在全国限额以上连锁零售企业的门店总数、从业人员、商品购进总额、资产总额、主营业务利润分别是47 095个、3 768 223人、62 807.2亿元、35 746.9亿元、7 417.5亿元，所占的比重分别是47.91%、54.01%、57.68%、59.15%、59.59%。零售业发展的区域差别还表现在城市与城市之间、城市与农村之间。北京、上海、广州、深圳等特大型城市及东部沿海地区其他发达城市，无论在发展速度、企业规模、经济效益等方面都大大高于其他城市。与城市相比较，农村零售网点数严重不足，零售企业营销手段落后，经营方式陈旧，难以形成适度的零售市场竞争新格局。

（2）零售企业规模小、集中度低

由于传统零售业具有进入门槛低、标准化程度低等特点，国内历史上的零售企业多为民间私人投资，依靠自有资金滚动发展，从而导致传统零售企业基础薄弱、单体规模偏小。

11

2. 批发业的发展

（1）批发企业数量增加，批发销售额持续增长

进入 20 世纪 90 年代后期，随着经济增长速度减缓和批发行业的竞争重组，全国批发企业数量减少，但批发销售总额持续增长。截至 2016 年年底，全国限额以上批发企业已发展到 95 066 个，从业人数 4 959 341 人，年成交总额 432 265.31 亿元（见表 1-3）。与 2012 年相比，2016 年我国限额以上批发企业增加了 22 122 个，销售总额增长了 32.15%，平均每个限额以上批发企业的销售规模由 2012 年的 4.48 亿元增长到 4.55 亿元。

表 1-3　2012—2016 年全国限额以上批发企业情况

年份	企业数量/个	从业人数/个	销售总额/亿元
2012	72 944	4 104 000	327 091.30
2013	91 607	4 842 000	398 116.50
2014	93 960	5 001 000	430 678.40
2015	91 819	4 907 000	401 312.20
2016	95 066	4 959 341	432 265.31

数据来源：根据《中国统计年鉴》整理。

由表 1-4 可知，近年来食品、饮料及烟草类，纺织、服装及日用品类，机械设备、五金交电及电子产品类，家用电器类，计算机、软件及辅助设备类等商品的批零系数均呈下降趋势，说明商品流通经过批发环节的数量减少；文化、体育用品及器材类，医药及医疗器材类，汽车、摩托车及零配件类等商品的批零系数呈上升趋势，说明商品批发业发展空间较大。

表 1-4　2012—2016 年限额以上批发零售贸易业主要分类商品批零系数

商品分类	批零系数（批发销售额/零售销售额）				
	2012	2013	2014	2015	2016
食品、饮料及烟草类	11.58	12.85	11.68	11.41	10.61
纺织、服装及日用品类	7.64	7.85	7.58	6.89	6.45
文化、体育用品及器材类	2.48	2.14	2.12	2.58	2.57

表1-4(续)

商品分类	批零系数（批发销售额/零售销售额）				
	2012	2013	2014	2015	2016
医药及医疗器材类	3.18	3.25	3.22	3.36	3.27
机械设备、五金交电及电子产品类	20.40	17.50	18.00	16.81	17.26
汽车、摩托车及零配件类	0.4	0.39	0.39	0.42	0.46
家用电器类	1.18	1.28	1.14	0.95	1.02
计算机、软件及辅助设备类	2.6	2.15	1.97	1.99	2.22

数据来源：根据《中国统计年鉴》整理。

（2）批发主体多元化

①工业企业成为最大的批发主体。改革开放后，我国的工业企业有了产品的自销权，加之当时仍处于卖方市场，因此工业企业普遍把一部分产业资本投入商品资本和自营批发，直接获取利润。在不少产品领域，工业企业自身成了最大的批发主体。

②非公有制经济成为批发业的重要力量。民营企业在零售业有了一定的资本积累后逐步进入批发业。另外，随着我国已经取消对外资批发业存在形式的限制，外资批发业企业在我国大量存在，并以平等的身份与我国批发业企业竞争，其凭借先进的管理理念、成熟的物流模式等在我国迅速发展。自1996年麦德龙第一家店铺入驻上海以来，麦德龙在我国分店越来越多，并受到消费群体的好评。

（3）批发交易形式多样化

①生产企业通过代理商与经纪人进行批发交易。随着信用体系的不断完善，代理商和经纪人逐渐成为生产企业批发的主要媒介。同时，生产企业通过契约直接批发是一种主要渠道。

②批发市场交易。截至2016年年底，我国限额以上批发企业有95 066个，销售总额432 265.31亿元。虽然这些批发交易市场大多是批零兼营，但仍是目前中国许多商品特别是农副产品与部分工业品的重要批发市场。

③网上批发交易。近年来，批发市场已成为推动地区发展、推动行业发展、推动产业发展的非常重要的平台和组织形式。随着电子商务的发展，批

发市场还大胆采用了以电子商务为媒介的电子交易平台，其发展势头与增长幅度非常快。电子商务将成为这一领域内非常重要的平台，并将对现有的实体市场产生巨大的影响

④通过展销会进行批发交易。由于加入世界贸易组织（WTO）带来的推动作用，除了交易商之间的交易外，我国还有着种种场外交易，如展销会、推介会等形式已成为批发交易的重要形式。

但是，我国批发业在快速发展中，也存在许多问题：

第一，交易方式落后。我国的大多数批发交易市场实行摊位制的"一手交钱，一手交货"的落后交易方式，这种交易方式存在交易成本高、交易速度慢、交易范围小等缺点，从根本上限制了市场批发功能的发挥，使其难以形成强大的竞争力。

第二，经营者缺乏品牌意识。一个市场和一个企业一样，品牌就代表着管理水平、服务和质量。像法国巴黎的伦吉斯农产品市场，荷兰阿姆斯特丹的花卉市场等，其知名度之高，品牌之响亮，辐射半径不仅横跨欧盟，而且一直延伸到亚洲和美洲地区，甚至成为一道靓丽的旅游风景线，其直接和间接的效益都十分可观。我国知名市场较少，跨国度、跨大洲有影响力的市场更属凤毛麟角。我国的批发业经营者普遍品牌意识薄弱，成为影响我国批发业发展的一个重要因素。

第三，数量多但规模小，竞争实力有限。我国批发市场数量众多，但是规模普遍偏小。由于对批发市场认识上的误区，加之相互攀比，一些地区在批发市场决策上存在失误，批发市场的重复建设严重，甚至同一城市同一类市场有若干家，"空壳"市场比比皆是。批发市场的良性运作在于市场的辐射力，而不在于市场的数量。在我国，一个地区或一个城市同质性市场较多，引发批发商恶性竞争、资源严重浪费等不良现象。

3. 物流业的发展

（1）物流基础设施日益完善

2016年，我国铁路运输业从业人员为 1 874 131 人，公路运输业从业人员为 3 855 896 人，水上运输业从业人员为 460 259 人，航空运输业从业人员为 595 301 人，管道运输业从业人员为 36 444 人，邮电通信业从业人员为 930 745 人。截至 2016 年年底，我国运输线路中，铁路里程为 12.40 万千米，公路里

程为 469.63 万千米, 内河里程为 12.71 万千米, 民航里程为 6 348 144.00 千米, 管道运输为 11.34 万千米。货运量总计为 4 386 763 万吨, 货物周转量总计为 186 629.48 亿吨。民用汽车拥有量已达 18 574.54 万辆, 民用运输船舶有 144 568 艘。沿海主要港口吞吐量为 810 933 万吨。邮路及农村投递路线达 10 352 709 千米。沿海主要规模以上港口码头泊位数为 6 115 个, 其中万吨级别泊位数为 1 750 个。民用航空飞机有 4 554 架, 定期航班航线有 3 326 条, 民用航空货 (邮) 运量为 6 292 942 吨。在信息通信方面, 2016 年, 邮电业务总量达 43 345.54 亿元, 已通邮的行政村比重达 99.4%, 长途光缆线路长度为 30 420 755.06 千米, 覆盖了所有地级市及以上城市和 90% 的县级市及大部分乡镇。同时, 我国加快了对原有仓库和仓储设施的技术改造, 提高了机械化作业水平。我国在国内一些主要大中城市新建了现代化的仓库, 从过去单一的存储服务逐步变为综合性服务, 重视运输、装卸、信息等方面的协调, 相对减少了一些不合理的流通环节, 降低了物流费用。

(2) 物流园区增值服务提升

物流园区是物流作业的集中地, 集结了多种运输方式和多种服务功能的物流企业。园区内各主体共享物流基础设施, 优势互补, 最大限度获取规模效益, 对提高物流运行效率、降低社会物流成本大有裨益。2003 年, 国家发布关于清理整顿物流园区的文件后, 各地开始重视物流园区的建设和发展。随着《物流业发展中长期规划 (2014—2020) 》《全国物流园区发展规划 (2013—2020) 》的出台, 我国物流园区的建设和发展进入新的阶段。中国物流与采购联合会于 2015 年组织开展的第四次全国物流园区 (基地) 调查显示, 我国拥有包括运营、在建和规划的各类物流园区共 1 210 个, 与 2008 年相比增长 155%, 与 2012 年相比增长 60% (见图 1-4)。

从园区功能方面来看, 占主导地位的仍然是仓储、运输、配送等提供传统服务园区, 但能够提供流通加工、物流金融服务的园区的比例在上升。例如, 提供物流金融服务的园区占比从 2012 年的 16%, 上升到 2015 年的 36%, 提高了 20 个百分点 (见图 1-5)。从业务收入来源来看, 物业租赁收入、仓储保管收入、运输配送收入仍是物流园区的三大主要收入来源。信息服务收入占比进一步提升, 达到 59%, 金融物流收入的占比达到 29%, 说明物流园区提供的增值服务进一步增加 (见图 1-6)。

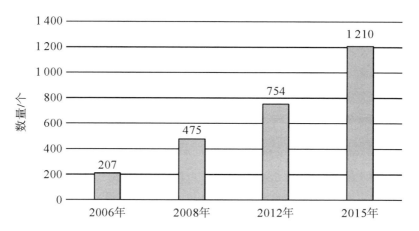

图 1-4 2006—2015 年全国物流园区数量

数据来源：中国物流与采购联合会。

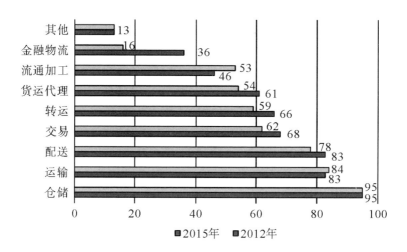

图 1-5 物流园区主要业务功能

数据来源：中国物流与采购联合会。

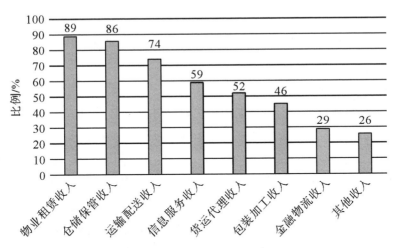

图 1-6　物流园区主要收入来源

数据来源：中国物流与采购联合会。

（3）行业规模不断扩大

社会物流总额是指第一次进入国内需求领域，从供应地向接收地实体流动的物品价值总额，具体包括农产品、工业品、外省（市）调入物品、再生资源、进口货物、单位与居民消费物品的物流总额。中国物流与采购联合会发布的报告显示，2016 年，我国社会物流总额达 230 万亿元，与 2015 年相比增长 6%，是 2010 年全社会物流总额的 1.8 倍，是 2005 年全社会物流总额的4.8 倍（见图 1-7）。

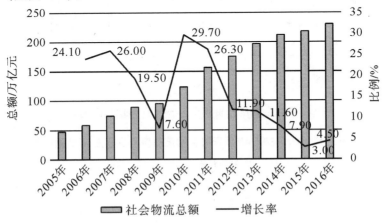

图 1-7　2005—2016 年我国社会物流总额统计

数据来源：中国物流与采购联合会。

多年来，我国全社会物流总额一直在增长，除 2008 年因金融危机影响而导致 2009 年增长率较低外，2014 年我国全社会物流总额增长率首次迎来个位数增长率。

（4）运行效率逐步提高

社会物流总费用是指报告期内国民经济花费在社会物流活动的各项费用的总和，包括仓储、包装、流通加工、运输、装卸、配送、信息处理等各环节的费用。社会物流总费用一般包括三部分：管理费用、保管费用、运输费用。通常，人们用社会物流总费用占 GDP 的比重来衡量社会物流活动的运行效率。比值越低，说明运行效率越高。2014 年世界航运巨头马士基发布的《马士基集团在中国影响力报告》显示，中国的集装箱航运连接度已达到世界领先水平，但中国社会物流成本高昂。以 2012 年为例，中国物流总费用占 GDP 的比重为 18.00%，这一数据远远高于世界平均水平（6.8%）。从 2013年开始，社会物流总费用占 GDP 的比重呈现下降趋势，运行效率逐步提高（见图 1-8）。

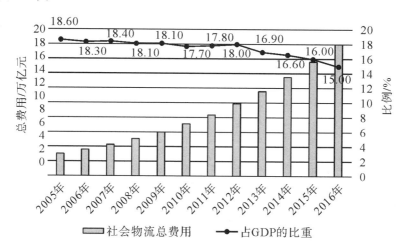

图 1-8　2005—2016 年我国社会物流总费用及其占 GDP 的比重

数据来源：中国物流与采购联合会。

二、国内外会展经济发展现状与趋势

（一）　国外会展业发展现状与趋势

随着经济全球化程度的日益加深，会展业已发展成为新兴的现代服务贸易产业，成为衡量一个城市国际化程度和经济发展水平的重要标准之一。从国际上看，德国、法国、英国、意大利、瑞士、美国、日本和新加坡等是世界著名的会展强国，会展业为其带来了直接的经济收益和社会繁荣。

1. 德国

在欧洲，德国、法国、英国、意大利都是世界级的会展大国。德国是世界顶级会展强国，被誉为"世界展览王国"，其展览业有 800 多年的悠久历史。世界上第一个样品展览会就是 1890 年在德国莱比锡举办的莱比锡样品展览会。德国会展业在世界上实力最强，所举办的专业性国际展览会数量最多、规模最大、效果最好。会展业已经成为德国服务业中最重要的经济部门之一。据德国经济展览和博览会委员会统计，德国 16 个州中，共有会展中心 24 个，室内展出面积约 270 万平方米，约占世界总展出面积的 1/4，世界上四个最大的展览中心有三个在德国。德国每年要举办 400 多场国际展览会，在全世界影响较大的 210 个专业性国际贸易展览会中，有 130 多个是在德国举办的，几乎占了 2/3，居世界领先地位。德国每年承办的国际性和跨地区展览会的净展出面积达 700 万平方米，参展商多达 17 万家，其中有 48% 来自国外，参展观众 1 000 万多人。2016 年，德国举办国际会议 689 场，被国际会议协会（ICCA）排在世界第二位。

2. 法国

法国具有一流的展馆和服务系统以及悠久的国际交流经验，这些得天独厚的条件使法国成为全世界展览业最为发达的国家之一。法国拥有 160 万平方米的展馆，分布于 80 个城市，每年大约举办 1 400 场展览会（包括只允许专业人士入场的专业展览会和允许社会公众入场的大众性展览会）和 100 场博览会（以社会公众为观众的多种行业参加的展览会）。2016 年，法国举办国际会议 545 场，被国际会议协会排在世界第四位。

3. 英国

英国是老牌资本主义国家，也是现代意义上第一次世界博览会——英国伦敦万国工业博览会的诞生地。其首都伦敦是世界三大金融中心之一。英国原是殖民主义大国，不仅举办过全世界第一个世界博览会，还在占领地办过不少展览会，有的甚至已发展成为世界最有影响力的展览会之一。但是，英国本土会展场馆不多、规模不大。较有名的如伦敦及伯明翰展馆，总面积只有 20 余万平方米，办展的规模、水平、影响都无法与德、法、意相比，也落后于西欧其他国家。伦敦是英国的主要会展城市。伦敦是英国重要工业城市，是世界重要的金融中心，也是文化艺术名城和旅游胜地。伦敦作为首都和政治、经济、文化中心，在举办展览会方面具有明显的优势。根据统计，英国每年超过 30% 的展览会在伦敦举办。伦敦会展业已有 170 多年的历史。2016 年，英国举办国际会议 582 场，被国际会议协会（ICCA）排在世界第三位。

4. 意大利

意大利是一个以发展加工业为主的国家，其产品主要用于出口，因此促销工作十分重要。作为一种促销手段，展览会在产品中承担着极为重要的角色。据统计，在各种营销方式中，贸易展览会的成交额仅次于直销的成交额，约 3/4 的买家在贸易展览会上找到新供应商，超过 1/4 的买家在展览会上购买产品。通过参加贸易展览会实现的商业销售所花费的成本仅是其他促销方式营销耗费成本的一半。因此，为了扩大出口，意大利每年在全国各地举办无数场各种类型的展览会，各类展览会对宣传本国产品、加强技术交流和合作以及推动出口发挥了重要作用。展览会上有成千上万个厂商聚集，便于直接交流，这样就大大降低了促销费用，缩短了成交时间。意大利展览会展出的内容多为领导市场潮流的新产品、新技术，范围广泛，涉及时装业、家具与室内装饰业、精密机床和纺织机械业等很多重要的生产领域。意大利每年举办约 50 个国际交易会，约 700 个全国或地区交易会。单是国际交易会就有约9万个厂商参展，观众人数达1 000万之多。这些高水平的展览会也使意大利成为国际交易会举办的重要地点。

5. 瑞士

瑞士是人口只有800多万的内陆小国，但每年举办的国际会议超过2 000场，因会议而带来的外国游客超过3 000万人。每年1月在瑞士东部山区小镇达沃斯举行的世界经济论坛，有来自世界各地的政界、经济界人员和新闻媒体人员3 000多人出席会议。随着与会者层次的提高和论坛的影响不断扩大，达沃斯论坛被称为"非官方的国际经济最高级会谈"，并已成为世界政要、企业界人士研讨经济问题最重要的非官方聚会和会晤的场所。瑞士的重要会展城市有日内瓦、苏黎世、巴塞尔、洛桑和圣加仑。这些城市既是重要的商业中心、旅游胜地，又是著名的国际会议、展览中心。

6. 美国

美国是全球会展业最发达的国家之一，著名的会展城市有底特律、拉斯维加斯、芝加哥、纽约、奥兰多、亚特兰大、新奥尔良、旧金山等。真正意义上美国会展业的发展是从20世纪中期开始的。在意识到会展业的独特优势和带来的经济效益后，美国逐步建立了多个展览中心并成立了国际会议局协会。受益于发达的交通设施、现代化程度高且成本低廉的展览场地以及其他服务设施的完善便利，美国会展业在较短的时间里得到了快速的发展。美国还是全世界举办国际会议最多的国家。2016年，美国举办国际会议934场被国际会议协会（ICCA）排在世界第一位。

7. 日本

日本由于基础设施发达、市场潜力巨大，具有较高的国际开放度和有利的地理优势，已经成为亚洲乃至世界的商业和贸易中心。日本政府为了促进会展业的发展，在1994年颁布了《国际会议促进法》，对国际会议组织者在税收上给予优惠政策。1995年，日本成立了会议局，从而加强了政府部门、地方会议局和企业之间的联系。同时，日本高新技术的发展为其收集和统计会展资料、进行会展研究提供了技术支撑。但是，近年来，日本的会展业面临着来自周边国家和地区的巨大竞争压力。

8. 新加坡

新加坡的会展业起步于 20 世纪 70 年代中期,时间并不算早,但新加坡政府对会展业十分重视。新加坡会议展览局和新加坡贸易发展局专门负责对会展业进行推广。加之新加坡本身具有发达的交通、通信等基础设施,较高的服务业水准,较高的国际开放度以及较高的英语普及率,2000 年被总部设在比利时的国际协会联盟(UIA)评为世界第五大会展城市,并连续 17 年成为亚洲首选会展举办地城市,每年举办的展览会和会议等大型活动达 3 200 场。

(二) 我国会展业发展现状与趋势

我国会展业作为都市型服务业,已在一些经济发展水平较高、基础设施较完善、第三产业较发达的城市迅速崛起。我国基本形成了以北京为中心的环渤海会展经济带,以上海为中心的长三角会展经济带,以广州为中心的珠三角会展经济带,以大连为中心的东北会展经济带,以成都、西安、昆明、重庆为中心的西部会展经济带。随着中央和各级政府相继出台相关文件助推会展业的发展,我国的会展业发展迅速。

1. 专业会展场馆数量逐步增加但分布不均

1990 年之前,展览数量少、展览面积小,并且发展速度缓慢。进入 21 世纪后,我国专业展览馆的数量和展览面积呈现出爆发式增长。2016 年,全国场馆数量已经达到 289 个,展馆总面积为 892.89 万平方米,居世界前列(见图 1-9)。

2016 年,我国的专业展览馆在省份间的分布呈现出两极分化的状态。从展览馆的数量上看,山东省的展馆数量最多,达到 44 个,其次是江苏省,数量为 31 个,四川省和广东省分列第三、第四位,数量分别为 25 个和 24 个。为了更加清晰地看出我国专业展览馆在不同地区的分布情况,本书绘制了我国专业展览馆地区分布图(见图 1-10)。可以看出,我国东部沿海经济发达省份展览馆数量较多,占全国展览馆总量的 63%,中西部省份展览馆数量相对较少,分别占全国展览馆总量的 18% 和 19%。从整体上看,我国展览馆呈现出明显的区域特征。

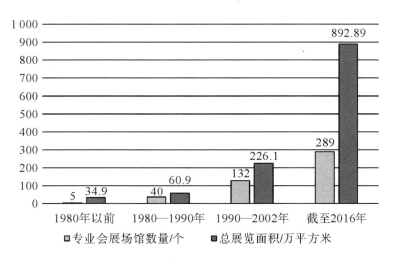

图 1-9　我国会展场馆建设状况

数据来源：2017 年中国展览数据统计报告。

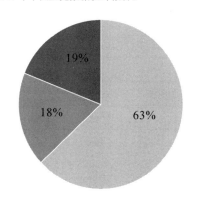

☐东部　■中部　■西部

图 1-10　我国专业展览馆地区分布

数据来源：2017 年中国展览数据统计报告。

2. 会展数量和质量持续提升

20 世纪 90 年代以来，我国展览业进入快速发展期。1997 年，国内举办的展览会的数量首次突破 1 000 个。2001 年，国内举办的展览会的数量达到 2 000 多个。除了 2008 年办展数量减少外，所举办的展览会的数量呈现出逐年递增的态势。单纯从数量上来看，我国已经是一个展览大国。具体分析来看，

1997—2002 年，国内展览会数量每年增长速度在 20% 左右；2003—2006 年，增速放慢，在 7% 左右；2007—2010 年，除 2008 年外，其余年份增长速度较快，平均增长速度达到 10%；2010 年以后，会展经济蓬勃发展，从办展数量来看，虽然基础规模已经很大，但仍然实现了持续快速增长，会展业的发展速度基本与国民经济增长速度同步。2016 年，展览会数量已达到 2010 年的 1.6 倍，是 1997 年的 9.3 倍（见表 1-5）。

表 1-5　1997—2016 年中国国内展览会数量及增长率

年份	展览会的数量/个	增长率/%
1997	1 063	—
1998	1 262	18.72
1999	1 326	5.07
2000	1 684	27.00
2001	2 387	41.75
2002	3 075	28.82
2003	3 298	7.25
2004	3 298	0
2005	3 800	15.22
2006	4 000	5.26
2007	4 400	10.00
2008	4 000	-9.09
2009	4 603	15.08
2010	6 200	34.69
2011	7 333	18.27
2012	7 083	-3.41
2013	7 319	3.33
2014	8 009	9.43
2015	9 283	15.91
2016	9 892	6.56

数据来源：2017 年中国展览数据统计报告。

3. 会展业收入迅猛增长

2010 年，我国会展业直接收入为 2 482 亿元，占第三产业增加值的 1.36%；拉动效应为 22 338 亿元，占第三产业增加值的 12.27%。2016 年，我国会展业直接收入为 5 422.7 亿元，占第三产业增加值的 1.41%；拉动效应为 48 804.3 元，占第三产业增加值的 12.73%。会展收入增速和第三产业增加值增速接近（见表 1-6）。

表 1-6　会展业直接收入与第三产业增加值

年份	直接收入/亿元	直接收入增速/%	拉动效应/亿元	第三产业增加值/亿元	第三产业增加值增速/%	直接收入占比/%	拉动效应占比/%
2010	2 482	36.60	22 338	182 038	17.64	1.36	12.27
2011	3 016	21.51	27 144	216 098.6	18.71	1.40	12.56
2012	3 500	16.05	31 500	244 821.9	13.29	1.43	12.87
2013	3 870	10.57	34 830	277 959.3	13.54	1.39	12.53
2014	4 183.5	8.10	37 651.5	308 058.6	10.83	1.36	12.22
2015	4 803.1	14.81	43 227.9	346 149.7	12.36	1.39	12.49
2016	5 422.7	12.90	48 804.3	383 365	10.75	1.41	12.73

数据来源：2017 年中国展览数据统计报告。

4. 国际化程度逐步提升

近年来，我国得到国际展览联盟（UFI）认证的展览会项目和 UFI 认证会员单位数量均持续增加，但各省（自治区、直辖市）分布不均。截至 2015 年年底，我国得到 UFI 认证的会员单位数量达到 95 个，经 UFI 认证的展览会项目达到 77 个，认证的会员单位主要分布在我国的北京、广东、上海三地，其中北京的会员单位数量达到 29 个，广东省的会员单位数量达到 24 个，上海市的会员单位数量达到 22 个，三地的会员单位数量约占会员单位总数的 79%，认证展览会项目主要分布在上海市、广东省和北京市，其中上海市 21 个，广东省 20 个，北京市 18 个，三地的展览会项目数量约占总展览会项目的 77%。另外，2015 年，我国共有 29 家会展单位到境外 35 个国家举办贸易展览会（自办展）94 场，同比增长 19%；展出面积达 13.9 万平方米，同比增长 2.3%；参展企业近 9 000 家，同比增长 5.3%。从全球的地域分布来看，34%的展览集中在亚洲，其次是拉美及加勒比地区、西欧、东欧和俄罗斯、非洲、北美洲和大洋洲，占比分别为 17.0%、14.9%、12.9%、10.6%、5.3%和 5.3%（见图 1-11）。截至 2015 年 10 月 31 日，全国 74 个会展单位一共在 33 个共建"一带一路"国家办展 509 场，占全部展览的 36.8%；展出总面积达 22.9 万平方米，占总量的 35.8%；参展企业 1.6 万家，占总量的 34.3%。

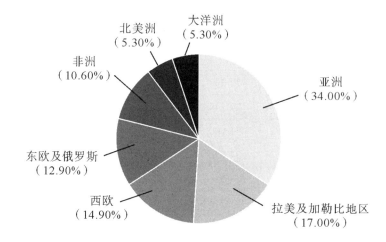

图 1-11　贸易展览会分布

数据来源：2017 年中国展览数据统计报告。

第二章
黔川渝商贸物流和会展经济发展比较

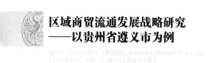

与地位和区位相当的四川省泸州市、宜宾市和重庆市万州区比较，遵义市经济发展总量较大，但商贸物流和会展经济发展水平与上述三个城市的发展水平差距较大。遵义市与相邻的重庆市南川区、江津区、綦江区比较，渝南黔北区域在商贸物流和会展经济发展上彼此相互影响、相互辐射。

一、黔川渝商贸物流和会展经济发展概况

（一）贵州省商贸物流和会展经济发展现状

1. 社会经济发展概况

贵州省简称黔或贵，地处中国西南腹地，与重庆市、四川省、湖南省、云南省、广西壮族自治区接壤，是西南交通枢纽，是世界知名山地旅游目的地和山地旅游大省，是全国首个国家级大数据综合试验区、国家生态文明试验区、内陆开放型经济试验区，属于中国西南部高原山地。贵州省地势西高东低，属亚热带湿润季风气候，气候变化小，冬暖夏凉，气候宜人。贵州省下辖6个地级市、3个自治州，2017年常住人口3 580万人。

2017年，贵州省地区生产总值为13 540.83亿元，比上年增长10.2%。按产业分，第一产业增加值为2 020.78亿元，比上年增长6.7%；第二产业增加值为5 439.63亿元，比上年增长10.1%；第三产业增加值为6 080.42亿元，比上年增长11.5%。第一产业增加值占地区生产总值的比重为14.9%，第二产业增加值占地区生产总值的比重为40.2%，第三产业增加值占地区生产总值的比重为44.9%。人均地区生产总值为37 956元，比上年增加4 710元。

2. 商贸物流和会展经济发展概况

（1）主要发展指标

2017年，贵州省社会消费品零售总额为4 154亿元，比2016年增长

12.0%。按消费类型统计，餐饮收入为 364.97 亿元，比上年增长 14.7%；商品零售收入为 3 789.02 亿元，比上年增长 11.7%。按经营地统计，城镇消费品零售额为 3 388.54 亿元，比上年增长 11.8%；乡村消费品零售额为 765.46 亿元，比上年增长 12.9%。

2017 年，贵州省限额以上单位商品零售额为 2 147.30 亿元，比上年增长 12.5%。其中，粮油、食品类零售额为 150.28 亿元，比上年增长 16.0%；服装、鞋帽、针纺织品类零售额为 83.62 亿元，比上年增长 6.9%；日用品类零售额为 53.57 亿元，比上年增长 5.7%；家用电器和音像器材类零售额为 78.33 亿元，比上年增长 7.0%；通信器材类零售额为 16.89 亿元，比上年增长 10.7%；建筑及装潢材料类零售额为 12.63 亿元，比上年增长 14.8%；汽车类零售额为 734.20 亿元，比上年增长 9.4%。限额以上企业（单位）通过公共网络实现商品零售额为 74.56 亿元，比 2016 年增长 30.3%。

"十二五"时期贵州省内贸流通与电子商务发展情况如表 2-1 所示。

表 2-1　"十二五"时期贵州省内贸流通与电子商务发展情况

项目	年份					五年合计	年均增长/%	占地区生产总值比重/%
	2011	2012	2013	2014	2015			
社会消费品零售总额/亿元	1 752	2 028	2 286	2 938	3 283	12 287	17	27.50
电子商务交易额/亿元	—	227	668	759	1 015	2 667	64	6
网络零售交易额/亿元	—	87	158	342	300	1 031	51	2

数据来源：《贵州省"十三五"商务发展规划》。

（2）"十三五"时期发展目标

贵州省"十三五"时期商务发展的总体目标是深化境内外经贸交流与合作，搞活流通、扩大消费，建设法治化营商环境，构建内陆开放型经济新格局，努力开创贵州省商务工作新局面。

①推进内贸流通和电子商务发展。"十三五"时期，贵州省要推进商贸物流节点城市建设，规划建设一批布局合理、特色鲜明、集聚度高、辐射力强的物流园区、特色专业市场和商业街区，探索建立商贸创新试点，全面提高商贸流通业现代化水平。贵州省要形成布局合理、结构优化、设施先进的流

通基础设施体系和多层次、网络化的物流节点设施体系。商贸集聚区、物流园区的影响力显著提升,初步形成一批有全国乃至国际影响力的商贸物流品牌。贵州省要建成全国重要的区域性物流枢纽、民族地区特色商贸旅游消费中心、内陆山区商贸创新发展示范区和西部地区重要的商务会展中心。到2020年,贵州省实现社会消费品零售总额突破6 300亿元,年均增长11.5%;电子商务交易额突破3 760亿元,年均增长30%;网络零售额达到1 650亿元,年均增长30%;城乡统一物流配送率均达到70%以上,物流费用占地区生产总值的比重降到20%左右。

②重点发展会展服务业。贵州省要提升"生态文明贵阳国际论坛""中国酒类博览会"等品牌的影响力;支持遵义市加快推进新蒲会展中心建设;支持六盘水市、安顺市、毕节市、铜仁市、黔东南州、黔西南州、黔南州规划建设一批具有区域特色的会展平台,培育一批新的特色会展品牌。到2020年,贵州省要培育5~8个具有国内国际影响力、彰显"贵州服务"特色的会展品牌。

(二) 四川省商贸物流和会展经济发展现状

1. 社会经济发展概况

四川省简称川或蜀,位于中国内陆西南部,北连陕西省、甘肃省、青海省,南接云南省、贵州省,东邻重庆市,西衔西藏自治区。四川省是中国重要的经济、文化、工业、农业、军事、旅游大省,拥有中国(四川)自由贸易试验区、天府新区等经济发展高地,是中国西部物资集散地,长江经济带组成部分,中国三大名酒"茅五剑"中的五粮液与剑南春原产地。四川省总面积48.6万平方千米,下辖1个副省级市、17个地级市、3个自治州,其中包括53个市辖区、17个县级市、109个县、4个自治县,2017年常住人口8 302万人。

2017年,四川省地区生产总值为36 980.2亿元,按可比价格计算,比上年增长8.1%。其中,第一产业增加值为4 282.8亿元,比上年增长3.8%;第二产业增加值为14 294.0亿元,比上年增长7.5%;第三产业增加值为18 403.4亿元,比上年增长9.8%。三次产业对经济增长的贡献率分别为5.5%、40.8%和53.7%。人均地区生产总值为44 651元,比上年增长7.5%。

三次产业结构由上年的 11.9∶40.8∶47.3 调整为 11.6∶38.7∶49.7。

2. 商贸物流和会展经济发展概况

（1）主要发展指标

2017 年，四川省社会消费品零售总额为 17 480.5 亿元，比上年增长 12.0%。按经营地统计，城镇消费品零售额为 14 044.1 亿元，比上年增长 12.0%；乡村消费品零售额为 3 436.4 亿元，比上年增长 12.1%。按消费形态统计，商品零售额为 14 992.7 亿元，比上年增长 12.0%；餐饮收入为 2 487.8 亿元，比上年增长 12.4%。限额以上企业（单位）通过互联网实现的商品零售额为 601.7 亿元，增长 33.4%。

从限额以上企业（单位）主要商品零售额看，粮油、食品、饮料、烟酒类比上年增长 16.3%，服装、鞋帽、针纺织品类比上年增长 16.5%，日用品类比上年增长 19.5%，化妆品类比上年增长 16.6%，金银珠宝类比上年增长 15.4%，家用电器和音像器材类比上年增长 18.4%，中西药品类比上年增长 11.0%，家具类比上年增长 15.1%，建筑及装潢材料类比上年增长 10.5%，汽车类比上年增长 6.9%，石油及制品类比上年增长 10.6%。

（2）"十二五"时期商务发展成就

①内贸流通实现新突破。四川省社会消费品零售总额每年迈上一个千亿元台阶，累计突破 5.5 万亿元，年均增长 15%，比全国平均水平高 1.1 个百分点，最终消费支出占地区生产总值的比重提升到 50.4%。四川省批发零售、住宿餐饮业增加值累计突破 1 万亿元，占服务业增加值的比重为 22%，带动就业超过 900 万人，占第三产业就业人数的 58%。新型流通组织形式不断发展，流通现代化水平不断提高，线上与线下、批发与零售、城市与乡村、商品与服务共同发展的流通市场体系正在形成。

②服务业发展构筑新支撑。四川省服务业全面实现发展提速、比重提高、水平提升的预期目标。服务业增加值占地区生产总值的比重提升 5.2 个百分点，三次产业结构由 2010 年的 14.4∶50.5∶35.1 调整为 12.2∶47.5∶40.3。服务业税收占全社会税收的比重由 56% 提高到 61%，固定资产投资占全社会固定资产投资的比重由 55.9% 提高到 68.5%，就业人员占就业总人数的比重由 31.4% 提高到 34.7%。服务业发展体制机制逐步完善，五大新兴先导型服务业加快崛起，电子商务市场交易额达到 1.75 万亿元，居全国第六位，年均

增长 50%。四川省建成一批现代服务业集聚区，服务业核心城市和区域性服务业中心城市辐射带动作用不断增强。

"十二五"时期四川省商贸规划主要指标完成情况如表 2-2 所示。

表 2-2 "十二五"时期四川省商贸规划主要指标完成情况

单位：亿元

指标名称	2010 年	2015 年预期值	2015 年完成值
社会消费品零售总额	6 810	13 000	13 877.7
服务业增加值	6 030	11 700	12 132.6
电子商务交易额	—	10 000	17 500

数据来源：《四川省商务发展第十三个五年规划纲要》。

（3）"十三五"时期发展目标

①内贸流通现代化水平明显提升。四川省要实现消费动力转换、结构升级，对经济增长贡献更加突出。内贸流通的信息化、标准化、集约化水平进一步提升，规则健全、统一开放、竞争有序、监管有力、畅通高效的现代流通体系基本建立。法治化、国际化、便利化营商环境初步形成，新消费引领经济转型升级的动能显著增强。到 2020 年，社会消费品零售总额超过 2.1 万亿元，年均增长 10%左右。

②西部现代服务业强省初步建成。服务业总量扩大，结构明显优化，功能更加完善，集聚程度明显提高，服务业对外开放更具成效，现代服务业与先进制造业、现代农业融合取得显著进展，服务业对经济发展的支撑作用进一步增强，一批市（县）形成服务业主导经济。实体经济与虚拟经济深度融合发展，建成中西部电子商务中心。到 2020 年，服务业增加值占地区生产总值的比重超过 46%，年均提高 1.2 个百分点以上。电子商务交易额突破 4 万亿元，网络零售交易额超过 5 000 亿元。

③大力发展会展业。四川省要基本建成结构优化、功能完善、基础扎实、特色鲜明、布局合理的展览业体系，促进会展业向市场化、专业化、信息化、品牌化、国际化发展。四川省要利用西博会、科博会、酒博会、农博会等展览会平台，促进形成更多贸易合作成果。

1. 社会经济发展概况

重庆市简称渝或巴，是中国中西部唯一的直辖市、国家中心城市、超大城市、国际大都市，长江上游地区的经济、金融、科创、航运和商贸物流中心，西部大开发重要的战略支点、"一带一路"倡议和长江经济带重要联结点以及内陆开放高地。重庆市既以江城、雾都著称，又以山城扬名。重庆市地处中国内陆西南部，东邻湖北省、湖南省，南靠贵州省，西接四川省，北连陕西省，总面积 8.24 万平方千米，下辖 38 个区（县），2017 年常住人口为 3 075.16 万人。

2017 年，重庆市地区生产总值为 19 500.27 亿元，比上年增长 9.3%。按产业统计，第一产业增加值为 1 339.62 亿元，比上年增长 4.0%；第二产业增加值为 8 596.61 亿元，比上年增长 9.5%；第三产业增加值为 9 564.04 亿元，比上年增长 9.9%。三次产业结构比为 6.9∶44.1∶49.0。按常住人口计算，重庆市人均地区生产总值达到 63 689 元，比上年增长 8.3%。

2. 商贸物流和会展经济发展概况

（1）主要发展指标

重庆市是中国重要的现代服务业基地，已形成了金融、商贸物流、服务外包等现代服务业，拥有中国（重庆）自由贸易试验区、中新（重庆）战略性互联互通示范项目、内陆首个国家级新区——两江新区以及重庆两路寸滩保税港区、重庆西永综合保税区、重庆铁路保税物流中心、重庆南彭公路保税物流中心、万州保税物流中心。

2017 年，重庆市批发和零售业增加值为 1 595.88 亿元，比上年增长 7.6%；住宿和餐饮业增加值为 424.78 亿元，比上年增长 8.4%。社会消费品零售总额为 8 067.67 亿元，比上年增长 11.0%，扣除价格因素，实际增长 10.1%。按经营地统计，城镇消费品零售额为 7 651.18 亿元，比上年增长 10.8%；乡村消费品零售额为 416.49 亿元，比上年增长 13.9%。按消费类型统计，商品零售额为 6 914.54 亿元，比上年增长 10.8%；餐饮收入额为 1 153.13亿元，比上年增长 12.1%。

（2）"十二五"时期商务发展成就

①商贸服务业实力显著增强。"十二五"时期，重庆市规划的"三个翻番、三个突破"的发展目标圆满实现，长江上游地区商贸物流中心聚集、辐射带动功能显著增强（"三个翻番"，即社会消费品零售、商品销售总额、商业增加值比 2010 年翻一番。"三个突破"，即零售商业面积突破 4 000 万平方米，最终消费率突破 40%，商贸服务业从业人员突破 400 万人）。

②"三都"建设提速推进。重庆市的长江上游地区购物之都、会展之都、美食之都建设成效明显，国家级流通节点城市的集聚辐射作用显著增强。10平方千米的中央商务区开发建设初具规模，建成城市核心商圈 30 个，其中零售额超过 100 亿元的有 8 个。百亿元级大型批发市场达到 13 个。重庆市是长江上游地区的会展之都，拥有渝洽会、云计算博览会、渝交会、汽车工业展、西部农交会、老年产业博览会等一大批展览会。重庆市先后荣膺"中国节庆名城""中国十大影响力会展城市""中国最佳会展目的地城市"等称号。2017 年，重庆市荣获"2016—2017 年度中国十佳会展名城"大奖。重庆市建成国家级美食街 14 条，市级美食街 50 条，市级商业特色街 10 条。

③结构调整迈出新步伐。重庆市引进京东电商产业园、菜鸟科技、亿赞普跨境电子商务大数据平台等项目，积极推进两江新区、渝中区开展国家服务业综合试点。2015 年，重庆市电子商务交易额达到 6 000 亿元，网络零售额为 600 亿元，销售额实现 10 亿元以上的电商企业超过 10 家，全市百亿元商贸企业达到 10 个。

④民生商业建设成效显著。重庆市新建成社区便民商圈 152 个，标准化改造升级 502 个城市社区菜市场，基本实现全覆盖。重庆市发展城市共同配送，打造网订店取、智能快递柜等末端配送网络。重庆市"万村千乡市场工程"实现了全覆盖。重庆市有效实施家政服务体系、家电（汽摩）下乡等商贸民生工程，扩大了城乡消费。

"十二五"时期重庆市商贸服务业主要计划完成情况如表 2-3 所示。

表 2-3　"十二五"时期重庆市商贸服务业主要计划完成情况

指标名称	2010 年	2015 年目标值	2015 年实际值	超过规划目标值
社会消费品零售总额/亿元	2 938	6 000	6 400	400
人均社会消费品零售总额/元	10 184	20 000	21 300	1 300
最终消费率/%	36.46	40	50	10
商品销售总额/亿元	7 760	16 000	19 000	3 000
商业增加值/亿元	766	1 600	1 700	100
餐饮住宿业零售额/亿元	447	940	900	−40
商业就业人员/万人	380	400	400	0
电子商务交易额/亿元	700	2 000	6 000	4 000
其中网络零售额/亿元			600	
商业零售设施面积/万平方米	3 200	4 000	4 200	200
会展业直接收入/亿元	25	55	95	40

数据来源:《重庆市现代商贸服务业发展第十三个五年规划》。

（3）"十三五"时期发展目标

按照重庆市全面建成小康社会的总体目标要求，商贸服务业发展规模实现新跨越，发展水平迈向中高端，法治化营商环境更加完善。到 2020 年，重庆市社会消费品零售总额突破 10 000 亿元，年均增长 10% 以上，人均社会消费品零售总额突破 3 万元，达到全国中等以上水平；商品销售总额达到 32 000 亿元，年均增长 12%；住宿餐饮业营业额达到 2 200 亿元，年均增长 12.5%；商业增加值达到 2 500 亿元，占地区生产总值的比重为 10%；最终消费率超过 55%，成为经济增长的第一拉动力。到"十三五"时期末，重庆市实现流通现代化，建成长江上游地区商贸物流中心和国家级重要流通节点城市。

①商贸服务业现代化水平显著提高。现代商贸服务业体系基本形成，电子商务及网络零售产业加快发展，电子商务交易额突破 18 000 亿元，其中网络零售额突破 2 000 亿元；都市区城市物流配送网络体系基本形成；连锁零售额占社会消费品零售总额的比重突破 50%；新型消费、服务性消费占比显著提高，商贸服务业创新水平显著提升，流通成本大幅度下降，流通效率明显提高。

②商贸服务业转型升级形成新格局。商贸发展方式和结构调整取得重要进展。商贸服务业主体转型发展；传统商贸服务业体系优化提升，中央商务区成为重庆市商贸服务业发展核心引擎，主城区城市核心商圈差异布局，错位发展，大型专业市场外迁工程基本完成，布局形成七大片区区域性市场集群；三级商圈体系、三级商品市场体系结构优化；农村现代流通体系、现代粮食流通体系、应急保供体系功能显著提升，商贸流通稳定运行保障能力显著提升。

③商贸物流中心集聚辐射能力增强。现代商贸产业集群建设有新突破，全面建成长江上游地区会展之都、购物之都、美食之都。到 2020 年，重庆市培育形成百亿元级商圈 15 个，其中 500 亿元级商圈 3 个；百亿元级大市场 20 个，其中千亿元级市场集群 4 个；建成中央商务区和悦来会展产业集群，会展产业直接收入 150 亿元，拉动消费 1 200 亿元；培育形成百亿元级商贸大企业 15 家，内外贸融合的 500 亿元级商贸大企业 3 家，进口商品分销体系基本形成；外来消费率达 40%，建成长江上游地区商贸物流中心。

④法治化营商环境更加完善。到 2020 年，重庆市基本形成法治完备、规则健全、统一开放、竞争有序、监管有力、畅通高效的商贸服务业体系和比较完善的法治化营商环境，商贸服务业统一开放、创新驱动、稳定运行、规范有序、协调高效的体制机制更加完善，成为经济转型发展的新引擎、优化资源配置的新动力。

"十三五"时期重庆市现代商贸服务业主要发展目标如表 2-4 所示。

表 2-4　"十三五"时期重庆市现代商贸服务业主要发展目标

指标名称	2015 年	2020 年	增速/%	指标属性
总体指标				
1. 社会消费品零售总额/亿元	6 300	10 000	10	预期性
其中：人均消费品零售额/元	21 000	31 000	9	预期性
2. 商品销售总额/亿元	19 000	34 000	12.5	预期性
3. 餐饮住宿业营业额/亿元	1 350	2 500	13	预期性
4. 商业增加值/亿元	1 700	2 500	9 以上	预期性

表2-4(续)

指标名称	2015年	2020年	增速/%	指标属性
5. 流通业从业人员/万人	400	420	年增4万人	预期性
6. 最终消费率/%	50	55		预期性
功能性指标				
(一)创新指标				
1. 电子商务交易额/亿元	5 800	18 000	25.5	预期性
2. 网络零售销售额/亿元	600	2 000	28	预期性
3. 交易规模100亿元以上的大宗商品电子交易中心/家		5~10		预期性
4. 连锁经营占比/%		50		预期性
5. 服务性消费占比/%				
(二)集聚辐射指标				
6. 百亿商圈/个	10	15		预期性
其中:500亿元级商圈/个	—	3		预期性
7. 百亿元级大市场/个	13	20		预期性
其中:千亿元级市场集群/个	—	4		预期性
8. 百亿元级商贸企业/家	10	20		预期性
其中:500亿元级商贸企业/家	—	3		预期性
9. 会展产业直接收入/亿元	95	150	10	预期性
10. 外来消费率/%		40		

数据来源:《重庆市现代商贸服务业发展第十三个五年规划》。

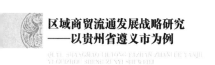

二、泸州市、宜宾市、万州区商贸物流和会展经济发展概况

（一）四川省泸州市商贸物流和会展经济发展状况

1. 社会经济发展概况

泸州市古称江阳，别称酒城、江城，是四川省地级市、川滇黔渝结合部的国家区域中心城市、成渝地区双城经济圈重要的商贸物流中心、长江上游重要的港口城市、四川省第一大港口和第三大航空港，设有中国（四川）自由贸易试验区川南临港片区、泸州高新技术产业开发区等经济高地。泸州市是世界级白酒产业基地，国家重要的以名优酒为主体的食品工业基地、循环型化工基地、清洁能源生产基地、国家高性能液压件高新技术产业化基地、国家九大工程机械生产基地之一。泸州市下辖3区4县，面积1.2万平方千米，2017年常住人口424.58万人，城镇化率达49%。

2017年，泸州市地区生产总值为1 596.21亿元，按可比价格计算，比上年增长9.1%。其中，第一产业增加值为183.19亿元，比上年增长3.9%；第二产业增加值为850.56亿元，比上年增长10.0%；第三产业增加值为562.46亿元，比上年增长9.5%。三次产业对经济增长的贡献率分别为5.0%、59.7%和35.3%。人均地区生产总值为37 020元，比上年增长8.7%。三次产业结构由上年的12.0∶53.5∶34.5调整为11.5∶53.3∶35.2。第三产业中，批发和零售业增加值为99.76亿元，比上年增长10.8%；交通运输、仓储和邮政业增加值为70.76亿元，比上年增长4.5%；住宿和餐饮业增加值为45.02亿元，比上年增长8.2%；金融业增加值为66.86亿元，比上年增长12.9%，房地产业增加值为60.15亿元，比上年增长11.3%。

2. 商贸物流和会展经济发展概况

（1）主要发展指标

2017年，泸州市社会消费品零售总额为722.07亿元，比上年增长

13.3%。按经营地统计，城镇消费品零售额为 514.09 亿元，比上年增长
13.4%；乡村消费品零售额为 207.98 亿元，比上年增长 13.3%。按消费形态
统计，商品零售额为 617.54 亿元，比上年增长 13.6%；餐饮收入为 104.53
亿元，比上年增长 11.7%。限额以上批发、零售、住宿和餐饮企业（单位）
实现消费品零售额为 448.45 亿元，增长 19.9%，其中限额以上企业商品零售
额为 432.28 亿元，增长 19.9%。在限额以上企业商品零售额中，粮油、食
品、饮料、烟酒类零售额比上年增长 20.1%，服装、鞋帽、针纺织品类零售
额比上年增长 53.0%，化妆品类零售额比上年增长 68.1%，金银珠宝类零售
额比上年增长 41.7%，日用品类零售额比上年增长 28.9%，家用电器和音像
器材类零售额比上年增长 38.8%，中西药品类零售额比上年增长 8.5%，文化
办公用品类零售额比上年增长 43.2%，家具类零售额比上年增长 25.9%，通
信器材类零售额比上年增长 105.4%，建筑及装潢材料类零售额比上年增长
17.1%，汽车类零售额比上年增长 22.8%，石油及制品类零售额比上年增
长 7.1%。

（2）"十三五"时期发展目标

①规划定位。泸州市立足川南、服务西南、面向全国，把握南方丝绸之
路经济带、川滇黔渝区域经济合作、长江经济带开发的区域战略机遇和国家
扩大内需、转变经济发展方式的经济战略机遇，发扬泸州市优良的商业发展
传统，迎接新时代的商业发展黄金期，紧紧围绕打造长江上游开放型临港经
济示范区、区域性服务业中心城市建设，经过 20 年左右的时间，力争将泸州
市建设成为服务全国、辐射全球的白酒文化消费中心、川滇黔渝结合部的商
贸物流中心。

②发展规模。泸州市商业经济总量保持快速增长，区域影响力进一步增
强。2013—2020 年，泸州市社会消费品零售总额年均增长 12%，2020—2030
年年均增长 10%。到 2020 年，泸州市社会消费品零售总额达到 900 亿元。到
2030 年，泸州市社会消费品零售总额将超过 2 300 亿元。

③零售商业总量指标。泸州市规划中心城区到 2015 年人均零售商业面积
为 0.85 平方米/人，零售商业网点总建筑面积为 120 万平方米。到 2020 年，
泸州市人均零售商业面积为 1.1 平方米/人，零售商业网点总建筑面积为 165
万平方米。到 2030 年，泸州市人均零售商业面积为 1.2 平方米/人，零售商
业网点总建筑面积为 228 万平方米。到 2020 年，泸州市中心城区大中型零售

商业网点的数量为91个，总建筑面积为91.0万平方米。到2030年，泸州市中心城区大中型零售商业网点的数量为125个，总建筑面积为163.8万平方米。

④规划策略。一是平台集聚，建设川滇黔渝区域性商贸物流中心。泸州市重点建设临港物流平台，打造西南地区大宗产品物流中心；建设展贸旅游平台，打造川滇黔渝区域性商旅会展中心；建设专业市场平台，形成辐射川滇黔渝区域的商贸物流网络。二是特色引领，建设支撑城市转型升级的营商网络。泸州市要重点与遵义市、宜宾市实现区域联动，建设中国白酒"金三角"的"创新网"；实现服务转型，建设服务新兴产业的"流通网"。三是构建多中心、网络型、特色化的商业网点体系。泸州市要重点构建多级商业中心，引导城市空间拓展；建设专业型商业中心或商业街区，形成特色商圈。四是优化业态，适应居民消费需求的升级。泸州市要重点建设商文旅结合的新型体验式商业空间，鼓励发展连锁化、专业化、特色化商业业态。五是模式创新，发展信息时代的新型商业模式。泸州市要重点建设川滇黔渝地区智慧商贸总部，建设城市生活电商平台。

⑤打造川滇黔渝区域性商旅会展中心。泸州市要建设展贸旅游平台，推行"展贸+电子平台+现代物流"的联动模式，建设一批集合会展、贸易、酒店、旅游、文化、商务等功能于一体的展贸旅游中心，重点建设西南展贸科技城和川渝滇黔会展中心，培育酒展、化工产品展、农产品展等，推动酒业集中发展区打造5A级会展旅游中心。

（二）四川省宜宾市商贸物流和会展经济发展状况

1. 社会经济发展概况

宜宾市位于四川省南部，地处四川、云南两省结合部，长江"零公里"处，是"万里长江第一城"。宜宾市面积为13 283平方千米，下辖2区8县。宜宾市的战略位置重要，是成都经济区、川南经济区、攀西经济区的融合点，辐射周边人口多达2 000余万人，是毗邻地区的中心城市。2017年，宜宾市户籍总人口555.49万人。

2017年，宜宾市地区生产总值为1 847.23亿元，按可比价计算，比上年增长8.8%。其中，第一产业增加值为238.84亿元，比上年增长3.5%；第二产业增加值为918.74亿元，比上年增长9.3%；第三产业增加值为689.65亿元，比上年增长10.2%。三次产业对经济增长的贡献率分别为5.4%、55.8%和38.8%。三次产业结构调整为12.9∶49.8∶37.3。全年人均地区生产总值为40 868元，比上年增加4 133元，比上年增长8.3%。

2. 商贸物流和会展经济发展概况

（1）主要发展指标

2017年，宜宾市社会消费品零售总额为867.91亿元，比上年增长13%。按经营地统计，城镇消费品零售额为671.66亿元，比上年增长13%；乡村消费品零售额为196.25亿元，比上年增长12.9%。按消费形态统计，商品零售额为739.17亿元，比上年增长13.1%；餐饮收入为128.75亿元，比上年增长12.1%。在限额以上企业（单位）商品零售中，通过互联网实现的商品零售额为4.10亿元，比上年增长21%。

（2）"十二五"时期商务发展成就

①服务业效益取得新提升。"十二五"时期，宜宾市服务业总体规模持续扩大，对经济增长与社会就业的贡献作用明显增强，服务业占比逐步提升。2015年，宜宾市服务业增加值达419.66亿元，较2010年增长92.7%，总量排名四川省第五、川南第一，对经济增长的贡献率达30.7%，较2010年提高14.5个百分点。2015年，宜宾市服务业实现税收116.41亿元，较2011年增长44.6%，"十二五"期间宜宾市服务业税收比重由56.4%提高到59.3%，服务业税收已成为宜宾市税收的主要来源。2015年，宜宾市服务业从业人员为91.4万人，较2011年增长14.4%，服务业就业人数占总就业人数的28.5%，较2011年提高3.2个百分点，服务业为社会创造了更多就业机会，已成为吸纳劳动力的重要渠道。

②现代物流业持续发展。"十二五"时期，宜宾市交通基础设施建设不断完善，初步形成铁路、公路、水路、航空等运输方式齐备的综合交通运输体系。2015年，宜宾市实现社会物流总额为3 130.28亿元，物流业增加值为122.81亿元，其中交通运输、仓储和邮政业增加值达39.84亿元，占服务业增加值总量的9.5%；实现货运周转量为93.21亿吨千米，是2010年的2.5倍，其中港口货物吞吐量达1 822.48万吨，占四川省的19.1%。截至2015年年底，宜宾市拥有省级重点物流联系企业16家，综合服务型物流企业1家，

国家税务总局认定的国家级物流试点企业2家。

③商贸流通业有序发展。"十二五"时期，宜宾市社会消费品零售总额持续增长，到2015年达676.01亿元，较2010年的316.09亿元增长了1.14倍，年均增长14.98%，总量位居川南四市（内江市、自贡市、宜宾市、泸州市）首位。2015年，宜宾市限额以上商贸流通企业达668家，是2010年的2.7倍。

④电子商务稳步发展。"十二五"时期，宜宾市电子商务发展势头良好。宜宾市推动电子商务载体建设，积极开展电子商务企业引进和培育，成功引进苏宁云商、阿里巴巴村淘、杭州颐高集团、万企共赢、四川易田、淘实惠等知名电子商务企业落户宜宾，培育出宜宾新青年、川红、川茶、宜宾淘、三江在线、蜀美味等20余家优质电子商务企业。宜宾市16 000余家本土企业（个人）在淘宝、天猫、京东、苏宁云商、酒仙网、融e购、1号店等平台上开展业务。2015年，宜宾市电子商务交易额达99.28亿元，其中电子商务交易额破亿元的企业有2家，超1 000万元的企业有5家，超100万元的企业有10家。

（3）"十三五"发展目标

①发展定位。宜宾市服务业发展定位为"一地两区三中心"，即川滇黔区域服务业发展高地、长江上游现代商贸物流中心、川滇黔区域生态旅游文化中心、川南城市群金融中心、川南信息服务示范区、川南教育医疗创新区。

其中，宜宾市打造川滇黔区域服务业发展高地，重点是利用川滇黔区域中心（川南、滇东北、黔西北）的区位优势，集中发展现代物流、旅游文化、现代金融、信息服务、教育医疗五大先导型服务业，通过服务业重点项目和集聚区建设，将宜宾市建成川滇黔区域水平最高、结构最优、集聚最强的服务业发展高地，成为现代服务业强市。宜宾市打造长江上游现代商贸物流中心，重点是发挥宜宾市的区位和人口优势，构建"一核、七心、多节点"的商贸服务业发展新格局，着力打造城市商业主中心和中央商务区，加快建设南岸商圈、江北商圈、临港商圈、天柏商圈、南溪商圈五大商圈。宜宾市发挥通江达海的交通枢纽优势，以港口物流、工业物流、商贸物流等为重点，构建"1个物流园区、6个物流中心、14个物流配送中心"的物流节点空间体系。宜宾市通过大力发展商贸物流，建设成面向四川省、辐射滇黔、融入全国的长江上游现代商贸物流中心和长江起点航运物流中心。

②发展目标。一是总体实力迈上新台阶。宜宾市服务业规模扩大，领跑川南，位居四川省前列，目标 2020 年服务业增加值占地区生产总值的 32% 以上；服务业保持较快的发展速度，高于四川省服务业平均增速，高于宜宾市地区生产总值的增速，力争高于宜宾市工业增速。二是经济贡献实现新增长。2020 年，宜宾市经济贡献进一步加强，服务业对经济增长的贡献率达到 43%以上；就业带动更加明显，宜宾市服务业就业人数达 106 万人以上，服务业就业人数占总就业人数的比重达 35.4% 以上。三是结构优化得到新提升。宜宾市运用新技术、新模式和现代管理理念，壮大现代物流、旅游文化、现代金融、信息服务、教育医疗五大先导型服务业，电子商务、科技服务、商务服务、会展等新兴服务业得到加速发展。2020 年宜宾市先导型服务业和新兴服务业占服务业增加值的比重达到 65% 以上。四是载体建设取得新突破。宜宾市以重点项目为抓手，推进优势服务业集聚发展，建成一批商贸流通、现代物流、旅游文化、现代金融、电子商务等类型的服务业集聚区。2020 年宜宾市目标创建 4 个省级现代服务业集聚区、24 个市级现代服务业集聚区。

③会展业发展目标和重点。宜宾市以宜宾市国际会议中心筹备建设为契机，充分发挥川滇黔三省结合部地缘优势和白酒、大型赛事经济等特色产业基础，加快推进政府主导型展览会市场化，不断提升会展活动品牌化、不断加快国际化进程，切实增强会展业实力，努力建成川南城市群区域会展中心城市。2020 年，宜宾目标建成大型会展中心 1 个，展览面积、展览数量和展览收入在四川省持续提升，国际化办展水平提高，会展业综合竞争力明显增强。

（三）　重庆市万州区商贸物流和会展经济发展状况

1. 社会经济发展概况

万州区是重庆市辖下区，位于长江上游地区、重庆东北部，处于三峡库区腹心，区位独特，历来说明渝东北、川东、鄂西、陕南、黔东、湘西的重要物资集散地是成渝城市群沿江城市带区域中心城市。万州区辖区面积3 456平方千米，距离重庆市主城九区 228 千米。万州区共有 11 个街道办事处，29个镇，12 个乡。城市建成区面积为 67.2 平方千米，城镇化率为 61.11%。2016 年，万州区户籍人口为 176.05 万，常住人口为 162.33 万。长江黄金水道穿境而过，万州区拥有机场、铁路、高速公路、深水港码头、高铁和海关口岸。

万州区"十三五"规划提出，将万州建成重庆市重要的现代制造业基地、渝东北商贸物流中心、金融中心和西部地区通江达海重要开放门户，建设国家级现代农业示范区。2016年，万州区地区生产总值达到897.39亿元，同比增长10.8%；人均地区生产总值达到55 564元，同比增长10.1%。三次产业结构调整为7.2∶49.5∶43.3，一、二、三产业增加值分别年均增长5.6%、15.6%、12.6%。2016年，万州区社会消费品零售总额为327.45亿元，同比增长13.7%。

2. 商贸物流和会展经济发展概况

（1）主要发展指标

"十二五"时期，万州区商贸流通产业发展迅速，主要商贸经济指标呈现持续增长态势。2015年，万州区社会消费品零售总额为288.0亿元，年均增长17.3%。批发零售业商品销售总额为890.4亿元，年均增长24.3%。服务业营业收入为142.2亿元，年均增长16.1%。其中，住宿餐饮业营业收入为68.2亿元，年均增长20.6%。商贸服务业增加值为174.2亿元，年均增长23.8%。增加值占同期地区生产总值的比重为20.1%，年均提高0.4个百分点。商贸服务业对经济增长的贡献率达到18.6%。

（2）"十二五"时期商务发展成就

①商贸基础设施不断完善。"十二五"时期，万州区大力推进商业基础设施建设，竣工三峡现代医药物流交易配送中心、驿星城市之心商务楼宇、万达广场等大型商贸项目，新增商业网点面积55万平方米。2015年，万州区商贸服务网点为11.5万个，年均增长4.1%；商贸服务设施总面积达到285万平方米，年均增长4.4%。其中，5万平方米以上的批发市场7个，1万平方米以上的零售商场11个，5 000平方米以上的大型超市7个；100床位以上的酒店14家；2 000平方米以上的餐馆24个；特色商业街7条。

②市场经营主体逐渐壮大。"十二五"时期，万州区大力实施"小巨人"工程，全面推进"两转一改"改革，加大对骨干商贸服务企业的培育力度。万州区推动商贸企业利用国家政策，实施跨行业强强联合，组建大型商贸企业集团。2015年，万州区商贸服务企业达到12 296家，年均增长3.2%。万

州区新增年交易额 50 亿元以上的商品交易市场 2 个，30 亿元以上的商品交易市场 3 个，10 亿元以上的商品交易市场 3 个；新增年销售额 50 亿元以上的商贸企业 1 家、10 亿元以上的商贸企业 5 家，1 亿元以上的商贸企业 51 家；新增年营业收入 10 亿元以上的餐饮服务企业 1 家，1 亿元以上的餐饮服务企业 3 家，1 000 万元以上的餐饮服务企业 20 家。商贸服务企业达到限额以上标准的 465 家，年均增长 23.8%。

③农村流通环境日益改善。"十二五"时期，万州区在促进城区商贸流通产业发展的同时，大力推进农村商贸服务业发展，按照农村商贸"五个一工程"要求，大力推进镇乡商贸服务中心、标准化农贸市场、品牌超市、钻级餐馆、星级农家乐建设，改善了农村商贸服务设施，扩大了农村商贸流通规模，提升了农村商贸服务水平。

④现代流通水平持续提升。"十二五"时期，万州区大力推进流通产业现代化进程，连锁经营、物流配送、电子商务等现代流通产业快速发展。2015年，万州区连锁经营销售额为 164 亿元，年均增长 17.0%，连锁经营占社会消费品零售总额的 57%；物流配送总额为 210.2 亿元，年均增长 16.8%，物流配送总额占社会消费品零售总额的 73%；电子商务交易额为 120.4 亿元，年均增长 25.0%，电子商务交易额占商品销售总额的 13.5%。万州区电子商务产业园建设步伐加快，全区电子商务企业发展到 1 240 家，从业人员增加到6 500 人。"95 工匠""三峡特购""牛途网""1 公里"等电商交易平台相继上线投入运营；"京东商城""阿里巴巴"等知名电商企业与万州区签订了入驻协议。

⑤商贸服务加快转型升级。"十二五"时期，万州区大力推动批发零售、仓储物流、住宿餐饮、居民服务业转型升级，成效显著。一是万州区提升高笋塘核心商圈的经营管理水平，增强了对外辐射集聚能力。2015 年，高笋塘核心商圈销售总额为 288 亿元，年均增长 15.6%，在重庆市百亿元级商圈中的位次由第 7 位提升到第 5 位。二是万州区大力调整餐饮结构，创建了北滨路市级美食街和周家坝万州烤鱼夜市，实现了餐饮业持续增长的目标。三是万州区大力实施"品牌带动"战略，引进了雅诗兰黛、浪琴、海宁皮草等283 个国内外知名品牌入驻万州区，创建了"中华老字号""中华名菜""国家 5 叶级绿色饭店"等 24 个品牌。四是万州区大力发展会展经济，定期举办"中国中药博览会""万州购物美食文化节""三峡汽车展"等会展活动。

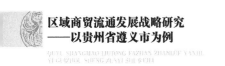

2016 年，万州区实现展览会收入 26.4 亿元，比上年增长 18%。

（3）"十三五"时期发展目标

①定位目标。万州区商贸服务业发展规模实现新跨越，发展水平迈向中高端，法治化营商环境和安全化消费环境更加完善，全面建成渝东北地区商贸物流中心。到 2020 年，万州区批发零售业商品销售总额为 1 700 亿元，年均增长 13.8%；服务业营业收入为 271 亿元，年均增长 13.8%；商贸服务业增加值为 336 亿元，年均增长 14.0%，商贸服务业对经济增长的贡献率为 19%。社会消费品零售总额为 500 亿元，年均增长 11.7%，最终消费率达到 60%，成为经济增长第一拉动力，使万州区成为长江上游地区的"万商之城，消费之都"。

②总量目标。一是商业网点面积。到 2020 年，万州区商业网点总面积达 390 万平方米，年均增长 6.5%。其中，城市商业网点面积达到 270 万平方米，年均增长 6.6%。二是商贸经济总量。到 2020 年，万州区批发零售业商品零售总额达到 1 700 亿元，年均增长 13.8%。其中，城市商品销售总额达到 1 500 亿元。社会消费品零售总额达到 500 亿元，年均增长 11.7%。其中，城市社会消费品零售总额达到 400 亿元。三是流通产业现代化水平。到 2020 年，万州区连锁经营零售额达到 330 亿元，年均增长 15.0%，连锁经营零售额占社会消费品零售总额的 66%；物流配送总额达到 425 亿元，年均增长 15.0%，物流配送比重占商品销售总额的 25%；电子商务交易额达到 500 亿元，年均增长 32.9%。四是商业对经济的贡献水平。到 2020 年，万州区商贸服务业增加值达到 336 亿元，年均增长 14.0%。商贸服务业增加值占同期地区生产总值的比重提高到 22%，年均提高 0.2 个百分点。商贸服务业对国民经济增长的贡献率达到 19%以上。

③加快发展会议展览业。万州区重点推进会议展览场馆建设，培育龙头会展企业，举办大型会展活动，带动相关产业协调发展。万州区培育三峡国际旅游节、三峡美食文化节、中国三峡中药博览会、三峡库区物资交易会等特色展览会活动品牌，打造渝东北地区会展中心、市级会展副中心。到 2020 年，万州区会展业营业收入达 5 亿元，年均增长 15.0%。

三、重庆市南川区、江津区、綦江区商贸物流和会展经济发展概况

（一）重庆市南川区商贸物流和会展经济发展状况

1. 社会经济发展概况

南川区隶属于重庆市，位于重庆市南部，地处渝、黔两地交会点，是具有世界影响力的国际旅游目的地、渝黔区域合作先行区、重庆特色工业基地、重庆大都市区的生态后花园。南川区东南与贵州省遵义市道真仡佬族苗族自治县、正安县、桐梓县接壤，东北与武隆区为邻，北接涪陵区，西连巴南区、綦江区。2017年，南川区常住人口为58.21万人，其中城镇人口为34.37万人，常住人口城镇化率为59.05%。

2017年，南川区累计实现地区生产总值为233.39亿元，可比价增长9.5%。分产业统计，第一产业增加值为44.79亿元，比上年增长4.5%；第二产业增加值为83.01亿元，比上年增长10.3%；第三产业增加值为105.59亿元，比上年增长11.0%。三次产业结构为19.2∶35.6∶45.2。

2. 商贸物流和会展经济发展概况

（1）主要发展指标

2017年，南川区累计实现社会消费品零售总额为132.23亿元，比上年增长13.0%。按经营地统计，城镇实现社会消费品零售额为126.30亿元，比上年增长13.0%；乡村实现社会消费品零售额为5.93亿元，比上年增长13.1%；按行业统计，批发零售业实现零售额为112.75亿元，比上年增长11.9%；住宿和餐饮业实现零售额为19.48亿元，比上年增长19.6%。按消费类型统计，商品销售总额为236.01亿元，比上年增长20.7%；住宿餐饮营业额为26.23亿元，比上年增长20.9%。批发和零售业实现增加值为21.22亿

元，比上年增长 10.9%，占地区生产总值的 9.1%；住宿和餐饮业实现增加值为 11.34 亿元，比上年增长 11.1%，占地区生产总值的 4.9%。

（2）"十二五"时期商务发展成就

①新型业态发展迅速，消费升级逐步形成。南川区拥有各类连锁网点近千家。连锁经营、物流配送、电子商务等现代流通方式和体验式购物中心、特色商业街、电商 O2O 零售等新兴业态逐步成为发展趋势。随着商业经营方式与业态的变革及南川区经济的迅猛发展，人们的消费需求也有所改变，部分人群的消费档次越来越高，更新换代越来越快，消费周期越来越短，住房、汽车、通信、高档家电等高消费逐年增长，消费升级已经开始，并有加速的趋势。

②市场主体逐渐壮大，流通与服务网络初步形成。2015 年，南川区有商贸企业 3 795 户，个体工商户 26 677 户，商业设施面积达到 132 万平方米，5 000平方米以上的百货店、超市已达 5 家，商贸就业人数达 8.4 万人。南川区以商贸物流园为代表的专业市场集群正在建设，初步形成了以城区为龙头，中心乡镇为纽带，村社为基础的流通市场与服务网络。

③中心商圈建设加快，商业街特色鲜明。南川区由老城商业中心与新城商业中心构成的中心商圈正在按照"人车分流、商住分离、集中打造、立体开发"的原则加速推进，建设成为集购物、商务、餐饮、休闲、旅游和金融于一体的现代化商业聚集区。黎香湖瑞士风情小镇、盛丰源步行街、天星小镇特色较为鲜明，凤嘴江特色商业街、永隆山特色商业主题街、三泉古镇建设逐步推进。

④现代服务业发展较快，服务领域与服务水平得以提升。旅游、金融保险、房地产、邮电通信等现代服务业发展较快，服务领域进一步拓宽，服务水平得以提升。南川区以金佛山旅游为代表的旅游业发展提速。2015 年，南川区全年游客接待量达 1 328 万人次，增长 16%；旅游综合收入达 51.3 亿元，增长 20.7%。南川区以金佛山国际旅游文化节、金佛山冰雪节、金佛山杜鹃花节为代表的会展活动影响较大。

（3）"十三五"时期发展目标

①总体目标。南川区根据总体发展定位，结合南川区的资源和交通优势，以"商旅融合"为主线，打造以商贸物流园区为重点的市场物流中心，以城市中心商圈为核心的购物消费中心，以金佛山、大观园为依托的旅游休闲养

老中心，把南川区建设成为渝南黔北商贸服务中心和重庆市商旅融合发展示范区。

②具体目标。一是社会消费品零售总额。到2020年，南川区社会消费品零售总额力争达到190亿元，年均递增13%左右。其中，中心商圈社会消费品零售总额突破100亿元。二是商品销售总额。到2020年，南川区商品销售总额达到340亿元，年均递增16%以上。三是餐饮、住宿业营业额。到2020年，南川区餐饮、住宿业营业额达到40亿元以上，年均递增16%以上。四是电子商务交易额。到2020年，南川区电子商务交易额达到15亿元。五是商业增加值。到2020年，南川区商业增加值达到40亿元以上，商业增加值年均递增10%以上。六是星级酒店与星级农家乐。到2020年，南川区建成三星级以上酒店15家，建成星级农家乐300家，其中建成三星级以上农家乐200家。

③推进会展业品牌化发展。南川区培育地方品牌会展，以"一流的生态资源"作为吸引源，提高展览会服务接待能力和水平，积极筹办综合性会议，着力将南川区打造成为渝南黔北地区会议首选目的地。南川区利用金佛山国际旅游文化节、金佛山冰雪节等知名品牌以及"十二金钗大观园"的节会活动等，展示南川区知名品牌和特色旅游产品，培育区域性的品牌展览会，带动具有产业和地域特色的会展业发展，推进商务会展服务专业化、市场化，提高展览会质量和档次。

（二）重庆市江津区商贸物流和会展经济发展状况

1. 社会经济发展概况

江津区隶属于重庆市，位于重庆市西南部。江津区地处长江要津而得名，是长江上游重要的航运枢纽和物资集散地，也是川东地区的粮食产地、鱼米之乡。江津区东邻巴南区、綦江区，南界贵州省习水县，西接永川区、四川省合江县，北靠璧山区、九龙坡区、大渡口区，面积3 200.44平方千米，常住人口149.53万人（2015年），下辖5个街道、25个镇。

2017年，江津区地区生产总值为757.1亿元，比上年增长9.9%；一般公共预算收入为70亿元，比上年增长10.4%，其中税收为44.7亿元，比上年增长11.3%；全社会固定资产投资为834.5亿元，比上年增长11.7%；社会消费品零售总额为 295.3 亿元，比上年增长 13.8%；城乡居民人均可支配收入分别达到 33 331 元、16 695 元，分别比上年增长 9.3% 和 10%；城镇登记失业率为 2.8%。

2. 商贸物流和会展经济发展概况

（1）主要发展指标

"十二五"末期，江津区社会消费品零售总额为 229 亿元，在 2010 年基础上实现翻番，年均增速 16.4%。分城乡统计，城镇实现社会消费品零售额为 218.6 亿元，比上年增长 13.7%；农村实现社会消费品零售额为 10.5 亿元，比上年增长 13.7%。分行业统计，批发业零售额为 57.1 亿元，比上年增长 11.1%；零售业零售额为 127.5 亿元，比上年增长 16.1%；住宿业零售额为 6.9 亿元，比上年增长 13.6%；餐饮业零售额为 37.7 亿元，比上年增长 10.1%。商品销售额为 582 亿元，是 2010 年的 3 倍，年均增速 24.6%；餐饮住宿业营业额为 52 亿元，是 2010 年的 2.2 倍，年均增速 16.7%；商贸服务业增加值为 45.7 亿元，年均增速 12.1%。

（2）"十二五"时期商务发展成就

商贸服务业加快发展，聚集辐射作用明显提升，市场消费逐步成为商贸服务业发展的新引擎。双福国际农贸城、攀宝钢材市场、和润国际汽摩城建成开业，市场销售近 300 亿元，英利国际五金机电城、冠强汽车商贸城、西部煤炭交易中心、双福汽车 4S 城顺利推进，专业市场群基本形成。珞璜铁路综合物流枢纽、长江枢纽港动工开建，中国物流、长安民生物流、丰树物流等一大批物流企业签约入驻，大物流格局初具雏形。城市商圈、社区商业、镇级商业取得长足发展，农产品销售网络向重庆市主城区及镇（街）延伸，农村电子商务三级服务体系覆盖部分镇（村），物流配送网络逐步走进镇（村），城乡商贸流通体系逐步完善。

（3）"十三五"时期发展目标

根据江津区委、区政府"一三三六"发展思路要求，结合江津区区位、产业优势和丰富的旅游资源，江津区主动承接主城商业功能转移，打造以城市核心商圈、特色街区为核心的购物消费中心，以大型专业市场为依托的现代化专业市场群，以双福农产品物流园、珞璜综合物流园、德感物流园区为重点的区域性物流中心，以江津综合保税区为载体的中西部地区重要采供销平台和跨境电子商务示范区，以四面山度假旅游、古镇文化游为核心的国内外知名的商贸旅游度假胜地，最终把江津区建成长江经济带区域性商贸物流中心、重庆市重要的商贸物流基地和商贸服务业集聚区，辐射川南黔北及周边区域。江津区结合历史文化旅游、森林旅游、红色旅游、乡村旅游等特色旅游资源，推进古镇特色商业街、旅游商品特色街、美食文化商业街发展。江津区培育和发展七夕东方爱情节、古镇千米长宴、富硒餐饮大赛等地方特色品牌会展节庆活动。

"十三五"时期，江津区商贸服务业发展的主要目标如下：到2020年，社会消费品零售总额突破430亿元，年均增长13%以上；商品销售总额为1 800亿元，年均增长25%以上；商业增加值达到100亿元，占地区生产总值的比重为9%；最终消费率达65%，成为经济增长新的动力。创新发展有新的突破，电子商务得到广泛应用，现代物流业实现较快发展，电子商务交易额突破600亿元。江津区转型升级实现新的跨越，建成百亿元级商圈1个，千亿元级市场集群1个，超百亿元市场6个，形成二环为纽带的专业市场集群，区域竞争及聚集辐射能力明显提升。

（三） 重庆市綦江区商贸物流和会展经济发展状况

1. 社会经济发展概况

綦江区素有"重庆南大门"之称，东连南川区，南接贵州省遵义市习水县、桐梓县，西临江津区，北靠巴南区，面积2 747.8平方千米，下辖5个街道25个镇、365个行政村、90个社区，总人口122万人，是中国农民版画之乡、中国民间文化艺术之乡、中国优秀旅游城区、三峡外环旅游明珠。

2016年，綦江区实现地区生产总值317.93亿元（数据均不含万盛经开区），按可比价计算，同比增长10.5%。其中，第一产业增加值47.67亿元，同比增长4.8%，拉动经济增长0.7个百分点；第二产业增加值148.09亿元，同比增长12%，拉动经济增长5.9个百分点；第三产业增加值122.17亿元，同比增长10.9%，拉动经济增长3.9个百分点。三次产业结构比为15.0：46.6：38.4。2012—2016年，地区生产总值年平均增长11.6%。按常住人口计算，綦江区人均地区生产总值达到39 110元，同比增长11.9%。

2. 2012—2016 年商贸物流和会展经济发展概况

（1）"十二五"时期商务发展成就

①城市核心商圈建设取得重大突破性进展。通惠商圈成功引进红星国际广场、重庆綦江同方电子商务产业园和綦江万达国际广场等重大商贸项目。上述三大商贸项目奠定了通惠商圈发展基础，确立了通惠商圈在周边区（县）的领先地位。南州商圈的凯旋天街顺利开街，新世纪百货、徐生记、肯德基等知名品牌商业入驻；名扬国际广场正加快建设，总商业面积达 7 万平方米，成功引进大润发超市、中影巨幕影院等主力店。綦江区"一新一老"双核心商圈逐步形成，大力提升綦江区商业品质，优化商业环境。

②商贸业对经济增长支撑力度显著。"十二五"末期，綦江区社会消费品零售总额实现 103.0 亿元，年均增速 13.8%；批发零售业商品销售总额和住宿餐饮业营业额实现翻番，分别达到 196.9 亿元、31.2 亿元，年均增速分别达到 15.7% 和 19%。2015 年，綦江区批发业零售总额达到 12.9 亿元，同比增长 4.6%；零售业零售总额达到 69.5 亿元，同比增长 14.8%；住宿业零售总额达到 7.2 亿元，同比增长 10.6%，餐饮业零售总额达到 13.4 亿元，同比增长 9.3%。2015 年，綦江区批发和零售业增加值为 19.4 亿元，住宿和餐饮业增加值为 11.3 亿元，商业增加值合计为 30.7 亿元，占地区生产总值（286.0 亿元）的比重高达 10.7%，对第三产业贡献率为 28.3%，对经济增长的支撑效应显著，是经济发展的重要支柱产业之一。

③基本建立城乡商贸市场体系。綦江区城乡商贸体系不断完善，商贸流通经营单位达 2.2 万个，限额以上商贸单位达 319 家。2015 年，城镇实现社会消费品零售总额 77.4 亿元，同比增长 13.0%，其中城区实现社会消费品零售总额 44.2 亿元，同比增长 13.1%；乡村实现社会消费品零售总额 33.2 亿元，同比增长 11.0%。綦江区零售商业面积达 115 万平方米，其中单店面积 1 万平方米以上的大型零售卖场 2 个，2 000 平方米以上零售卖场共 13 个。商贸流通业从业人员突破 12 万人，吸纳就业居非农行业之首。

④商旅文融合发展，特色商业街稳步推进。綦江区以"三养"为特色大力打造城郊休闲旅游度假区，已取得阶段性建设成果。东溪古镇特色文化商业街成为綦江区首条市级商业特色街，评定国家级钻级酒店 5 家，星级农家乐 100 家。"老四川"牛肉干被评为"中华老字号"，东溪豆腐乳、"饭遭殃"

被评为"重庆老字号"，东溪刘氏黑鸭、永新肥肠等 13 家企业被评为"綦江老字号"。綦江区成功举办四季购物消费节、北渡鱼千人宴、餐饮服务业技能大赛等活动。三角木瓜海棠节、东溪辣椒节、丁山湖消夏养生旅游季、永新梨花节等 11 个街镇特色展览会轮流举行，为綦江区旅游发展宣传造势、积聚人气。

⑤电子商务发展进入快车道。綦江区成功引进香港清华同方，依托其丰富的孵化企业成长的机制和经验，打造服务和孵化各类电子商务企业、物联网企业、电子商务金融机构、物流企业以及电子商务服务机构的综合平台。"綦江网上供销社""南州 e 购""捷戈商城"等自建网络平台上线运行，效果初显。綦江区本地金立方、东溪酿造等 85 家传统企业积极应用京东、天猫等电子商务平台拓展网上销售市场。

（2）"十三五"时期发展目标

綦江区商贸流通产业发展总体目标是建设成为渝南黔北商贸物流中心暨渝南黔北省际区域性边贸中心。

①商贸流通业实力显著增强。到 2020 年，綦江区社会消费品零售总额、住宿餐饮业营业额、批零业商品销售总额三大主要指标基本实现翻番；社会消费品零售总额超过 200 亿元，年均增长 14.5%，人均社会消费品零售总额达到 24 000 元；住宿餐饮业营业额达到 60 亿元，年均增长 14%；商品销售总额突破 400 亿元，年均增长 15.5%；商业增加值超过 55 亿元，占地区生产总值的比重超过 12%；零售商业面积达到 180 万平方米；线上商贸企业超过400 家。

②商贸支撑平台建设实现重大突破。通惠商圈主要项目建成开业，南州商圈完成提档升级，两大城市核心商圈社会消费品零售总额超过 50 亿元，形成百亿元级商圈支撑平台。綦江区建成 1 个以上 10 亿元级专业市场，培育1~2 条国家级特色商业街，2~3 条市级美食特色街，打造国家级酒家、酒店15 家以上。綦江区会展场馆面积达到 3 万平方米以上，打造渝南黔北区域性会展品牌 1~3 个。

③商贸流通现代化水平显著提高。到 2020 年，綦江区电子商务交易额达到 100 亿元。其中，网络零售额突破 30 亿元，占社会消费品零售总额的比重超过 15%，实现城乡电子商务全覆盖，建成国家电子商务示范区；进出口贸易总额突破 2 亿美元；商贸物流仓储设施面积突破 15 万平方米。

展望 2025 年，綦江区社会消费品零售总额将突破 350 亿元，住宿餐饮业营业额将突破 100 亿元，商品销售总额将突破 750 亿元，商业增加值将达到 85 亿元。

第三章
遵义市商贸物流和会展发展 SWOT 分析

遵义市作为黔川渝结合部的中心城市，具有发展商贸物流和会展的客观优势与战略机遇。如何利用内部优势抓住外部机会？如何回避并减少外部威胁，利用外部机会弥补内部劣势？这些是 SWOT 分析所要解决的问题。

一、遵义市经济社会基本情况

（一）　区位与地位

遵义市位于中国西南部，贵州省北部，市域东西绵延 247.5 千米，南北相距 232.5 千米。遵义市东与铜仁市（贵州省）、黔东南苗族侗族自治州（贵州省）、黔南布依族苗族自治州（贵州省）相邻，南与贵阳市（贵州省）、毕节市（贵州省）接壤，西与泸州市（四川省）相连，北与重庆市临界。遵义市中心城区南到省会贵阳市 144 千米、北达重庆市 239 千米。地理位置在东经 $106°17'22''$—$107°26'25''$，北纬 $27°13'15''$—$28°04'09''$的云贵高原向湖南丘陵和四川盆地过渡的斜坡地带。遵义市地形起伏大，地貌类型复杂，碳酸岩广泛分布，喀斯特地貌与常态地貌交错分布，是典型的喀斯特地区，其中约有 19.7% 地区为石漠化地区。

遵义市面积 30 762 平方千米，占贵州省总面积的 17.4%。遵义市下辖 3 个区、9 个县（自治县）、2 个市以及新蒲新区和南部新区。2016 年年末，遵义市户籍总人口为 801.83 万人，常住人口为 622.84 万人，其中城镇人口 310.05 万人，城镇化率 49.78%。遵义市位于国家规划的长江上游经济带和南贵经济区的交会地带，周边交通便捷，拥有独特的对外发展优势。

1. 地区生产总值及其增长速度

2000—2017 年，遵义市经济保持了较快的增长（见表 3-1 和图 3-1）。

表 3-1　2000—2017 年遵义市地区生产总值与人均地区生产总值及增长速度

年份	地区生产总值 /亿元	增长速度 /%	人均地区 生产总值 /元	增长速度 /%
2000	199.21	—	2 774	—
2001	218.36	9.61	3 027	9.12
2002	242.89	11.23	3 331	10.04
2003	280.18	15.35	3 816	14.56
2004	328.93	17.40	4 465	17.01
2005	388.59	18.14	5 733	28.40
2006	466.81	20.13	6 929	20.86
2007	568.10	21.70	8 596	24.06
2008	700.49	23.30	10 813	25.79
2009	777.64	11.01	12 256	13.35
2010	908.76	16.86	14 650	19.53
2011	1 121.46	23.41	18 335	25.15
2012	1 361.93	21.44	22 296	21.60
2013	1 584.67	16.35	25 852	15.95
2014	1 874.36	18.28	30 484	17.92
2015	2 168.34	15.68	35 123	15.22
2016	2 403.94	10.87	38 709	10.21
2017	2 748.59	12.1	44 060	13.82

资料来源：2001—2017 年《遵义市统计年鉴》及 2017 年遵义市国民经济和社会发展统计公报。

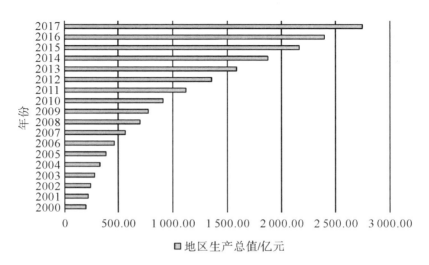

图 3-1 2000—2017 年遵义市地区生产总值

　　表 3-2 和图 3-2 直观显示了 2016 年遵义市与贵州省其他 8 个地区生产总值和人均地区生产总值比较的状况。在贵州省的九个市（州）中，从经济总量上看，2016 年，地区生产总值超过 1 000 亿元的有五个，遵义市居第二位。从增长速度上看，2016 年，遵义市地区生产总值年均增速为 12.4%（可比价，下同）。从人均地区生产总值上看，2016 年，遵义市为 38 709 元，居第三位。因此，可以看出，在与其他市（州）的比较中，遵义市虽然经济总量较小，但是人均水平靠前。

表 3-2 2016 年遵义市地区生产总值及增长率与贵州省其他地区的比较

地区	地区生产总值/亿元	增长率/%	人均地区生产总值/元	人均地区生产总值排名
遵义市	2 403.94	12.4	38 709.00	3
贵阳市	3 157.7	11.7	67 771.99	1
六盘水市	1 313.7	12.0	45 325.00	2
安顺市	701.35	12.4	30 216.00	6
毕节市	1 625.79	12.1	24 544.12	9
铜仁市	856.97	11.9	27 366.00	7
黔西南州	929.14	13.3	32 833.12	4

表3-2(续)

地区	地区生产总值/亿元	增长率/%	人均地区生产总值/元	人均地区生产总值排名
黔东南州	939.05	13.3	26 857.62	8
黔南州	1 023.39	12.5	31 472.00	5

资料来源：《2017 年贵州省统计年鉴》，增长率按可比价格计算。

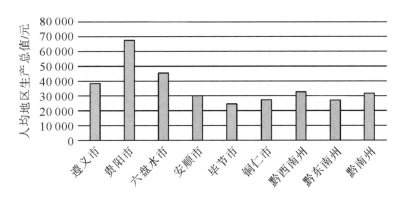

**图 3-2　2016 年遵义市与贵州省其他 8 个市（州）
人均地区生产总值比较**

2. 产业结构

2017 年，遵义市地区生产总值为 2 748.59 亿元，比上年增长 12.1%。按产业分，第一产业增加值 402.34 亿元，比上年增长 6.8%；第二产业增加值 1 241.05亿元，比上年增长 11.9%；第三产业增加值 1 105.20 亿元，比上年增长 14.3%。从表 3-3 和图 3-3 可以看出，2017 年，遵义市的产业结构为 14.6∶45.2∶40.2，第一产业比重比上年减少 0.8%，第二产业比重比上年增加 1%，第三产业比重比上年减少 0.2%。与贵州省产业结构相比，2017 年贵州省产业结构为 14.9∶40.2∶44.9，遵义市第三产业比重比全省低 4.7%，第二产业比重比全省高 5%，说明遵义市还未从"工业经济"向"服务经济"转变。

表3-3　2000—2017年遵义市三次产业结构表　　　　单位:%

年份	第一产业	第二产业	第三产业
2000	35.9	35.5	28.6
2001	32.7	36.1	31.2
2002	31.2	36.7	32.1
2003	28.8	34.3	36.9
2004	27.3	37.0	35.7
2005	25.4	39.4	35.2
2006	21.0	43.7	35.3
2007	17.8	46.4	35.8
2008	17.9	47.8	34.3
2009	15.8	40.0	44.2
2010	15.4	41.8	42.8
2011	13.5	44.0	42.5
2012	13.3	46.0	40.7
2013	13.1	47.0	39.9
2014	14.3	45.9	39.8
2015	16.1	44.8	39.1
2016	15.4	44.2	40.4
2017	14.6	45.2	40.2

资料来源:2001—2017年《遵义市统计年鉴》及2017年遵义市国民经济和社会发展统计公报。

3. 遵义市第三产业发展概况

2000年以来，遵义市第三产业有了很大的发展，不论是地区生产总值还是从业人员，比重都有提高。从产值来看，第三产业占地区生产总值的比重由2000年的28.6%提高到2016年的40.4%。从就业情况来看，第三产业从业人员占总从业人员的比重从2000年的20%提升为2016年的26%。第三产业促进了遵义市经济的发展，创造了大量的就业岗位。然而，与发达地区相比，遵义市第三产业占经济总量的比重仍较低，处于相对落后的发展水平，还有待提升。

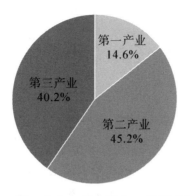

□第一产业 □第二产业 ■第三产业

图 3-3　2017 年遵义市地区生产总值构成

资料来源: 2017 年遵义市国民经济和社会发展统计公报。

（三）社会

1. 就业和社会保障

2017 年，遵义市新增城镇就业人员 13.35 万人，比上年增加 1.99 万人。其中，下岗失业人员再就业 2.28 万人，就业困难人员实现就业 1.42 万人，转移农村富余劳动力 13.24 万人。城镇登记失业率控制在 4.2% 以内。

2017 年，遵义市共发放住房公积金个人住房贷款 36.22 亿元，为职工解决住房面积 143.27 万平方米。农村最低生活保障标准为 3 562 元/年，比上年增长 15.3%。城镇最低生活保障标准为 559 元/月，比上年增长 10%。城乡最低生活保障人数由 36.91 万人下降到 33.15 万人。其中，享受农村低保人口数由 32.48 万人下降到 29.50 万人，享受城市低保人口数由 4.43 万人下降到 3.65 万人。2017 年，遵义市城乡居民养老保险参保人数 313.04 万人，城镇职工医疗保险参保人数 66.89 万人，城镇居民医疗保险参保人数 77.59 万人，工伤保险参保人数 63.37 万人，失业保险参保人数 33.55 万人，生育保险参保人数 45.98 万人。

2. 教育事业

2017 年，遵义市各级各类学校总数为 3 424 所，其中包含高等院校 7 所；

拥有专任教师 8.7 万人，在校学生 143.51 万人，其中普通高等教育招生人数为 26 324 人，在校生人数为 89 644 人，毕业生人数为 25 816 人。遵义市小学适龄儿童入学率为 100%，九年义务教育巩固率为 95.73%，高中阶段毛入学率为 90.32%。

3. 文化事业

2017 年，遵义市共有文化艺术服务单位 333 个。其中，艺术表演团体 42 个，群众艺术馆、文化馆 14 个，公共图书馆 14 个，博物馆、纪念馆 18 个，艺术表演场所 19 个，乡镇综合文化站 226 个。全年图书出版量 3 500 册，杂志出版量 2.2 万份，报纸公开发行 8.5 万份。广播综合人口覆盖率为 91.87%，电视综合人口覆盖率为 96.13%。

4. 卫生事业

2017 年，遵义市卫生机构共 4 495 个，比上年增长 1.5%。其中，医院、卫生院 410 个，比上年增长 2.5%；妇幼保健院（所、站）16 个。卫生机构床位数 47 963 张，比上年增长 20.6%，其中医院、卫生院床位数 45 903 张，增长 20.6%。卫生技术人员 43 890 人，比上年增长 12.3%，其中执业（助理）医师 14 433 人，增长 11.8%；注册护士 19 241 人，增长 13.6%。新型农村合作医疗参合农民 612.89 万人，参合率 98.5%，比上年提高 0.2 个百分点。

（四） 交通及邮电通信

1. 交通

遵义市 2017 年公路通车总里程达到 32 943 千米，其中高速公路 1 073 千米，一级公路 214 千米，二级公路 1 414 千米，三级公路 1 095 千米，四级及以下公路 29 147 千米。茅台机场建成投入使用，通航城市 13 个。新舟机场通航城市 40 个。水域通航里程达到 927 千米，年港口货物吞吐能力达到 1 750 万吨。2007—2017 年遵义市各种运输方式客货运量如表 3-4 所示。

表 3-4　2007—2017 年遵义市各种运输方式客货运量

年份	客运周转量/万人千米			货运周转量/万吨千米			客运量/万人				货运量/万吨			
	小计	公路	水运	小计	公路	水运	小计	铁路	公路	水运	小计	铁路	公路	水运
2007	267 465	265 865	1 600	260 478	188 098	72 380	12 840	—	12 630	210	3 234	—	2 966	268
2008	367 537	365 453	2 084	311 420	235 299	76 121	15 039	—	14 811	228	3 844	—	3 565	279
2009	510 760	508 510	2 250	541 888	453 588	88 300	16 105	—	15 845	260	5 307	—	4 985	322
2010	572 982	570 279	2 703	650 217	503 969	146 248	17 817	—	17 531	286	5 997	—	5 557	440
2011	680 156	676 459	3 697	754 228	604 808	149 420	21 016	—	20 742	274	7 177	—	6 744	433
2012	853 062	848 839	4 223	929 856	751 338	178 518	26 624	—	26 343	281	9 257	—	8 724	533
2013	1 130 003	1 125 693	4 310	1 270 413	1 018 407	252 006	25 779	—	25 493	286	13 598	—	12 954	644
2014	1 864 630	1 862 543	2 087	460 273	185 418	274 855	50 240	359	49 756	125	26 513	1 353	24 430	730
2015	3 265 310	3 263 049	2 261	3 710 717	3 423 310	287 407	96 282	356	95 789	137	41 750	1 240	39 727	783
2016	4 642 626	4 640 204	2 422	4 670 268	4 385 775	284 493	130 002	285	129 587	130	54 055	1 016	52 288	751
2017	6 129 938	6 127 600	2 338	5 921 900	5 754 900	167 000	171 423	—	171 300	123	70 412	—	69 800	612

资料来源：2008—2017 年《遵义市统计年鉴》及 2017 年遵义市国民经济和社会发展统计公报（表中"—"表示资料中无统计数据）。

　　由于高速公路交通的发展，遵义市公路客运量和货运量呈现上升趋势，特别是 2013 年以后，高速公路和国道、省道等对外交通主要公路为骨架，通县、通乡公路为支撑的公路网初步形成，铁路和航空客运能力提高。由于客运市场具有快捷、舒适的特殊要求，因此水运客运量急剧下降，仅有少量短途客运保留（见图 3-4 至图 3-7）。

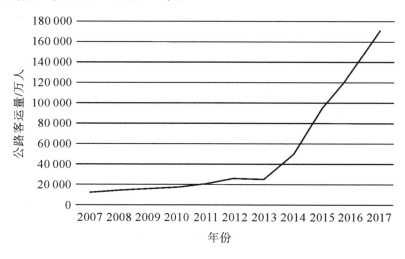

图 3-4　2007—2017 年遵义市公路客运量

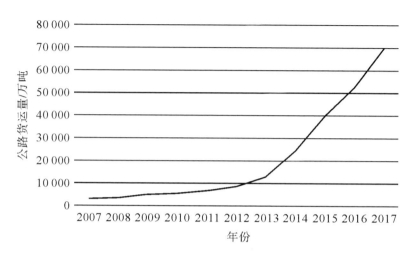

图 3-5　2007—2017 年遵义市公路货运量

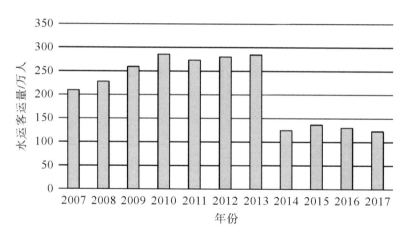

图 3-6　2007—2017 年遵义市水运客运量

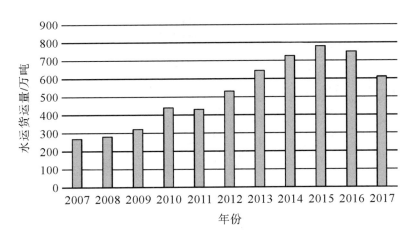

图 3-7　2007—2017 年遵义市水运货运量

2. 邮电通信

遵义市邮政、电信业保持较快发展势头。2017 年，遵义市邮电业务总量为 8.84 亿元，同比增长 25.4%；电信业务总量为 120.62 亿元，同比增长 53.7%。

（五）人口

2016 年年末，遵义市户籍人口 801.834 万人（见表 3-5），常住人口 622.84 万人，其中城镇人口 310.05 万人，城镇化率 49.78%。

表 3-5　遵义市 2016 年总人口　　　　　　　　　　　单位：万人

合计	按性别分		按年龄分组			
	男	女	18 岁以下	18~35 岁	36~60 岁	60 岁以上
801.83	418.62	383.21	182.77	216.84	282.09	120.14

资料来源：2017 年《遵义市统计年鉴》。

2016 年，遵义市男性人口为 418.62 万人，女性人口为 383.21 万人，性别比为 109.24∶100。从表 3-6 可知，遵义市人口性别比从 2007 年到 2016 年基本都在 107~109。

表 3-6　2007—2016 年遵义市人口构成

年份	人口总数/万人	男性/万人	女性/万人	性别比
2007	739.40	383.62	355.79	107.82：100
2008	744.02	385.92	358.10	107.77：100
2009	750.87	389.38	361.49	107.71：100
2010	764.16	395.94	368.22	107.53：100
2011	771.94	400.34	371.60	107.73：100
2012	771.43	401.53	369.90	108.55：100
2013	778.46	404.33	374.13	108.07：100
2014	787.03	409.25	377.78	108.33：100
2015	793.35	413.87	379.48	109.06：100
2016	801.83	418.62	383.21	109.24：100

资料来源：2008—2017 年《遵义市统计年鉴》。

（六）　自然、资源与生态环境

遵义市地域广阔，地形地貌多样，自然资源丰富。

1. 土地资源

2016 年，遵义市面积 30 762 平方千米，占贵州省总面积的 17.4%，其中耕地面积为 84.05 万公顷。遵义市地形地貌以山地为主，山地面积占比达 65.08%，丘陵面积占比达 28.35%，平坝及河谷盆地面积占比为 6.57%。碳酸盐岩分布约占土地面积的 80%，岩溶地貌发育强烈，山地土层薄、水土易流失。遵义市土壤面积占土地面积的 95% 以上，基本上属于"多宜土"和"双宜土"，生产潜力大，土壤类型多，共有黄壤、黄棕壤、石灰土、粗骨土、潮土、水稻土等土壤类型。

2. 生物资源

遵义市有野生和常见的高等植物 2 009 种，以亚热带常绿阔叶林为典型，具有植物区系南北过渡性和起源古老性的特点。野生动植物资源丰富，占贵州省稀有动植物资源总数的 93.3%。2016 年年底，遵义市森林面积已达 177.46 万公顷，森林覆盖率达到 57.69%。活立木总蓄积量为 10 226.87 万立方米。

3. 水资源

遵义市拥有长 10 千米以上的河流共 463 条,均属长江流域,以大娄山山脉为分水岭,南北分属乌江区和长江上游干流区两大水系。长江上游干流区包括赤水河干流及主要支流,如牛渡水、桐梓河、习水河等;乌江区包括偏岩河、湘江河、余庆河、芙蓉江等。2016 年,遵义市水资源总量为 171.4 亿立方米,地表水资源量(河川径流量)为 171.4 亿立方米,地下水资源为 41.8 亿立方米,可开发水力资源蕴藏量为 584 万千瓦时。

4. 矿产资源

遵义市地质成矿条件好,种类繁多,已探明的矿产有 60 多种。煤、铝土矿、钛、锰、镁、钼、钡、烧碱等在国内或贵州省内占有重要地位,已形成贵州省乃至全国重要的钛、锰、烧碱、高性能钢丝绳等原材料生产基地。其中,煤炭资源总储存量在贵州省仅次于六盘水市和毕节市,2016 年底煤炭资源储量 69.6 亿吨。

5. 旅游资源

遵义市共有自然生态、人文景观和社会资源 3 个大类、40 个品种、100 多个景区景点,其中国家级 14 处,省级 75 处。遵义市有世界自然遗产 1 个(赤水丹霞),世界文化遗产 1 个(海龙屯);风景名胜区 7 个,其中国家级风景名胜区 1 个,省级风景名胜区 6 个;自然保护区 8 个,其中国家级自然保护区 3 个;森林公园 8 个,其中国家森林公园 4 个,省级森林公园 4 个;国家级地质公园 1 个;国家 AAAA 级旅游景区 6 个。遵义市初步纳入旅游开发规划的历史景观遗址有 13 处,其中国家级 3 处,省级 10 处;省级博物馆 7 个;古墓 6 处,其中国家级古墓 1 处,省级古墓 5 处;省级寺庙 5 座;历史文化名城(镇)6 个,其中国家级 2 个;红色旅游景点 85 处。遵义市拥有全国休闲农业与乡村旅游示范县 1 个,示范点 4 个。

遵义市拥有独特和丰富的生态旅游资源。温暖湿润的气候使得遵义一年四季皆可游览。气候资源的旅游适宜性为全国少见。在市区内,遵义市有凤凰山森林公园、遵义植物园、三阁公园、南岭城市公园、遵义动物园等供游客浏览。在其他县(区、市),遵义市的生态旅游资源更是独特和丰富,其中最为知名的是赤水市的丹霞地貌和桫椤自然保护区。遵义市的其他生态旅游资源还有乌江峡谷、赤水河流域美景等。红色旅游资源也是遵义市的独特资源，如遵义会议会址纪念馆、红军山红军烈士陵园、红军烈士纪念碑、邓萍墓，散布在长征沿线的红军驻地、领导人旧居、战斗遗址、战场遗物等。同时，遵义市民族众多，民俗风情丰富多彩，这也是遵义市旅游资源的优势。湄潭苗族的婚俗和仁怀苗族的"采月亮"入选贵州省非物质文化遗产保护名录。各少数民族在历史积累中形成的独特的民俗和小吃也是人们体验民族风情的重要载体。此外，遵义市还有一些新出现的民俗事项，如仁怀市举办的茅台祭水节，结合了酿酒、水文化、祭祀文化。

6. 气候

遵义市受季风影响特别显著，冬春季节多受北半球移来的寒潮或冷空气影响，冬季风一般多为东北风或偏东风。遵义市受偏东北季风影响时，云层浓密低厚，一到夜间，常常产生夜雨。遵义市地处低纬度地区，从西伯利亚南下的冷空气到达遵义已大大减弱变性，因此在冬季1月最冷时期极端最低气温只有 −7.1℃（1977年1月30日）。在夏季，遵义市又常受西南季风影响，历年最热时期极端最高气温为38.7℃（1953年8月18日），比邻近的重庆市极端最高气温（40.4℃）低1.7℃。遵义市年平均气温15.1℃，比昆明市高0.6℃。总之，遵义市冬无严寒，夏无酷暑，雨量丰沛，气候宜人。

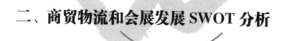

二、商贸物流和会展发展SWOT分析

（一）　发展优势（strength）

1. 区位优势

遵义市位于贵州省北部，是黔川渝三省（市）结合部中心城市。遵义市南临乌江，北倚大娄山，是贵州北向重庆、西入四川的第一门户。同时，遵义市是黔北交通、铁路以及通信枢纽，正逐步发展成为黔川渝三省（市）要素集聚洼地。遵义市处于成渝经济区、黔中经济区、黔北协作区的核心区和主廊道，是黔渝合作的桥头堡、主阵地和先行区。遵义市属于长江中上游综合经济区和黔中经济区建设的主要区域，是衔接贵州黔中经济区和长江上游的结合点，也是传递北部湾经济区和长江上游地区经济梯度的节点。遵义市是长三角、珠三角、黔中经济区、成渝经济区等延伸的必经之处。

2. 交通优势

遵义市中心城区南到省会贵阳市 144 千米，北达重庆市 239 千米。随着 2012 年遵义市新舟机场的开通，遵义市成为黔北重要的交通枢纽中心，已开通航点数量 36 个，机场旅客年吞吐量突破 150 万人次；高速公路和一级公路通车里程突破 1 000 千米，实现县县通高速；新增国、省干线 3 200 千米，二级公路 1 400 多千米，农村公路通车里程达 2.6 万千米，基本实现村村通油（砼）路、乡乡有客运站、建制村通客运；建成航运码头 17 个。2017 年 10 月，茅台机场建成通航。随着机场建成通航以及杭瑞、遵崇等高速公路建成通车，遵义市的通达性和区位条件进一步改善，后发优势初步突显。

3. 市场潜力优势

遵义市 2017 年社会消费品零售总额为 811.69 亿元，比上年增长 12.2%；城镇居民人均可支配收入为 29 617 元，比上年增长 9.3%；农村常住居民人均可支配收入为 11 130 元，比上年增长 10.1%；全年接待游客 1.15 亿人次，实现旅游综合收入 1 151.8 亿元，比上年增长 44.2%。此外，遵义医学院、遵义师范学院等高等院校的吸引、房地产市场的蓬勃发展、康养休闲产业的重视、中心城区的扩展，强大的市场优势不仅能带动遵义市商贸的发展，也为物流及会展的快速发展提供了良好的市场支撑。

4. 产业支撑优势

遵义市农业基础较好，素有"黔北粮仓"之称，粮食产量大致占贵州省总量的 1/4。目前，粮食、茶叶、肉类、蚕桑产量居贵州省前列，楠竹、杜仲、棕片多年来产量居贵州省之首。遵义市农产品产量和质量优势明显，农业开发前景广阔。这些为遵义市发展农产品加工、农村配送中心、农贸市场等流通体系建设提供了支撑。此外，遵义市工业经济发达，已形成了1个国家级经济开发区、1个国家级新型工业化示范基地、13个省级经济开发区、2个省级高新区。遵义市19个重点园区已全部纳入贵州省"100个产业园区成长工程"。制造业的快速发展和转型升级，产生巨大的服务性需求，为遵义市商贸服务业发展提供了广阔的增长空间。

遵义市现已形成酒、烟、茶、药、食品、竹"六张名片"。其中，白酒产业、湄潭翠芽、凤冈锌硒茶、遵义红茶等成为遵义重点打造的支柱产业，中国·贵州国际茶文化节暨茶产业博览会、中国（遵义）国际辣椒博览会等逐渐成为遵义市品牌展览会，为树立遵义市在会展界的品牌形象奠定了良好的基础。新蒲开发区电子信息产业园、和平开发区茅台循环经济产园、正安开发区吉他产业园、湄潭开发区茶叶精深加工循环产业园、赤水开发区竹业循环经济产业园、仁怀开发区绿色电子产业园、凤冈开发区有机生态工业园等一批绿色生态产业园区的建成，为产业聚集的区域商贸物流模式提供了强大的支撑。

5. 旅游资源优势

遵义市拥有丰富的旅游资源。据统计，遵义市旅游资源涵盖了12个主类、40个亚类、183个基本类型。自然风光和人文景观融为一体，类型多样，层次丰富。遵义市西部以丹霞地貌、四渡赤水、国酒茅台为代表，主要体现生态文化、长征文化、酒文化和竹文化；东部以茶海、乌江画廊美丽乡村为代表，主要体现茶文化、黔北乡村文化；北部以武陵山区风貌、民族风情为代表，主要体现地域文化、民族文化。遵义市共有历史景观遗址13处，其中国家级3处，省级10处；博物馆7个（均为省级）；古墓6处，其中国家级古墓1处（杨粲墓），省级古墓5处；寺庙5座（均为省级）；历史文化名城（镇）6个，其中国家级2个。人文资源十大地域文化包括红色文化、酒文化、土司文化、沙滩文化、茶文化、夜郎文化、诗乡文化、仡佬文化、佛教文化（宗教文化）和古人类文化。遵义市拥有世界文化遗产、世界自然遗产、遵义会议、国酒茅台四张世界级名片。独特的文化、旅游和生态资源优势，能够为遵义市集聚人才、项目等高端服务要素提供有力支撑，也是形成城市影响力和知名度的重要依托。

6. 商贸物流及会展基础优势

从政策环境来看，遵义市商贸物流的发展得到了贵州省、遵义市政府的广泛重视，形成了良好的政策环境。《贵州省政府办公厅关于加快发展现代物流业的若干意见》（黔府办发〔2015〕3 号）、《关于加快发展生活性服务业促进消费结构升级的实施方案》（黔府办发〔2016〕30 号）、《中共遵义市委关于加快第三产业发展的意见》（遵党发〔2017〕8 号）、《市人民政府关于加快建设黔川渝结合部商贸物流中心的实施意见》（遵府发〔2017〕19 号）等一系列规划和意见，为遵义市第三产业的健康发展提供了重要的规划支持和政策保障。

从经济指标来看，2006—2017 年，遵义市地区生产总值、第三产业增加值年均增速分别为 17.49%、16.71%。商贸流通业增加值年均增速超过16.19%，对经济发展起到了重要拉动作用。然而，近年来商贸流通业增加值与地区生产总值、第三产业增加值的占比不升反降，说明遵义市商贸发展虽然较为迅速，但仍存在较大的发展潜力。2006—2017 年，遵义市社会消费品零售总额增长平稳，年均增速 17.31%，说明居民消费需求逐步增强，零售市场的规模持续扩大。2016 年，遵义市正式工商登记注册的物流企业有 310 家，其中遵义市中心城区 121 家。货物运输总量为 11 108 万吨，周转量为1 209 429万吨千米，分别占贵州省总量的 18% 和 8%。2010—2016 年，遵义市货物运输总量年均增长 23%，周转量年均增长 30%。其中，2016 年，遵义市公路货运量为 10 468 万吨，占全市货运总量的 94%，是拉动全市货运量增长的主力。

从流通主体来看，截至 2016 年年末，遵义市新增限额以上企业（批发零售、住宿餐饮）62 家，限额以上企业（批发零售、住宿餐饮）累计达到 835家。一批知名商贸企业快速成长。遵义市着力引进沃尔玛、北京华联等多家大型商场和超市，使遵义市大中型超市连锁企业得到快速发展。遵义市着力培养十佳餐饮名店、十大名菜，使之成为遵义市餐饮行业的形象代表；着力推动兰蔻、红星美凯龙等国际国内一线品牌走进遵义市，提升了遵义市商贸流通主体档次。顺丰、邮政快递等快递物流网点多，运营规范，促进了遵义市物流快递运输系统建设。

从网点设施来看，商业网点设施已初具规模，形成了多个城市核心商圈、特色商业街、商品交易市场和社区便民商业网点等，基本能够满足地区商贸流通业发展的需求。截至 2016 年年底，遵义市亿元商品交易市场共有 20 个，其中 10 亿元交易市场 8 个，亿元以上商品交易市场交易额 252.62 亿元，已建成遵义国际商贸城、新雪域农产品交易市场、遵义黔北国际汽车博览中心、湄潭中国茶城、富邦家装商城、红星美凯龙家居生活馆、习水五洲国际商贸城等一批大型专业市场。遵义市电子商务服务体系不断完善，电子商务交易规模不断扩大。2016 年，遵义市实现电子商务交易额 354.6 亿元，其中网络零售额 124.7 亿元。仅 2017 年上半年，遵义市完成电子商务交易额 287 亿元。遵义市建成电子商务产业园 10 个，县级电子商务服务中心 13 个，乡镇（村）服务站点 760 个。同时，电子商务平台不断完善。引进和培育了阿里巴巴·遵义产业带、指南针、爱特购、贵人购、茅台商城、赤水云商城、农舍淘商城等电子商务平台 30 余个，建成地方农特产品馆 22 个。

从流通布局来看，遵义市商贸流通布局趋于合理，初步形成由城区到郊县，由城镇到农村，城区商业、郊县商业、农村商业"三位一体"的商贸布局体系。遵义市中心城区内商圈规模不断扩大，逐步形成了以丁字口、老城、广珠等为引领，集聚效应明显的城市商圈。"万村千乡"市场工程使商业网点布局遍及城乡。2016 年，遵义市建成农家店 2 743 家，完成信息化升级改造 600 家，组织实施乡镇商贸中心 67 个，新建改造乡镇农贸市场 120 个，乡镇消费环境不断改善。

从会展发展基础来看，"十二五"期间，遵义市组织开展各类大型促销和赛事节庆活动 300 余场次，会展规模不断扩大，其中"茶博会""辣博会"等展览会展示了遵义市本土优势产业和特色文化，对遵义市经济发展做出较大贡献。投资洽谈类、工业装备类、建材家居类、农业类等专业会展及主题鲜明的特色会展活动初步发展，为会展类型多元化奠定了一定的基础。此外，遵义市企业积极参加广交会、昆交会、西博会、酒博会等国内大型展示展销会，茶、酒等特色产品"走出去"推介促销活动效果较好。

（二） 发展劣势（weakness）

1. 产业结构调整缓慢，第三产业缺乏竞争力

当前，经济发展形势正从"工业经济"向"服务经济"转变，而 2017 年遵义市第二产业占比为 45.2%，比第三产业占比高 5%。说明遵义市第二产业

仍占据经济发展的主导地位，与发达地区相比，第三产业的比重相差悬殊。这表明，遵义市在经济转型发展的过程中，未足够重视第三产业的发展，导致新兴产业发展不足。此外，传统优势产业没有及时升级，缺乏金融保险、商务服务业等高端服务业态作为支撑，失去强有力的市场竞争力。整体而言，产业结构调整步伐缓慢，服务业对经济增长的带动作用有待提升。

2. 商业设施建设不完善，商贸集聚辐射能力低

近年来，遵义市服务业虽然保持较快的增长态势，但服务业增加值占地区生产总值的比重较低。2017 年，该比重为 40.2%，比 2016 年又下降了 0.2 个百分点，服务业整体规模和质量还存在较大的提升空间。根据商业网点调研，遵义市大型商贸设施主要集中在专业市场方面，商圈建设与规范性商圈相比差距仍然很大，缺乏集中打造和立体开发，商业功能布局分散，集消费购物、餐饮美食、休闲娱乐、商务沟通、文化体验等于一体的大型商业综合体建设滞后；功能和业态集中、种类丰富、具有特色、档次高的商业街比较少，步行街线路和停车等商业配套建设不足；综合竞争力尚未形成，没有聚集和辐射全市消费者的能力，大量客流和购买力外流。同时，遵义市酒店等布局也不集中，部分区（县）内星级酒店较少。截至 2017 年年底，遵义市已建三星级以上酒店 72 家，高星级酒店数量偏少，占比较低，接待能力有限。

3. 物流发展"小、散、乱"，信息平台建设落后

遵义市现代物流产业集中度较低，物流企业普遍存在规模小、实力弱、布局分散、功能单一、运作效率低、成本高、高素质管理人才短缺、物流服务与管理水平不高等问题，良好的物流市场及环境尚未形成，运输产业仍处于培育期。现代物流业的发展高度依靠网络化、信息化，企业做大做强网络建设、信息平台是连接用户企业和物流企业的关键，是现代物流产业发展的基础条件之一。现阶段，遵义市物流信息化、标准化程度较低，大多数物流企业现代信息技术装备水平较低，缺乏为物流企业服务的公共信息平台，现代仓储、多式联运转运等设施不足，高效、顺畅、便捷的综合交通运输网络尚未建立。

4. 会展水平整体偏低，品牌影响力不足

遵义市培育了酒博会、茶博会、辣博会、旅发会、房交会、年货节、黔北美食节等一批品牌展览会和节庆活动，但与其他同等城市相比，遵义市的会展业的发展水平仍存在较大差距。整体而言，遵义市会展业的发展合力较弱，协同引进会展项目和资源整合度不够。政府主导为主，市场配置资源的力量较为薄弱，专业化水平有待提高。遵义市会展整体规模偏小，每年承办会展数量较少，会展项目的国际招商水平较低，国际参展商和采购商比重不高，本土会展企业缺乏参加国际展览协会（UFI）、国际大会与会议协会（ICCA）等国际性组织的认证意识，尚未形成品牌评价机制，已有品牌会展缺乏国际影响力。会展业管理依据主要包括政府主管部门及相关组织机构的批准文件，缺少统一且层级较高的专业法律条例，不利于会展业的市场化发展。

5. 从业者组织化程度低，管理者专业化水平低

从事商贸流通业的绝大多数是个体经营户，业务技能和管理水平低，经营粗放，常年守着十几平方米的商业门面进行家庭作坊式经营，对现代流通方式缺乏了解，并且商贸经营者的组织化程度较低。这些在很大程度上制约了遵义市商贸产业的发展。商贸流通、物流专业人员及会展经营管理人员严重缺乏。一方面，商贸流通及会展市场庞大，对人才的需求日益扩大；另一方面，商贸流通、物流及会展人员经验缺乏、专业素质低、服务意识差、不具备相关知识与经验积淀，导致服务水平低、服务效率低。

（三）外部机遇（opportunity）

1. 政策叠加带动机遇

西部大开发战略、共建"一带一路"倡议、长江经济带战略等一系列国家政策叠加为遵义市迎来新的发展机遇。遵义市是西部大开发战略中的重要节点城市，国家对西部地区制定的重点支持的若干优惠政策，促进遵义市经济加快发展。共建"一带一路"倡议将引领遵义市借助"渝新欧""黔深欧""黔新欧"等国际大通道，积极开拓国际市场。遵义市作为长江上游城市圈的重要城市，紧邻长江上游最大中心城市——重庆，是连接黔中经济区和成渝

经济区的经济走廊，对贵州省融入长江经济带战略布局具有不可替代的作用。这些为遵义市商贸物流业提供了充分的政策支撑和良好的发展环境。

2. 政策厚积支撑机遇

2012 年，国务院出台《国务院关于深化流通体制改革加快流通产业发展的意见》（国发〔2012〕39 号）；2015 年，国务院办公厅出台《国务院办公厅关于推进线上线下互动加快商贸流通创新发展转型升级的意见》（国办发〔2015〕72 号）；2017 年，商务部等五部门出台《商贸物流发展"十三五"规划》（商流通发〔2017〕29 号），国务院办公厅出台《国务院办公厅关于进一步推进物流降本增效促进实体经济发展的意见》（国办发〔2017〕73 号）。贵州省政府相继出台了《贵州省政府办公厅关于加快发展现代物流业的若干意见》（黔府办发〔2015〕3 号）、《贵州省政府关于促进消费的指导意见》（黔府发〔2015〕19 号）、《关于加快发展生活性服务业促进消费结构升级的实施方案》（黔府办发〔2016〕30 号）。遵义市出台《中共遵义市委关于加快第三产业发展的意见》（遵党发〔2017〕8 号），将第三产业发展提到了前所未有的高度；《市人民政府关于加快建设黔川渝结合部商贸物流中心的实施意见》（遵府发〔2017〕19 号）明确要求将遵义市建设成为"万商云集、四通八达的黔川渝结合部商贸物流中心"，推动黔川渝结合部区域互动发展、协调发展，促进商贸物流业提质增效和转型升级；《市人民政府关于加快建设黔川渝结合部会展中心的实施意见》（遵府发〔2017〕20 号）提出将会展业培育成为遵义市现代服务业的先导产业和重要产业。这一系列规划部署和政策支撑，为遵义市发展商贸流通和会展业带来了有利的政策机遇。

3. 新时代经济转型机遇

新时代我国经济发展正面临经济增速换挡期、结构调整阵痛期、前期刺激政策消化期"三期"叠加的新常态，发展的主要动力由要素驱动、投资规模驱动向创新驱动转变。党的十九大提出以"高质量发展"为发展目标，制定了"中国制造 2025""互联网+""大众创业、万众创新"等战略和行动指南，引发以智能化、网络化、服务化和可持续为主要特征的科技革命和产业变革。调整结构、转型升级、自主创新、提质增效成为我国经济转型的当务之急。这为遵义市推动传统产业升级改造、高技术和战略性新兴产业培育发

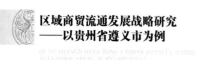

展带来前所未有的新机遇。

（四）外部威胁（threats）

1. 周边竞争日益激烈

一方面，同省城市贵阳市、六盘水市等与遵义市都肩负着抢抓机遇、聚集资源、加快发展的历史使命，竞相发展、相互赶超的竞争格局趋于强化，对资源、企业、资金、人才等要素的争夺日趋激烈；另一方面，同周边竞争力较强的成都市、重庆市等城市相比，遵义市传统产业仍占有较高比重，电子信息、大数据、新能源汽车等新兴产业在规模、水平、档次等方面都存在差距。遵义市在技术、人才、资金、土地等要素方面缺乏比较优势，其整体竞争实力与周边城市存在较大差距，在参与产业竞争中处于相对劣势地位。

2. 资源环境约束增强

在我国经济下行压力加大，人口红利逐渐消失，经济结构深刻调整，发展过程中面临风险和不确定性等情形下，遵义市后发赶超任务艰巨。随着国家对资源环境方面的限制和宏观调控日益强化，节能减排任务艰巨，产业发展的能源资源约束与生态环境脆弱的矛盾更加凸显。遵义市正处于加快转变经济发展方式的重要时期，也是遵义市加快产业转型升级步伐的关键时期，资源环境的约束使遵义市在经济发展过程中面临更多挑战。

3. 交通改善的"双刃剑"效应

遵义市拥有渝黔高铁、渝贵铁路、川黔铁路、习正高速、杭瑞高速、兰海高速、银百高速等高铁及高速公路对外联系通道，处在成渝经济区和黔中经济区两大生产要素的吸纳和整合能力较强的经济区之间。一方面，遵义市如果没有竞争力较强的优势产业群，资源和要素就可能会被"虹吸"，将导致资金、人才、信息向发展环境优越和行政效能高的区域聚集，成为发达地区的资源供给地、产品倾销地，面临人才、企业等流失的窘境；另一方面，遵义市虽然地处西南大交通走廊，但是枢纽功能不明显。

（五）　SWOT 分析矩阵

本书通过考察上述影响遵义市商贸物流及会展业发展的关键内外部因素，在利用内部优势抓住外部机会、回避并减少外部威胁、利用外部机会弥补内部劣势等战略组合分析后，得出结论如下：

1. 优势机遇战略

遵义市应充分利用优惠政策、资金扶持，在发掘自身优势的基础上大力发展城乡商贸流通服务业及会展业，将遵义市建成黔川渝结合部商贸物流产业及会展业中心城市。

2. 优势威胁战略

遵义市应在功能与业态定位上与周边地区错位经营，充分利用区位、交通、市场潜力、产业、旅游及商贸物流基础优势，实现商贸流通服务业的跨越式发展与区域商贸物流模式的创新发展，建成黔川渝结合部最具特色的休闲商贸高地和康养新城。

3. 劣势机遇战略

遵义市应切实转变政府职能，加快区域经济发展；克服自身劣势，增强产业联动性，提高收入和消费水平，加强人才培养，为建设区域性商贸服务业中心及会展中心创造优良环境；研究制定市场规则，加强市场体系建设；合理进行商业布局，加大现代化商业基础设施投资力度，提升商贸流通档次。

4. 劣势威胁战略

遵义市应以核心商圈、专业市场、产业园区建设为依托，发展特色商贸业态和综合市场，提升商贸流通、会展业发展水平。

5. 策略组合

根据上述的战略思路，遵义市商贸物流产业及会展业发展的策略组合如表 3-7 所示。

表 3-7　遵义市商贸物流产业及会展业发展的策略组合

SWOT 策略组合		外部环境	
		机遇（opportunity）①战略叠加带动机遇②政策厚积支持机遇③"新时代"经济转型机遇	威胁（threat）①周边竞争日益激烈②资源环境约束增强③交通改善的"双刃剑"效应
内部力量	优势（strengthen）①区位优势②交通优势③市场潜力优势④产业支撑优势⑤旅游资源优势⑥商贸物流及会展基础优势	优势机遇策略遵义市应充分利用优惠政策、资金扶持，在发掘自身优势的基础上大力发展城乡商贸流通服务业及会展业，将遵义市建成黔川渝结合部商贸物流产业及会展业中心城市	优势威胁策略遵义市应在功能与业态定位上与周边地区错位经营，充分利用区位、交通、市场潜力、产业、旅游及商贸物流基础优势，实现商贸流通服务业的跨越式发展与区域商贸物流模式的创新发展，建成黔川渝结合部最具特色的休闲商贸高地和康养新城
	劣势（weakness）①产业结构调整缓慢，第三产业缺乏竞争力②商业设施建设不完善，商贸集聚辐射能力低③物流发展"小、散、乱"，信息平台建设落后④会展水平整体偏低，品牌影响力不足⑤从业者组织化程度低，管理者专业化水平低	劣势机遇策略遵义市应切实转变政府职能，加快区域经济发展；克服自身劣势，增强产业联动性，提高收入和消费水平，加强人才培养，为建设区域性商贸服务业中心及会展中心创造优良环境；研究制定市场规则，加强市场体系建设；合理进行商业布局，加大现代化商业基础设施投资力度，提升商贸流通档次	劣势威胁策略遵义市应以核心商圈、专业市场、产业园区建设为依托，发展特色商贸业态和综合市场，提升商贸流通、会展业发展水平

结论：遵义市在区位交通、市场容量和潜力等方面具有明显的优势，应充分利用这些优势，通过核心商圈打造、专业市场改造升级和康养休闲带建设，打造黔川渝结合部聚集人气、商气的中心城市；利用已有的各种优势，重视第三产业发展，发展特色商贸物流与会展，建成黔川渝结合部区域性商贸流通中心、会展中心以及康养休闲中心，辐射周边地区

第四章
遵义市商贸物流和会展发展规模预测

本章用霍尔特指数平滑法对遵义市 2018—2028 年的商贸物流和会展发展规模进行预测，主要是对遵义市常住人口总数、地区生产总值、商贸流通增加值、商品销售总额、社会消费品零售总额、人均地区生产总值、城镇居民可支配收入、农民人均纯收入、货运量九个指标进行预测。

一、霍尔特指数平滑法介绍

霍尔特指数平滑法基本公式如下：

$$T_t = ax_t + (1 - \alpha)(T_{t-1} + b_{t-1}) \tag{4-1}$$

$$b_t = \beta(T_t - T_{t-1}) + (1 - \beta)b_{t-1} \tag{4-2}$$

预测方程如下：

$$\hat{x}_{t+\tau} = T_t + b_t\tau, \ \tau = 1, \ 2, \ \cdots \tag{4-3}$$

各符号的意义如下：

t：当前期。

τ：预测超前期数（或称预测步长）。

T_t，T_{t-1}：利用第 t 期或前 $t-1$ 期数据对第 t 期或第 $t-1$ 期趋势的估计。

b_t，b_{t-1}：利用前 t 期或前 $t-1$ 期数据对趋势增量 b 的估计。

x_t：第 t 期的实际观察值。

$\hat{x}_{t+\tau}$：利用前 t 期数据对 $t + \tau$ 期的预测值。

α，β：平滑常数 $0 < \alpha$，$\beta < 1$。

我们利用公式（4-1）和公式（4-2）计算时，除两个平滑常数外需先指定两个初值 T_1 和 b_1。

特别需要说明的是，霍尔特指数平滑法最突出的优点是对趋势数据直接进行平滑来对原时间序列进行预测。不过，由于模型的局限性以及参数数值选取的难度，得到的预测值大部分比真实值要低一些。因此，上述指标的预测值仅为相关分析提供一个参考。

二、遵义市常住人口总数预测

要想知道遵义市未来 5～10 年商贸物流和会展发展规模情况，首先要知道遵义市消费群体情况。例如，了解了总人口数将达到什么水平，才能了解该地区未来的消费容量和消费能力。因此，本书首先对遵义市的常住人口总量进行预测分析。

从遵义市各年统计年鉴中可以得知遵义市 2005—2017 年的人口总数真实值，$\alpha = 0.9$，$\beta = 0.5$，T_1 取 2005—2007 年的平均值，$b_1 = 0$，用霍尔特指数平滑法对 2005—2017 年做步长 $\tau = 1$ 的追溯预测，并对 2018—2028 年分别做步长的预测。反复利用公式（4-1）和公式（4-2），遵义市 2018—2028 年常住人口总量预测结果如表 4-1 所示。

表 4-1　遵义市 2018—2028 年常住人口总量预测结果　单位：万人

年份	常住人口总数	T_t	B_t	预测值
2005	743.28	746.266 666 7	0	
2006	745.84	745.882 666 7	-0.192	746.266 666 7
2007	749.68	749.281 066 7	1.603 2	745.690 666 7
2008	751.62	751.546 426 7	1.934 28	750.884 266 7
2009	627.37	639.981 070 7	-54.815 538	753.480 706 7
2010	613.29	610.477 553 3	-42.159 527 7	585.165 532 7
2011	610	605.831 802 6	-23.402 639 21	568.318 025 6
2012	611.7	608.772 916 3	-10.230 762 71	582.429 163 4
2013	614.25	612.679 215 4	-3.162 231 843	598.542 153 6
2014	615.49	614.892 698 4	-0.474 374 427	609.516 983 5
2015	619.21	618.730 832 4	1.681 879 807	614.418 323 9
2016	622.84	622.597 271 2	2.774 159 317	620.412 712 2
2017	624.83	624.884 143 1	2.530 515 575	625.371 430 5

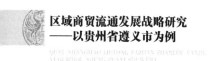

表4-1(续)

年份	常住人口总数	T_t	B_t	预测值
2018				627.414 658 6
2019				629.945 174 2
2020				632.475 689 8
2021				635.006 205 4
2022				637.536 720 9
2023				640.067 236 5
2024				642.597 752 1
2025				645.128 267 7
2026				647.658 783 2
2027				650.189 298 8
2028				652.719 814 4

分析表明，遵义市人口在 2018 年达到 627.41 万人，在 2020 年达到 632.48 万人，在 2025 年达到 645.13 万人。

三、遵义市地区生产总值预测

地区生产总值反映一个地区经济增长的情况。为了规划好遵义市未来 5~10 年商贸物流业和会展业的发展，我们需要了解遵义市的经济增长情况及其产业结构变化趋势等。因此，我们需要对遵义市地区生产总值以及第一、二、三产业的产值和比重进行预测分析。

同样，我们从遵义市各年统计年鉴及遵义市 2017 年统计公报中可以得知遵义市 2018—2028 年地区生产总值的真实值，$\alpha = 0.9$，$\beta = 0.5$，T_1 取 2005—2007 年的平均值，$b_1 = 0$。我们用同样的方法可以得到预测结果（见表4-2）。

表 4-2　遵义市 2018—2028 年地区生产总值预测结果

年份	地区生产总值/亿元	预测值/亿元	第一产业预测值		第二产业预测值		第三产业预测值	
			产值/亿元	比重/%	产值/亿元	比重/%	产值/亿元	比重/%
2005	388.59							
2006	466.81	474.500 0	87.583 3	21.400 0	195.063 3	43.166 7	173.413 3	35.433 3
2007	568.1	464.118 5	80.356 3	20.860 0	193.600 8	43.886 7	172.909 3	35.253 3
2008	700.49	601.033 0	99.309 3	16.549 0	247.706 2	47.519 7	221.855 2	35.931 3
2009	777.64	778.631 1	128.240 9	16.815 9	316.316 5	49.269 1	284.383 5	33.915 0
2010	908.76	865.379 9	133.910 2	14.495 4	344.167 1	38.253 0	305.925 9	47.251 6
2011	1 121.46	1 011.583 8	152.841 5	14.310 4	424.524 5	40.367 5	371.657 9	45.322 1
2012	1 361.93	1 267.078 5	164.377 5	12.217 2	565.380 2	44.193 6	492.505 0	43.589 2
2013	1 584.67	1 551.734 1	199.822 2	12.315 0	726.737 2	47.189 1	626.564 5	40.495 8
2014	1 874.36	1 795.486 8	230.968 7	12.498 1	856.823 1	48.303 5	726.975 9	39.198 3
2015	2 168.34	2 116.076 0	304.139 9	14.407 3	976.466 8	46.343 4	806.413 4	39.249 3
2016	2 403.94	2 436.235 7	405.385 6	16.979 9	1 084.912 6	44.462 9	886.153 1	38.557 2
2017	2 748.59	2 665.758 6	418.891 6	15.896 2	1 168.921 5	43.616 5	947.131 2	40.487 3
2018		3 036.170 0	441.468 0	14.484 5	1 370.025 2	45.144 4	1 237.966 0	40.371 0
2019		3 332.033 2	478.940 8	14.239 5	1 506.213 3	45.247 2	1 386.538 8	40.513 3
2020		3 627.896 4	516.413 7	13.994 4	1 642.401 4	45.350 0	1 535.111 6	40.655 6
2021		3 923.759 5	553.886 5	13.749 3	1 778.589 5	45.452 8	1 683.684 5	40.797 8
2022		4 219.622 7	591.359 4	13.504 3	1 914.777 5	45.555 6	1 832.257 3	40.940 1
2023		4 515.485 9	628.832 2	13.259 2	2 050.965 6	45.658 4	1 980.830 2	41.082 4
2024		4 811.349 1	666.305 1	13.014 1	2 187.153 7	45.761 2	2 129.403 0	41.224 6
2025		5 107.212 2	703.777 9	12.769 0	2 323.341 8	45.864 0	2 277.975 8	41.366 9
2026		5 403.075 4	741.250 7	12.524 0	2 459.529 8	45.966 8	2 426.548 7	41.509 2
2027		5 698.938 6	778.723 6	12.278 9	2 595.717 9	46.069 0	2 575.121 5	41.651 5
2028		5 994.801 7	816.196 4	12.033 8	2 731.906 0	46.172 4	2 723.694 4	41.793 7

　　分析表明，遵义市的地区生产总值在 2018 年达到 3 036.17 亿元，在 2020年达到 3 627.90 亿元，在 2025 年将达到 5 107.21 亿元。地区生产总值的预测值要低于实际值，这说明遵义市的经济发展可谓超预期发展。

　　通过表 4-2 还可以得知，自 2005 年以来，遵义市产业结构有所改变。分析表明，遵义市到 2020 年第一产业产值的比重在三次产业中下降到 13.99%，第二产业产值的比重增加到 45.35%，第三产业产值的比重上升到 40.66%；到 2025 年时，三次产业产值所占比重将分别为 12.77%、45.86%、41.37%。

由此可见，以工业为主的第二产业和以服务业为主的第三产业是遵义市经济增长的源泉和动力。照当前的趋势发展，第三产业的比重虽然在不断上升，但是第二产业仍然占据主导地位。

四、遵义市商贸流通增加值预测

第三产业主要指除了第一产业和第二产业以外的产业，具体指批发零售业、住宿餐饮业、邮电通信业、金融保险和服务业等。商贸流通产业是第三产业的重要组成部分，包括批发、零售和住宿餐饮业。对商贸流通增加值的预测分析是关键所在。

同上，我们可以得到遵义市 2018—2028 年商贸流通增加值预测结果（见表 4-3）。

表 4-3　遵义市 2018—2028 年商贸流通增加值预测结果

年份	商贸流通增加值/亿元	T_t/亿元	B_t/亿元	预测值/亿元	占地区生产总值的比重/%	占第三产业的比重/%
2005	48.13	63.713 3	0			
2006	62.89	62.972 3	−0.370 5	63.713 3	13.320 4	36.508 5
2007	80.12	78.368 2	7.512 7	62.601 8	13.525 4	36.286 7
2008	103.61	101.837 1	15.490 8	85.880 9	14.373 7	38.906 2
2009	119.39	119.183 8	16.418 7	117.327 9	15.265 5	41.808 5
2010	141.15	140.595 3	18.915 1	135.602 5	15.899 6	45.091 2
2011	171.7	170.481 0	24.400 4	159.510 4	15.959 0	43.431 5
2012	199.04	198.624 1	26.271 8	194.881 5	15.473 5	39.432 6
2013	220.96	221.353 6	24.500 6	224.895 9	14.412 2	35.023 5
2014	255.41	254.454 4	28.800 7	245.854 2	13.491 3	32.771 9

表4-3(续)

年份	商贸流通增加值/亿元	T_t/亿元	B_t/亿元	预测值/亿元	占地区生产总值的比重/%	占第三产业的比重/%
2015	277.68	278.237 5	26.291 9	283.255 1	13.174 7	34.565 5
2016	298.85	299.417 9	23.736 2	304.529 4	12.238 8	33.988 4
2017	327.65	327.200 4	25.759 3	323.154 1	11.895 0	33.877 5
2018				352.959 7	11.412 3	27.652 2
2019				378.719 0	10.906 4	25.235 0
2020				404.478 4	10.400 6	22.817 9
2021				430.237 7	9.894 8	20.400 7
2022				455.997 0	9.388 9	17.983 6
2023				481.756 3	8.883 1	15.566 4
2024				507.515 6	8.377 3	13.149 3
2025				533.275 0	7.871 4	10.732 1
2026				559.034 3	7.365 6	8.315 0
2027				584.793 6	6.859 8	5.897 8
2028				610.552 9	6.353 9	3.480 6

由表4-3可知，2018年，遵义市商贸流通增加值达到352.96亿元；2020年，遵义市商贸流通增加值达到404.48亿元，在2013年的基础上将近翻了一番；2025年，遵义市商贸流通增加值将达到533.28亿元，又在2015年的基础上将近翻了一番。然而，虽然商贸流通增加值总量在逐年增加，但占地区生产总值的比重却逐年下降，2018年为11.41%，2020年为10.40%，2025年为7.87%。商贸流通增加值占第三产业产值的比重也在逐渐下降。说明按照目前的发展趋势，商贸流通业的发展潜力难以挖掘出来，遵义市应注重商贸流通业的发展，让其充分发挥经济增长潜能，提高商贸流通业对经济的贡献度。

五、遵义市商品销售总额预测

商品销售总额由对生产经营单位批发额、对批发零售贸易业批发额、出口额、对居民和社会集团商品零售额项目组成。这个指标反映了遵义市批发零售贸易企业在国内市场上销售商品及出口商品的总量。因此，预测遵义市商品销售总额对了解遵义市未来商贸物流发展非常重要。

同上，我们可以得到遵义市 2018—2028 年商品销售总额预测值结果（见表 4-4）。

表 4-4　遵义市 2018—2028 年商品销售总额预测结果　　单位：亿元

年份	商品销售总额	T_t	B_t	预测值
2005	2 522. 264	1 968. 232 1	0	
2006	3 078	2 967. 023 2	499. 395 6	1 968. 232 1
2007	304. 432 3	620. 630 9	−923. 498 4	3 466. 418 7
2008	388. 495 4	319. 359 1	−612. 385 1	−302. 867 4
2009	415. 607 8	344. 744 4	−293. 499 9	−293. 026 0
2010	877. 465 3	794. 843 2	78. 299 5	51. 244 5
2011	1 123. 405 1	1 098. 378 9	190. 917 5	873. 142 7
2012	1 411. 715 2	1 399. 473 3	246. 006 0	1 289. 296 4
2013	1 681. 194 3	1 677. 622 8	262. 077 7	1 645. 479 3
2014	1 942. 96	1 942. 634 1	263. 544 5	1 939. 700 5
2015	2 237. 3	2 234. 187 9	277. 549 1	2 206. 178 6
2016	2 592	2 583. 973 7	313. 667 5	2 511. 737 0
2017				2 897. 641 2
2018				3 211. 308 7
2019				3 524. 976 2
2020				3 838. 643 7

表4-4(续)

年份	商品销售总额	T_t	B_t	预测值
2021				4 152. 311 2
2022				4 465. 978 7
2023				4 779. 646 2
2024				5 093. 313 7
2025				5 406. 981 2
2026				5 720. 648 7
2027				6 034. 316 2
2028				6 347. 983 7

　　根据分析，遵义市商品销售总额在 2018 年达到 3 211.31 亿元，在 2020 年达到 3 838.64 亿元，比 2014 年将近翻了一番；在 2025 年达到 5 406.98 亿元，比 2017 年将近翻了一番。遵义市未来批发业发展迅猛，市场辐射能力较强。

六、遵义市社会消费品零售总额预测

　　社会消费品零售总额简称社零总额，是反映一个地区商业发展的重要指标，对其进行预测是一个关键点。

　　同上，我们可以得到遵义市 2018—2028 年社零总额预测结果（见表4-5）。

表 4-5　遵义市 2018—2028 年社零总额预测结果　　　　单位：亿元

年份	社零总额	T_t	B_t	预测值
2005	122. 24	142. 636 7	0	
2006	140. 21	140. 452 7	− 1. 092 0	142. 636 7

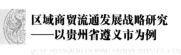

表4-5（续）

年份	社零总额	T_t	B_t	预测值
2007	165.46	162.850 1	10.652 7	139.360 7
2008	203.52	200.518 3	24.160 5	173.502 8
2009	244.24	242.283 9	32.963 0	224.678 7
2010	290.25	288.749 7	39.714 4	275.246 9
2011	350.62	348.404 4	49.684 6	328.464 1
2012	409.87	408.691 9	54.986 0	398.089 0
2013	470.37	469.700 8	57.997 5	463.677 9
2014	533.4	532.829 8	60.563 2	527.698 3
2015	639.93	635.276 3	81.504 9	593.393 1
2016	723.44	722.774 1	84.501 3	716.781 2
2017	811.69	811.248 5	86.487 9	807.275 5
2018				897.736 4
2019				984.224 3
2020				1 070.712 2
2021				1 157.200 1
2022				1 243.688 0
2023				1 330.175 8
2024				1 416.663 7
2025				1 503.151 6
2026				1 589.639 5
2027				1 676.127 4
2028				1 762.615 3

根据分析，遵义市社零总额在2018年达到897.74亿元；在2020年达到1 070.71亿元，比2014年翻了一番，是2005年的8.8倍左右；2025年达到1 503.15亿元，比2017年又将近翻了一番，整个商业发展势头强劲。

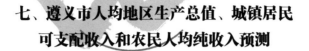

七、遵义市人均地区生产总值、城镇居民
可支配收入和农民人均纯收入预测

对遵义市人均地区生产总值的预测，可以了解未来遵义市消费水平的增长走势。人均地区生产总值的上升动力直接来自人均可支配收入的增加。未来5~10年，遵义市人均可支配收入随人均地区生产总值上升，直接影响到遵义市的消费容量及能力，进而影响到商贸流通产业的规划。因此，我们需要分析清楚未来遵义市人均可支配收入的增长走势。这里的人均可支配收入是指城镇居民人均可支配收入和农村居民人均可支配收入（农村居民人均纯收入）。

同样，从遵义市各年统计年鉴及遵义市各年统计公报中，我们可以得知遵义市2005—2017年的人均地区生产总值、城镇居民人均可支配收入和农民居民人均纯收入的真实值，$\alpha = 0.9$，$\beta = 0.5$，T_1 取2005—2007年的平均值，b_1 =0。我们用同样的方法可以得到预测结果（见表4-6）。

表4-6　遵义市2018—2028年人均地区生产总值、

城镇居民可支配收入、农民居民人均纯收入预测结果　　单位：元

年份	人均地区生产总值	预测值	城镇居民人均可支配收入	预测值	农村居民人均纯收入	预测值
2005	5 733		8 207		2 319	
2006	6 929	7 086.000 0	8 943	9 496.666 7	2 419	2 518.666 7
2007	8 596	6 874.050 0	11 340	8 749.216 7	2 818	2 384.116 7
2008	10 813	9 128.032 5	12 525	11 997.624 2	3 300	2 925.009 2
2009	12 256	12 106.966 1	13 806	13 626.284 0	3 661	3 581.644 3
2010	14 650	13 770.624 7	15 279	15 022.922 2	4 207	4 007.917 9
2011	18 335	16 487.309 5	17 426	16 603.521 0	5 216	4 631.532 2
2012	22 296	20 906.938 7	19 748	19 063.996 5	6 061	5 865.004 1
2013	25 852	25 538.879 2	20 504	21 707.645 6	6 849	6 837.049 5

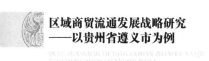

表4-6（续）

年份	人均地区生产总值	预测值	城镇居民人均可支配收入	预测值	农村居民人均纯收入	预测值
2014	30 484	29 343. 377 6	22 728	22 110. 770 0	8 365	7 648. 831 7
2015	35 123	34 405. 907 5	24 997	24 430. 435 9	9 249	9 416. 685 7
2016	38 709	39 409. 952 1	27 097	26 959. 456 4	10 109	10 313. 612 5
2017	44 060	42 822. 328 1	29 617	29 164. 253 0	11 130	11 085. 229 6
2018		48 536. 418 1		31 856. 468 8		12 101. 438 0
2019		53 136. 603 3		34 141. 212 4		13 077. 353 0
2020		57 736. 788 6		36 425. 955 9		14 053. 268 0
2021		62 336. 973 9		38 710. 699 4		15 029. 183 0
2022		66 937. 159 1		40 995. 443 0		16 005. 098 0
2023		71 537. 344 4		43 280. 186 5		16 981. 013 0
2024		76 137. 529 6		45 564. 930 1		17 956. 928 0
2025		80 737. 714 9		47 849. 673 6		18 932. 843 0
2026		85 337. 900 2		50 134. 417 1		19 908. 758 1
2027		89 938. 085 4		52 419. 160 7		20 884. 673 1
2028		94 538. 270 7		54 703. 904 2		21 860. 588 1

由表4-6可知，遵义市城镇居民人均可支配收入和农民居民人均纯收入在未来5~10年都随着人均地区生产总值的上升而上升。2018年，遵义市的人均地区生产总值达到48 536.42元，城镇居民人均可支配收入达到31 856.47元，农民居民人均纯收入将达到12 101.44元；2020年，人均地区生产总值达到57 736.79元，城镇居民人均可支配收入达到36 425.96元，农民居民人均纯收入达到14 053.27元；2025年，遵义市的人均地区生产总值达到80 737.71元，城镇居民人均可支配收入达到47 849.67元，农民居民人均纯收入达到18 932.84元。

八、遵义市货运量预测

货运量是反映运输生产成果的指标，体现着运输业为国民经济服务的数量。预测遵义市未来5~10年货运量的走势，是预测遵义市未来物流业发展的重要因素。

同上，我们可以得到遵义市2018—2028年货运量预测结果（见表4-7）。

表4-7 遵义市2018—2028年货运量预测结果　　　　单位：万吨

年份	货运量预测	T_t	B_t	预测值
2005	2 681	2 997. 666 7	0	
2006	3 078	3 069. 966 7	36. 15	2 997. 666 7
2007	3 234	3 221. 211 7	93. 697 5	3 106. 116 7
2008	3 844	3 791. 090 9	331. 788 4	3 314. 909 2
2009	5 307	5 188. 587 9	864. 642 7	4 122. 879 3
2010	5 997	6 002. 623 1	839. 338 9	6 053. 230 6
2011	7 177	7 143. 496 2	990. 106 0	6 841. 962 0
2012	9 257	9 144. 660 2	1 495. 635 0	8 133. 602 2
2013	13 598	13 302. 229 5	2 826. 602 2	10 640. 295 3
2014	26 513	25 474. 583 2	7 499. 477 9	16 128. 831 7
2015	41 750	40 872. 406 1	11 448. 650 4	32 974. 061 1
2016	54 055	53 881. 605 7	12 228. 925 0	52 321. 056 5
2017	70 412	69 981. 853 1	14 164. 586 2	66 110. 530 6
2018				84 146. 439 3
2019				98 311. 025 5
2020				112 475. 611 7
2021				126 640. 197 9

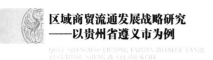

表4-7（续）

年份	货运量预测	T_t	B_t	预测值
2022				140 804.784
2023				154 969.370 2
2024				169 133.956 4
2025				183 298.542 6
2026				197 463.128 8
2027				211 627.715
2028				225 792.301 2

根据分析，遵义市货运量在2018年达到84 146.44万吨；在2020年达到112 475.61万吨，比2013年增长了约7倍；在2025年达到183 298.54万吨，比2014年又增长了约7倍。遵义市未来货运量增长较快，在公路、铁路和航空网络形成后，货运能力将大大提高。

综上所述，我们得出结论如下：

一是经济发展规模快速增长，仍以"工业经济"为主导。根据分析2020年，遵义市地区生产总值达到3 627.89亿元；2025年，遵义市地区生产总值达到5 107.21亿元，说明遵义市经济发展规模正快速增长。到2025年，三次产业占比为12.77%、45.86%、41.37%。由此可见，以工业为主的第二产业和以服务业为主的第三产业是遵义市经济增长的源泉和动力，而第二产业仍然占据主导地位。因此，重点布局第三产业是遵义市未来发展的关键。

二是商贸流通规模虽有所增加，但对经济发展贡献较低。2017年，遵义市商贸流通增加值为327.65亿元，2025年达到533.28亿元，增长迅速，但占地区生产总值的比重却逐年下降。这说明，按目前的经济发展形势，未来5~10年，遵义市的商贸流通业对经济发展的贡献越来越低，其促进经济增长的作用逐渐减弱，不利于遵义市经济的发展。因此，遵义市应注重发展商贸流通业，合理规划和布局商业，充分挖掘商业促进经济增长的潜能，使其成为推动遵义市经济发展的主要产业之一。

三是市场辐射力较强，零售集聚力较弱。2020年，遵义市实现商品销售总额3 838.64亿元；2025年，遵义市实现商品销售总额5 406.98亿元。2025

年，遵义市社零总额为 1 503.15 亿元，商品销售总额是社零总额的约 3.6 倍。这说明，遵义市批发业发展迅猛，市场辐射能力较强，但零售业发展水平较弱，应该重点布局商圈、商业街、商业综合体的建设，加快实体零售转型创新，推动传统商圈提档升级，扩大商圈辐射效应，提高零售业发展的集聚力。

四是消费能力不断提高，有着强劲的后发力量。2020 年，遵义市人均地区生产总值达到 57 736.79 元；2025 年，遵义市人均地区生产总值达到 80 737.71元。2020 年，遵义市城镇居民人均可支配收入和农民居民人均纯收入分别为 36 425.96 元和 14 053.27 元，至 2025 年将分别增长 31.4% 和 34.7%。未来 5~10 年，遵义市的人口逐年增长，人均地区生产总值、人均可支配收入也是逐年上升，说明该地区的消费能力有强劲的后发力量，建设大规模的商业网点、商圈具有必要性。

第五章
遵义市商贸物流和会展发展定位、功能与现实作用

　　遵义市是贵州省第二大城市、区域中心城市以及黔川渝结合部中心城市。遵义市的城市定位客观上要求商贸物流和会展发展与之相匹配。因此，"万商云集、四通八达的黔川渝结合部商贸物流中心"和"黔川渝结合部的会展中心"是遵义市发展的必然选择，是国家发展战略和遵义市社会经济发展的现实需求。黔川渝结合部商贸物流中心的精要在一个"大"字，核心抓手在"大项目"。成为黔川渝结合部区域商贸物流的创新源、集聚地、领先者和组织者，是黔川渝结合部商贸物流中心的必备要素。遵义市要建成黔川渝结合部会展中心，从发展方向而言，应坚持专业化、规模化、国际化、品牌化的发展方向，构建"一核心多特色"的会展产业空间布局。

一、商贸物流与会展发展定位

（一）　遵义市商贸物流发展定位

　　根据贵州省"十三五"规划，贵阳市为全省中心城市，遵义市、六盘水市、毕节市、铜仁市、凯里市、都匀市、兴义市为省内区域中心城市，其中，毕节市、铜仁市明确了城市发展定位目标。遵义市毗邻的重庆市万州区、黔江区、南川区、江津区、綦江区，四川省乐山市、泸州市、宜宾市，都明确提出了中心城市的发展定位和发展目标。与遵义市地位相似度极高的湖北省襄阳市，提出建设汉江流域中心城市的目标定位。同时，以上城市都确定了与城市发展目标定位相符的商贸物流发展定位。2018年6月出台的《中共遵义市委关于建设黔川渝结合部中心城市的决定》（遵党发〔2018〕7号），明确了城市发展的目标定位。

　　遵义市城市定位与商贸流通发展定位如表5-1所示。

表 5-1　遵义市城市定位与商贸流通发展定位

城市名称		城市发展目标定位	商贸物流发展定位
贵州省	毕节市	川滇黔渝结合部中心城市	川滇黔渝结合部区域性商贸物流中心、乌蒙山片区流通示范高地
	铜仁市	武陵山区省际区域中心城市	武陵山区重要商贸物流中心
	六盘水	经济发达、文化繁荣、社会和谐、环境优美的生态宜居城市和国际标准旅游休闲度假城市	重要的区域性和省际商贸物流中心
四川省	乐山市	成渝西南中心城市、区域性服务业中心城市	成都平原经济区南部和川南商贸中心
	泸州市	川滇黔渝结合部区域中心城市	服务全国、辐射全球的白酒文化消费中心，川滇黔渝结合部的商贸物流中心
	宜宾市	川滇黔区域中心城市	长江上游现代商贸物流中心
重庆市	万州区	沿江城市带的区域中心城市	渝东北商贸物流中心
	黔江区	渝东南区域中心、武陵山区重要经济中心	区域性商贸物流中心、武陵山区商务聚集区
	南川区	区域性中心城市	渝南黔北商贸物流中心
	江津区	区域性中心城市	长江经济带区域性商贸物流中心、重庆市重要商贸物流基地和商贸服务业集聚区
	綦江区	宜居宜业宜游的现代山水园林城市	渝南黔北商贸物流中心暨渝南黔北省际区域性边贸中心
湖北省	襄阳市	汉江流域中心城市	汉江流域商贸中心

　　遵义市是贵州省第二大城市和区域中心城市，地理区位首位度较高，且具有打造黔川渝结合部中心城市的交通、产业、区域拓展、资源供给、劳动力供应、人口聚集、文化影响等优势。建设"黔川渝结合部中心城市"，需要与之匹配的商贸物流发展定位和会展发展定位。根据《中共遵义市委关于加快第三产业发展的意见》（遵党发〔2017〕8 号）和《市人民政府关于加快建设黔川渝结合部商贸物流中心的实施意见》（遵府发〔2017〕19 号）的要求，遵义市商贸物流发展战略定位为"万商云集、四通八达的黔川渝结合部商贸物流中心"。该定位是遵义市建设"黔川渝结合部中心城市"发展的现实选择，是国家发展战略的客观需要，是遵义市社会经济发展战略的内在要求。

　　黔川渝结合部商贸物流中心的精要在一个"大"字，即通过大协作、大通道、大数据、大项目、大主体、大企业、大流通、大物流、大会展、大商圈、大市场、大美食、大旅游，实现大集聚、大总量、大质量、大发展。其核心抓手在"大项目"的支撑。但是，政府主导的大项目必须认真论证其可行性，不能出现某地国际商品展贸城那样的"空城"现象。某地国际商品展贸城于 2007 年立项，占地 4 800 亩，以"政府主导，企业运作"为原则，规划打造全国最大、最具影响力的综合型专业批发市场物流园区，建设现代化展贸"航母"，但终成"南柯一梦"！

黔川渝结合部商贸物流中心建设，依托公路、铁路、机场、水道等交通条件，加强黔川渝结合部区（县）之间战略性合作，优化区域间资源要素配置，提高商贸物流效率，形成以遵义市主城区为核心的商业集聚带，建成辐射黔川渝结合部的区域性商贸物流中心，成为区域经济发展增长极。

一般而言，现代商贸物流中心可以分为单一商贸物流中心、综合商贸物流中心两种类型。单一商贸物流中心包括单一职能的商贸物流中心（如物流中心、贸易中心、交易中心、商务信息中心等）、单一对象的商贸中心（如纺织品交易中心、汽车交易中心、技术交易中心等）。综合商贸物流中心是包含多种商贸职能和多类商品交易的商贸物流中心，通常都出现在一些具有较强综合经济实力的大型城市。黔川渝结合部商贸物流中心，是现代化的综合商贸物流中心。

黔川渝结合部商贸物流中心阐释如下：在采用现代技术的基础上，立足遵义市，覆盖黔川渝结合部区域，进而辐射长江流域，面向全国乃至世界，以专业化协作的组织方式和不断更新的经营形态，大规模、低成本、高效密集地实现商贸物流的流通功能，把遵义市培育成商贸物流布局合理、结构优化、设施先进、特色突出，具有强大的消费服务创新能力、面向第一产业与第二产业的服务能力与流通辐射能力，服务品牌和商贸城市形象鲜明的区域性综合商贸物流中心，成为黔川渝结合部区域商贸物流的创新源、集聚地、领先者和组织者。

黔川渝结合部商贸物流中心辐射范围如下：黔川渝结合部商贸物流中心是对黔川渝结合部甚至更大范围的经济活动产生重大影响的集中区域。其市场覆盖区域主要是黔川渝结合部区域，涉及贵州、四川、重庆三省（市）的 14 个地区（黔北地区的遵义市、毕节市、铜仁市，川南地区的泸州市、宜宾市，渝南地区的江津区、綦江区、万盛经开区、南川区，渝东南地区的武隆区、彭水县、黔江区、酉阳县、秀山县），辐射人口约3 000万人。概括来说，黔川渝结合部商贸物流中心辐射中心区域是黔川渝结合部，面向长江流域、全国乃至世界市场。

商贸物流是指与批发、零售、住宿、餐饮、居民服务等商贸服务业及进出口贸易相关的物流服务活动（又称为商流、物流）。黔川渝结合部商贸物流中心总体上由黔川渝结合部的商贸中心、物流中心、美食中心、会展中心四个部分构成。

1. 黔川渝结合部的商贸中心

黔川渝结合部的商贸中心是指市场体系完备、商品品种丰富、购物环境优越、集聚辐射能力强大、具有鲜明特色、引领购物时尚与倾向的现代化大都市。商贸中心应具备庞大的市场规模、丰富的商品种类、优美的消费环境、较强的集聚辐射能力和独具魅力的都市特色与家喻户晓的都市誉称。作为生产与消费兼备的贵州省第二大都市、黔川渝结合部的商贸中心，遵义市不但具有良好的消费购物功能，还应兼具强大的生产采购功能，是服务的创新源、商品的集聚地、时尚的领先者和流通的组织者。

黔川渝结合部商贸中心建设，重在基础平台布局与建设、主体培育与业态优化、产业支撑与联动、商业环境建设。在基础平台布局与建设方面，重点是城市核心商圈、商品交易市场、商业特色街、社区商业中心、农村集镇商贸中心五个方面的布局与建设；在主体培育与业态优化方面，重点是围绕经营主体的企业、消费主体的本地消费者和外来消费者以及引进培育品牌企业、品牌商品，发展连锁经营、现代物流、电子商务等现代流通方式和便利店、网购、拍卖等新型流通业态等进行发展，其中重点是培育大企业、推动商贸企业上市，吸引外来消费、发展现代流通；在产业支撑与联动方面，重点是购物消费与旅游业、会展业、餐饮住宿业、休闲娱乐业、文化创意产业等产业的联动发展；在商业环境建设方面，重点是商业信用、商业文化、人才队伍、城市形象建设。

2. 黔川渝结合部的物流中心

物流中心是指以大、中城市为依托，有一定规模的，经营商品储存、运输、包装、加工、装卸、搬运的场所。其主要功能是促使商品更快、更经济地流动。物流中心按其作用可分为集货中心、分货中心、发运中心、配送中心、储备中心和加工中心。

黔川渝结合部的物流中心建设重点如下：

一是建立对外物流通道。遵义市要依托"渝新欧"等国家级战略通道、"黔深欧"等对外通道建设，加快铁路、公路、航空、航运物流通道基础设施建设，联通长江经济带、海上丝绸之路、丝绸之路经济带、东南亚经济走廊物流大通道，构建辐射黔中、渝南、川南的"城乡一体、水陆并济、铁公机联动"的快捷物流大通道。

二是建设多级物流网络体系。遵义市要依托主城区立体交通网络优势和产业优势，建立物流产业带。遵义市要以汇川区装备制造业为支撑，以黔北现代物流新城、遵义李家湾综合物流园区、遵义北部（汇川）物流园区、黔北快递物流园区为支点，建设主城区北部物流产业带；以新能源汽车生产基地为支撑，以遵铁物流基地、大市场为支点，建设主城区南部物流产业带；以遵义机场、遵义综保区和智能终端产业为支撑，以新蒲新区航空物流园区、新蒲虾子物流园区为支点，建设主城区东部物流产业带。遵义市要依托区（县）特色产业、资源优势和交通网络，建设特色物流园区、物流节点、物流配送站点。

3. 黔川渝结合部的美食中心（美食集聚区）

美食中心是一个地区的文化象征之一，是最美味好吃、最具文化气息的当地美食和世界美食的集聚地。

黔川渝结合部的美食中心应成为以"遵味美食"为主的黔川渝区域美食的集聚地。黔川渝结合部的美食中心的建设，重在打造中华美食街和市级美食街，形成"遵义味道""遵菜品牌""黔北特色""中国风格""世界品味"的美食集聚发展区。遵义各区（县）应发挥当地物产优势和区位优势，传承当地历史文化、风土人情，发展具有地方特色、民俗特色、民间特色以及时代特点的特色美食街（城）和农家乐（乡村酒店）休闲片区，推动餐饮集聚发展。遵义市要形成主城区有中华美食街，县有市级美食街，社区有餐饮集聚点，乡镇有星级农家乐的局面。

（二） 遵义市会展发展定位

遵义市作为贵州省第二大城市和区域中心城市，具有打造黔川渝结合部中心城市的优势和条件，应有与城市发展目标定位相匹配的会展业发展定位。

根据《中共遵义市委关于加快第三产业发展的意见》（遵党发〔2017〕8号）和《市人民政府关于加快建设黔川渝结合部会展中心的实施意见》（遵府发〔2017〕20号）的要求，遵义市会展发展的战略定位是特色突出、优势明显、功能完善的黔川渝结合部会展中心。建设黔川渝结合部会展中心是遵义市建设黔川渝结合部中心城市发展的现实选择，是提升城市形象和城市品位的必然要求。

会展中心一般是指集展览、会议、商务、餐饮、娱乐等多种功能于一体的超大型公共建筑。黔川渝结合部会展中心泛指展览、会议、商务、餐饮、娱乐等多种功能的聚集地，而不是指单一会展中心公共建筑物。

黔川渝结合部会展中心，从发展方向而言，应坚持专业化、规模化、国际化、品牌化的发展方向，分层次分类别培育和举办国际性会展、全国性会展、跨省区会展、全市性会展和区县级会展；从产业空间布局而言，应突出重点、率先突破、特色发展，构建"一核心多特色"的会展产业空间布局，形成以遵义国际会议展览中心为主会展经济核心区，以湄潭茶博会会展中心等为区（县）会展经济特色区。

黔川渝结合部会展中心，从发展内容而言，一是会展业的专业化、规模化、国际化、品牌化、特色化；二是会展设施先进、品牌汇集、服务优质、管理规范、氛围浓厚、功能彰显。

遵义市会展业的发展定位为黔川渝结合部会展中心，即黔川渝结合部区域最重要的、在长江经济带有重要影响、在全国有一定知名度的区域性会展中心城市。其具体内涵至少有四点：

一是黔川渝结合部最大的会展中心。遵义市要加快具有自身文化特色和富有层次性、立体感的城市会展体系建设，将遵义市建设成会展设施最完善、会展数量最众多、品牌会展最密集、会展管理最规范、会展服务最优质、会展效益最明显、会展相关产业联动最紧密等集多元组合功能于一体的黔川渝结合部最大会展中心城市。

二是全国著名的红色文化会议中心。遵义市要着力突出会展中心建设的红色文化内涵，着力推动会展中心建设与红色文化结合，与康养产业融合，将黔川渝结合部会展中心建设成为集红色文化浓郁、康养休闲一流的全国性著名文化体验和康养休闲于一体的会展中心。

三是全国著名的特色产业会展中心。遵义市要着力围绕世界酱香型白酒产业基地、辣椒产业基地、茶叶产业基地等特色产业基地，着力推动会展中心建设与特色产业的深度融合。例如，遵义市可以在中国酒都·华夏民族酒文化博览园举办中国（赤水河流域）酱香型白酒国际博览会或设置中国（贵州）国际酒类博览会高端论坛；依托中国辣椒城打造中国（遵义）国际辣椒博览会；依托茶博会展中心场馆打造中国·贵州国际茶文化节暨茶产业博览会，将黔川渝结合部会展中心建设成为特色产业鲜明的全国著名的特色产业会展中心。

四是全国著名康养商务会议目的地。遵义市要彰显山水相望、宜居宜业宜游生态城市魅力，围绕医疗康养中心，打造全国著名的康养休闲商务会议目的地。

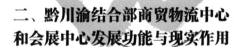

二、黔川渝结合部商贸物流中心和会展中心发展功能与现实作用

（一）　发展功能

1. 集聚与辐射功能

由于采用现代技术，流通业务能够在商贸物流中心内高效密集地开展，从而使商贸物流中心与会展中心对黔川渝结合部甚至长江流域的广大区域的有形商品和无形商品产生了强大的集聚与辐射作用。

2. 服务与创新功能

商贸物流中心与会展中心必须为区域内各类商品、要素的自由流动和优化配置提供优良的交通运输、仓储配送、金融服务、通信信息、中介咨询、会务展示及休闲娱乐等服务，必须建立新型高效的管理制度，创新流通方式、经营模式，减少中间环节，保证商流和物流的畅通。

3. 示范与引领功能

区域商贸物流中心与会展中心不仅是区域商贸物流组织的创新示范基地，还是区域消费潮流的推动源、引领者。

4. 协作与带动功能

商贸物流中心与会展中心需要通过黔川渝结合部区域内部的分工与协作，确保资源与要素的优化配置，带动区域经济的有效发展，成为经济发展的带动者。

（二） 现实作用

遵义市建设黔川渝结合部商贸物流中心与会展中心，通过大规模采用现代技术，高效密集地履行其商贸会展职能，发挥流通产业在经济发展中的先导性和基础性作用，带动当地配套服务产业的发展，给遵义市带来大量的就业和收入，推动遵义市城市经济的现代化，带动遵义市国民经济社会的持续、快速、健康发展，对支撑黔川渝结合部区域经济建设具有极其重要的作用，对长江经济带国家重大战略的实现有着十分重要的战略意义。

遵义市建设黔川渝结合部商贸物流中心与会展中心，通过构建大商贸、大物流、大市场、大开放的格局，形成长江上游地区人流、商流、物流、资金流、信息流的聚集辐射中心，逐步增强遵义市作为贵州省第二大中心城市的区域影响力，增强遵义市在长江上游地区的聚集和辐射带动功能，通过中心城市的功能带动黔川渝结合部广大区域经济的快速发展。

遵义市建设黔川渝结合部商贸物流中心与会展中心，有利于发挥商贸物流基础和先导产业的作用，整合黔川渝结合部相关资源，带动商贸物流及相关产业联动发展，刺激生活消费，拉动区域经济发展，加快区域产业结构调整。

遵义市建设黔川渝结合部商贸物流中心与会展中心，加强区域协调，有利于打破行政垄断壁垒、市场分割和行业界限，加强经济合作交流；有利于统筹城乡发展，缩小城乡差距；有利于实现黔川渝结合部经济发达地区带动经济落后地区发展，缩小地区差距；有利于充分发挥黔川渝结合部产业优势，推进区域经济要素流动，促进区域协调发展。

遵义市建设黔川渝结合部商贸物流中心与会展中心，充分利用交通优势，主动融入和服务长江经济带国家重大战略，有利于打造内陆高地，承接全国产业向西部地区转移；有利于发挥区位优势，打造我国向西开发开放的桥头堡；有利于加强黔川渝结合部之间跨区域战略协同，打造公平、公开、公正的直接贸易沟通机制，促进相互之间贸易和投资便利化，增强区域协作，提高开放水平。

遵义市建设黔川渝结合部商贸物流中心与会展中心，有利于拉动消费，服务民生。遵义市通过建设黔川渝结合部商贸物流中心与会展中心，推动黔川渝结合部商贸物流产业发展，有利于扩大内需，促进消费，转变经济发展方式，形成新的经济发展动能；有利于服务和改善民生，保障市场供应，促进和扩大就业，推动新型城市化发展。

第六章
遵义市商贸物流和会展发展模式与战略思路

发展模式是指在一定地区、一定历史条件下主体为了实现发展目标而选择和实行的方式、方法与道路的统一体。遵义市选择适合市情的商贸物流发展模式和会展发展模式，在建设黔川渝结合部商贸物流中心和会展中心的过程中，必须走创新驱动、开放合作、产业联动、流通现代化、区域协同、集聚发展之路。

一、商贸物流与会展发展模式

（一）　商贸物流发展模式

1. 基于商业集聚的区域商贸物流发展模式

商贸物流的集聚发展已成为区域商贸物流发展普遍采用的模式。城市商圈、物流园区、专业市场集群、商业街、社区商业中心、乡镇商贸中心以及现代化商业综合体的建设，是商贸物流集聚发展的典型特征。在商贸物流集聚发展中，商住分开、人车分流、立体开发、集中打造成为全新理念。在商贸物流集聚区的建设中，完善基础设施、改善流通环境、集聚高端要素、扩大区域城市商贸物流的影响力和辐射力成为时尚追求。重庆市是商贸物流集聚发展模式的成功范例，尤其是城市核心商圈、商业街、物流园区、专业市场、商业街、社区商业中心、乡镇商贸中心以及现代化商业综合体的建设，重庆市都有成功的发展范式。

商业集聚，建设城市商圈，国外的范例也值得学习。

（1）伦敦：典雅的环境+大牌折扣

伦敦是欧洲的特大城市之一，与纽约等并列为世界金融中心，并且是世界著名的旅游胜地，有诸多名胜景点和大量的博物馆。

伦敦有着千百年来时光飞逝留下的痕迹和现代时尚潮流交融的气息，人文景观和自然景观美不胜收，历史的积淀使伦敦有着典雅、高贵的风度。正是这种"风度"每年吸引着世界各地的游客来到伦敦旅游和购物。在伦敦，具有这种"风度"的街区颇多，牛津街就是一个典型的代表。牛津街是伦敦西区的购物中心，是英国最繁忙的街道之一。不到 2 000 米的街道上，云集了超过 300 家的大型商场，拥有大量的顶级品牌店。品牌店内的款式甚至比品牌来源地还齐全。牛津街还是古典英伦味极浓的"博柏利"（Burberry）的发源地，拥有最多的款式、最齐全的货品和最典雅别致环境，是钟爱 Burberry 品牌的消费者最爱之地。徜徉在历史的街道，购买自己喜爱的品牌，对于消费者而言无疑是一种身心的双重享受，也是购物之都的魅力所在。

伦敦之所以成为购物之都，拥有巨大的吸引力，还在于其每年的两次大减价和拥有特色的"折扣村"。伦敦每年夏季减价折扣在 30%～50%，时间是每年 6 月第四周到 7 月第二周；冬季减价折扣在 40%～60%，时间是从圣诞节到 1 月末，这段时间也是国内外消费者"血拼"的最佳时期。伦敦的大牌折扣村（Bicester Village），是购物村连锁网络中的"钻石"，被誉为最时尚的购物之地，拥有上百个全球一流品牌，涵盖家居及时装。部分季前货品更是全年都以低至四折标价，其中包括广为消费者所知的英伦奢侈品牌。诱人的折扣时刻吸引着来自国内外的消费者。

（2）东京：特色文化+特色本土商品

东京位于日本本州岛东部，是日本首都及最大城市，也是世界上最大的城市之一。

东京发展成为世界购物之都，不仅仅是依赖于世界各国的一线品牌，更多是依赖东京的特色商品。例如，日本的化妆品，质量好且价格不贵，还会经常打折促销，深受女性消费者的喜爱。日本的数码电器产品全球知名，深受数家电码爱好者的推崇。此外，日本的游戏产品、动漫产品、钢制品等都是能够吸引广大消费者的特色本土商品。

东京成为购物之都归功于两个地方：银座和新宿。银座由八个街区组成，是东京最奢华的商业区，拥有风格特异的诸多建筑和不同档次的百货商店，还有高级品牌专门店、各式饮食店及高级餐厅等娱乐场所。新宿好比是一个巨型购物中心，作为东京最繁华的商业中心，这里几乎有消费者想要的一切。新宿还有两个特色购物地：一个是整个位于地下的平价商场，单品价格低至 100 元人民币；另一个是位于南口附近的马赛克小路，全是个性小店。这两个地方是东京购物的代表性地方，也是消费者热衷的地方。

（3）纽约：历史文化+超高水平现代化

纽约是纽约都会区的核心，也是美国最大城市。作为一座世界级城市，纽约直接影响着全球的经济、金融、媒体、娱乐与时尚。

纽约是一座现代化程度相当高的世界级城市，拥有众多世界知名购物场所，且各具特色，几乎囊括了世界上所有知名品牌。可以说，在纽约，消费者能买到所有想要的，这也是各国消费者去纽约购物的原因之一。此外，纽约诸多的现代文明与古老文化景点也是吸引世界各地消费者的重要因素。华尔街和纽约证券交易所彰显着世界金融中心的魅力，帝国大厦、克莱斯勒大厦和克菲勒中心体现着现代文明的壮丽景象，大都会博物馆和百老汇诠释着历史的辉煌，布鲁克林大桥和自由女神像阐释着美国的历史。这样的购物环境能够轻而易举地俘获消费者和游客的"芳心"，使其沉溺在欣赏与购物的愉快氛围中。这些都是纽约成为世界购物之都的资本所在，纽约正是凭借这些优势不停吸引着来自世界各地的消费者。

（4）巴黎：浪漫氛围+个性设计

巴黎是法国的首都，是法国最大的城市，是法国的政治、经济、文化、商业中心。巴黎位于法国北部巴黎盆地的中央，横跨塞纳河两岸，在自欧洲中世纪以来的发展中，一直保留过去的印记，某些街道的布局历史悠久，也保留了统一的风格，具有厚重的历史气息。

巴黎不仅是购物之都、浪漫之都，还是世界时尚之都，因此能够吸引无数的消费者。巴黎的购物之都发展模式以"香榭丽舍"模式为代表，是"旅游+购物+文化"多功能的模式。香榭丽舍大街设立了一条700米长的林荫大道，弥漫着卢浮宫和凯旋门的历史气息，两侧是充满历史韵味的19世纪的建筑，拥有大量的国际一线品牌旗舰店和个性设计师开设的店铺。置身香榭丽舍大街，高雅、浪漫和华丽的氛围令人流连忘返，消费者在漫步的同时，还能购买到喜欢的商品。这就是"香榭丽舍"模式吸引人的地方，也是购物之都巴黎的发展模式。

（5）米兰：时尚+潮流

米兰是意大利最发达的城市，也是欧洲的经济中心之一。米兰在全球范围的影响巨大，是世界上重要的国际大都市。

时尚是米兰的代名词，也是米兰成为世界购物之都的首要功臣。米兰汇聚了众多世界时尚名品，如阿玛尼、范思哲、普拉达、杜嘉班纳、华伦天奴、古奇、莫斯奇诺等。此外，米兰时装周是世界最为重要的时装周之一，米兰的时装风格各异，特点鲜明，种类繁多，制衣技术精良，可以满足不同消费者的需要，有世界时装设计和消费的"晴雨表"之称。时装周是米兰成为购物之都的重要推动力。

此外，米兰购物之都的发展离不开"黄金四角区"的丰功伟绩。"黄金四角区"分别是蒙特阿波利街、圣安德烈街、史皮卡大道和鲍格斯皮索大道，它们就像围城一样形成了四四方方的一圈。世界各大顶级奢侈品牌专卖店和潮流概念店都能在这里找到，尤其到了夏季还有打折优惠，因此这里是时尚潮流人群购物的不二选择。

（6）迪拜："世界之最"+奢华

迪拜是阿拉伯联合酋长国最大的城市，也是中东地区的经济和金融中心，是一座国际化大都市，是中东最富裕的城市，在全球最富裕城市中也位居前列。

迪拜能够成为世界购物之都，应首先归功于石油。石油为迪拜的发展打好了基础，使其有能力兴建一批"世界之最"：世界第一高楼哈利法塔、世界上唯一的七星级酒店帆船酒店、世界上最大的音乐喷泉和购物中心、世界上最大的人工岛棕榈岛、世界上最大的机场。此外，迪拜在对其"世界之最"进行广泛宣传后，带动了其旅游业和贸易业的飞速发展。旅游业和贸易业逐渐成为迪拜发展的支柱性产业。由旅游业和贸易业带来的国外消费者也越来越多，是推动迪拜成为购物之都的重要力量。总之，迪拜笼罩着的"奢华之风"吸引了全世界的高端消费群体前来参观、旅游和购物。

综上所述，伦敦、东京、纽约、巴黎、米兰、迪拜建设商贸中心、购物之都的发展模式各有千秋，独具特色，最终都能够促进消费增长，吸引外来消费者。其主要原因在于不同的发展模式中存在着诸多推动城市商贸中心与购物之都建设的共同点（见表6-1）。

表 6-1　城市商贸中心与购物之都发展模式

城市	发展模式	共同点	借鉴学习点
伦敦	典雅的环境+大牌折扣	①充分利用自身优势，突出特色消费 ②以点带面，局部消费激活整体消费 ③注重消费环境建设，努力构建别具一格的购物环境 ④折扣促销，激发消费者购买欲望 ⑤商品层级多，品牌齐全	①充分利用遵义市区位交通优势，使消费辐射周边 ②重点发展部分地区，以此带动全市消费 ③借助遵义市自然与人文资源，营造独特风格的购物环境 ④注重引进国内外知名品牌，构建多层次消费结构 ⑤适当折扣，挖掘潜在消费
东京	特色文化+特色本土商品		
纽约	历史文化+超高水平现代化		
巴黎	浪漫氛围+个性设计		
米兰	时尚+潮流		
迪拜	"世界之最"+奢华		

借鉴城市商贸中心与购物之都发展模式的共同点，遵义市打造黔川渝结合部商贸物流中心，尤其是主城区商贸中心时，应注重以下几点：

一是充分利用遵义市区位交通优势，使消费辐射周边，形成强大的圈状辐射区。

二是重点发展遵义市主城区消费，以此带动黔川渝结合部区域消费。

三是借助遵义市自然与人文资源，尤其是独特的红色资源，营造独特风格的购物环境。良好的购物环境不仅能够吸引消费者，还能促使消费者二次购物。

四是注重引进国内外知名品牌，构建多层次消费结构。不同消费能力的消费者具有不同层次的消费需求，因此需要多层次的消费结构与之对应。针对高端消费者，遵义市应广泛引进国际知名品牌，满足其高档次消费水平；针对一般消费者，遵义市应不断丰富普通商品，满足其一般需求。

五是适当折扣，挖掘潜在消费。折扣商品扣人心弦，尤其是大牌商品，往往能够轻易激起消费者的购买激情与欲望，遵义市应充分利用消费者对折扣商品的"低免疫力"，以适当的折扣促销，并且尽可能形成阶段性打折活动，使消费者购买行为能够具有延续性。

2. 基于"互联网+"的区域商贸物流发展模式

"互联网+"代表一种新的经济形态。基于"互联网+"的区域商贸物流发展模式就是充分发挥互联网在商贸物流发展中的优化和集成作用，将互联网的创新成果深度融合于商贸物流领域之中，提升商贸物流的创新力和生产力，形成更广泛的以互联网为基础设施和实现工具的经济发展新形态。"互联网+"推动商贸流通发展模式发生着根本性变化。顺应"互联网+"大潮，对传统商贸物流升级改造，已成为现阶段商贸物流转型升级的必由之路。提高商贸物流与电子商务的有效融合，大力发展线上线下互动，推动实体店、专业市场、物流园区、商业街、商圈转型，促进商业模式创新，实现商贸物流发展转型升级，成为区域商贸物流发展的必选模式。

3. 基于现代物流的区域商贸物流发展模式

以现代物流为主导的区域商贸物流发展模式，就是大市场、大商贸、大流通、大物流发展模式。该模式一般采取政府扶持、政策引导和多方共建的方式，在港口、交通要道、大宗工业品和农副产品主产区，建设一批大型现代物流中心、物流园区、批发市场，着力打造商贸物流中心，努力形成连接国外、辐射周边的区域性商贸物流基地。该模式强化商贸龙头地位，加快改造升级现有商贸市场，加强配套设施建设，在巩固提高传统交易方式的基础上，大力发展物流配送、连锁经营、特许经营、电子商务、商务代理等新型物流业态，培育集商流、物流、信息流于一体，以网络化、信息化、规模化为标志的现代商贸流通体系，形成覆盖城市乡村、延伸周边地区的商贸流通网络。

4. 基于产业聚集的区域商贸物流发展模式

产业聚集是指在产业的发展过程中，处在一个特定领域内相关的企业或机构由于相互之间的共性和互补性等特征而紧密联系在一起，形成一组在地理上集中的相互联系、相互支撑的产业群。产业聚集代表了当今一种特定产业的区域化发展潮流。这些产业基本上处在同一条产业链上，彼此之间是一种既竞争又合作的关系。基于产业聚集的区域商贸物流发展模式以区域内聚集的产业组织为主要服务对象，以集运、多式联运等物流活动为主，为各产业组织的物流活动提供区域性物流服务。这种物流模式要求物流组织建立具有覆盖整个区域内外的完善的物流网络，以专业化、定制化的物流服务来满足客户的物流服务要求，物流活动方式呈现多样化的特点。

5. 基于商品交易市场的商贸物流发展模式

区域商品交易市场主要是指专业的实物商品交易市场，一般具有比较大的规模，比如大型的农产品、建材产品、汽车、商贸百货、医药等交易市场。区域商品交易市场的交易量大、物流活动集中且频繁，对物流的需求较大。基于区域商品交易市场的商贸型物流模式，是在已经形成的区域商品交易市场背景下，将市场交易服务与仓储、运输、物品配送等活动相结合的一种商贸物流模式。在这种物流模式下，物流服务品种多样化、批量小、批次多。由于商品的特性导致了较大的需求不确定性，因此物流服务主要强调仓储和配送功能，建立电子商务交易平台，十分注重物流系统的柔性。

（二） 会展发展模式

从总体上看，发达国家和地区的会展大多属于市场行为，主要依靠市场机制的调节，但由于不同国家和地区的会展行业起步时间先后有别，经济实力、经济总体规模和经济管理模式不同，不同国家和地区的会展行业发展及其管理模式也存在一些差别。根据政府、行业协会调节力量和力度大小的不同，会展发展模式可以分为政府推动型、市场主导型、协会推动型、政府市场结合型等模式。

1. 政府推动型会展发展模式——德国模式

德国是名副其实的会展大国，拥有悠久的会展发展史。2/3 的国际大型博览会在德国举行，德国每年举办大约 200 个地区性的展览会及大量小规模展览会。德国拥有 140 多个国际和跨地区专业博览会，约 15 万参展商和近 1 000 万参观者。其中 45% 以上的参展商和约 180 万参观者从 190 多个国家和地区云集德国。

（1）特色

德国展览公司是典型的区域性公司，如杜塞尔多夫展览有限公司的股权结构中，市政府所占股权最多，为 56.5%；杜塞尔多夫工业区和北威州政府各占 20%，工商总会和手工业协会各占 1.75%。在确定产权归属国有的前提下，德国政府不直接参与展览场馆的日常经营，而是以长期租赁或委托经营等方式把展览场馆的经营管理权授让给大型国际展览公司。德国的展览场馆一般由政府出资建设，州、市两级政府占展览公司股份的99%左右。例如，法兰克福展览中心是由法兰克福市和黑森州共同拥有，市政府占60%、州政府占40%。展览公司不仅可以经营场地出租及其相关业务，而且还具有自主办展的职能。其最大的特色是在国有的性质下，展览场馆与项目经营一体化。

（2）优势

德国模式的优势在于：首先，工业强国德国的国家资源保证了世界资本货物类主题的大型展览会项目在德国举办；其次，会展强国德国实行政府推动型会展发展模式，即展览场馆政府所有、权威协会管理、展览公司适当经营和面向国际化。政府通过展览场馆兴建及经营对会展市场进行调控，并以补贴、再投资方式支持行业发展。

（3）劣势

德国模式的劣势在于：过分依赖展览场馆出租，展览场馆盈亏难以平衡。展览场馆是一项高投入低产出的营运项目，单纯依靠出租盈利需要承担很大的风险。目前，即便是会展强国德国，能够实现盈利的展览场馆也很少，尤其是一到展览淡季，高额的展览场馆管理费用将是展览公司的一大负担。

2. 市场主导型会展发展模式

（1）英国模式

英国拥有8 000~10 000个大小各异的会展场所，其中12%为大型会展场所，60%~70%为酒店会议室。伦敦、伯明翰、格拉斯哥、爱丁堡等已成为著名的会展城市。英国会展产业包括会议、展览、赛事以及奖励旅游四个方面，涉及20多个种类、250个行业。

①特色。英国模式也是广义的欧洲模式，被除了德国以外的许多欧美国家采用，其典型案例是英国励展博览集团（以下简称"励展集团"）。1999年，励展集团以3.6亿英镑（约合48亿元人民币）收购了博闻集团欧洲公司。2000年，励展集团又投资伦敦展览中心，成为股东之一，并收购了新加坡亚洲宇航设备展示中心50%的股权。通过投资与并购，励展集团以其拥有的470个展览项目成为世界顶级展览会组织公司之一。英国模式的最大特色是在私有性质下，投资与并购一体化。

20世纪中后期，在欧美主要展览公司完成了资本的优化组合后，通过投资与并购进行集团化运营是欧美展览公司发展的新模式。其主要通过以下两个途径来实现：

一是会展项目的收购。美国独立展览主办者协会（SISO）对美国展览市场的出售收购所做的调查显示，1998年，全美共有30个展览会实现了收购。通过项目收购，励展集团的专业贸易展览会项目激增，在法国拥有80个项目，占据着法国2/3的展览市场；在奥地利拥有52个项目，占据了奥地利50%以上的市场。此外，励展集团以其在美国拥有47个项目、在英国拥有38个项目、在澳大利亚拥有26个项目、在南非拥有26个项目、在加拿大拥有26个项目、在日本拥有25个项目、在新加坡拥有22个项目、在意大利拥有16个项目、在德国拥有11个项目，从而在这些国家的展览市场中具有重要影响。

二是资本雄厚的欧美主要会展公司之间股权的收购。1994年，总部设在英国的当时世界上最大的展览会组织公司博闻集团收购了意大利米兰博览会公司部分股权，合资建立了米兰国际博览会公司。其后，博闻集团以其手中100多个品牌展览会和年盈利达1亿多英镑（约合9亿元人民币）的市场份额与米兰博览会公司所属的米兰展览中心实行强强联合，使米兰国际博览会公司迅速增强了市场竞争力。1998年，米兰展览中心销售展览面积达155万平方米，一度位居欧洲榜首。

②优势。英国模式的优势在于官方的场地拥有者兼运营公司原则上必须向所有人更详细地阐述其国外活动的理由，因为其具有推动地区经济发展的义务。没有自己场地的博览公司在世界范围内租借场地，反应速度快，能够灵活应对地区商务结构的变化。

③劣势。英国模式的劣势在于开放自由的经济环境存在着无法预知的市场风险。在英国专门举办展览的公司都是跨国性的大型展览公司，其原因是英国的场地和人工费用很高，经营展览是具有较高商业风险的行业，展览公司选择新的展览项目时十分谨慎，一般都要经过周密的市场调研后才做出决定。励展集团每次展览后3~6个月内都要进行一次调查，了解一下参展商通过展览形成了多少商业机会。对市场的慎重选择和把握，可以看出这种模式所存在的市场风险。

（2）美国拉斯维加斯模式

美国是世界会展业的后起之秀，每年举办的展览会近万个，净展出面积超过46.5万平方米的展览会约有4 300个，展出总面积4 600多万平方米，参展商 120 多万个，观众近 7 500 万人。

①特色。与德国和英国不同，美国是内需主导型会展经济体。美国走向国际的跨国展览公司的数量十分有限，展览公司主要立足的是本国市场，也不盲目国际化。参展企业 90% 以上都是美国企业，产品也坚持美国化。

美国会展业对国外合作采取十分谨慎的态度，一般只是做一些设计和相关管理咨询等工作，或者提供相关的制度文件等，不轻易投资和参与管理。这一方面是因为美国关于国际化的理念，其认为会展失败的原因很大程度上与盲目的国际化有关；另一方面是因为美国自身拥有十分庞大的国内市场，各行业间的交流与购买就可以形成各种展览会，促进经济的发展。

美国会展业有一种特殊的企业——总体服务合同商（general services contractor，GSC），可以为参展商和专业观众提供搭建、展品运输、家具租赁、餐饮等全方位的服务，大大提升了服务效率和专业化程度。

法定的公共股东将公共资金投入博览场地、博览大厅以及其他基础设施，其意图并非为了获取投资的直接收益（除极少数案例外），而是创造可生成直接价值空间的间接收益。这些间接收益是由博览中心附带的本地和区域其他产业创造的额外收入，如旅馆、酒店、运输业（出租车）、船务公司、建筑公司、博览模特公司、广告公司等收入。

拉斯维加斯会展中心就把握住了上述"间接收益"的魅力，在同一建筑物中集会展、餐饮、娱乐、大卖场、旅游观光等于一体，使得完全不同的商业业态相得益彰，一方面减少了展览场馆的无展览会期间闲置，提高了会展带来的总和经济效益；另一方面这种集食、住、展、娱、游、购于一体的"一站式服务"更好地满足了商业客户特别是高端客户多方面的需求。拉斯维加斯模式的最大特色是在内需主导下基于业态创新的综合经营。

②优势。拉斯维加斯模式的优势在于走出了以展览场馆为主导的运营困境，弥补了展览淡季的运营空窗期损失。这种模式以长短期展览项目相结合来保证展览企业的收益，以规模较大的展览中心来完善配套服务设施，创新了会展业态。

③劣势。拉斯维加斯模式的劣势在于综合经营管理复杂，外包公司素质难以控制。在美国，展览场馆管理业务往往外包给私人管理公司。北美两家主要的展览中心管理公司——Spectacor 管理集团和环球光谱集团，因为不断提升该产业的服务水平和标准而广受信赖。

但是对于地方政府而言，将公有展览中心交给私人公司管理也有一定风险，有可能失去对其获利动机的控制。由于不能排除异地办展的内在冲动，且所办展览会不适应当地产业发展规划，私人管理公司利润最大化的经营可能不符合城市发展的整体利益。此外，立足本地、立足美国、立足专业产品的市场理念和谨慎的经营合作态度不利于国际项目的推广。

3. 中国特色会展发展模式：成都模式

成都是全国影响力最大的国际会展城市之一，已举办的展览会节庆主要有中国—欧盟投资贸易合作洽谈会、亚欧救灾能力建设研讨会、世界电子竞技大赛总决赛、春季全国糖酒商品交易会、中国西部国际博览会、中国医疗器械博览会、成都国际汽车展览会、成都国际家具工业展览会、全国图书博览会、中国体育用品博览会、中国国际软件合作洽谈会、全国药品交易会和中国国际会展文化节等。

（1）特色

成都会展旅游集团（以下简称"会展集团"）创建于1997年，是一家集会议、展览、旅游、景区经营、酒店服务以及房地产开发等多项产业于一体的大型企业集团。会展集团在借鉴国内外经验的基础上，形成了会展业经营的成都模式：集展览、会议、节庆、赛事、演出和酒店、餐饮、商购、旅游、景区经营以至房地产开发、物业管理等多业态于一体，走出了一条基于会展产业链的多业态协同复合经营的道路，从而拉动商务区经济、带动城市发展。

在业务形态上，会展集团一是依托集团旗下成都、九寨沟两地三大项目，形成了从会议展览到旅游服务的产业联动；二是依托地产开发收益，保障会展旅游业做强做大，并支撑人文、文化、环保等具有城市功能性的公益性项目建设，走出了一条以会展旅游拉动区域经济、带动城市建设的会展旅游地产复合型经营建设道路。

这种模式最大的特色是在政府主导的市场经济体制下，基于产业链的多业态协同复合经营。一是场馆由企业投资、企业经营，实现市场化运作；二是一业为主、多业协同，形成基于产业链、满足多样化需求的业态协同赢利模式。

由此，展览场馆拥有了自我造血、自我发展机能。经过多年实践，会展集团解决了收支不均衡、现金流不平稳、淡旺季不均衡等问题，从而实现了

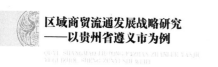
对德国模式（展览场馆由政府投资、委托企业经营、业务单一、亏损由政府补贴）的超越。

所谓一业为主，是指大会展产业，包括展览业、会议业、节庆业、赛事业、演出业、大型活动业等力求规模经济的展览会。

（2）优势

成都模式的优势在于：走出了以展览场馆出租为单一盈利模式的困境，意识到单一的产业链结构的弊端，尤其是对周围社会环境的影响，认识到扩展组展商经营范围及价值链的重要性，实现了商展与大众的结合，并且创造了极佳的收益。会展集团发展成为下辖20余家子公司、总资产上百亿元的大型展览集团。

（3）劣势

成都模式的劣势在于淡化了商展的功能特色，增加了产业链协同经营的难度。目前，会展集团在建的项目中直接涉及商展的项目很少，而且在没有相关政府政策和行业协会的支持与组织下，产业链的经营难度很高。

综上所述，任何一种因素为主导的会展经济发展模式，并不排斥其他力量的推动，你中有我，我中有你。以政府推动型会展发展模式为代表的德国和新加坡，也非常重视协会的力量；以市场推动为主的英国、美国、瑞士，尽管政府干预较少，但政府也在会展经济发展过程中给予必要的支持。

二、商贸物流与会展发展思路

当下，遵义市要遵循新发展理念，坚持发展第一要务，突出功能定位，强化互联互通，整合资源要素，深化改革开放，建设黔川渝结合部区域统一市场，发展大商贸，培育大企业，搞活大流通，优化商业结构，推动商旅互动发展，不断增强聚合辐射功能，加快流通产业现代化步伐，建设成黔川渝结合部商贸物流中心和会展中心，使商贸物流与会展业成为先导性和基础性产业，引领带动黔川渝结合部乃至更大区域经济社会加快发展。

结合遵义市经济社会发展总体要求，黔川渝结合部商贸物流中心和会展中心发展思路如下：

（一）　立足内生动力，一体化创新发展

遵义市要发挥改革的引领作用，深化黔川渝结合部商贸流通机制、流通模式、流通方式的改革创新，构建高效、畅通、开放的黔川渝结合部商贸物流体系与会展体系。

（二）　优化产业布局，一体化协调发展

遵义市要适应黔川渝结合部发展要求，科学规划布局，加强各类商业设施建设调控，防止恶性竞争和产能过剩，逐步构建起黔川渝结合部区域统筹联动、层次分明、特色彰显、规模适度、结构优化、功能完善的现代商贸流通网络布局，推动实现区域商贸物流产业和会展产业的一体化协调发展。

（三）　依托禀赋优势，一体化绿色发展

发挥商贸流通产业先导性作用，结合黔川渝结合部特色农业、特色工业和特色旅游资源优势等绿色资源，推动工商、农商、商旅联动，构建高效、合理的黔川渝结合部产业发展链和市场分工链。

（四）　融入国家战略，一体化开放发展

遵义市要紧密契合长江经济带发展战略等国家发展战略，从更高层面谋划黔川渝结合部城乡商贸发展，细化板块功能分担，在主动融入国家战略中寻求发展契机，在承接、服务、配套国家及区域发展战略实施中加快商贸物流与会展发展。

（五）　坚持以人为本，一体化共享发展

遵义市要以满足和扩大黔川渝结合部城乡居民的消费需求为根本出发点，充分体现方便生活、服务大众的方针，科学配置商业设施，合理利用商业资源，为黔川渝结合部城乡居民提供良好的消费服务环境和条件，使黔川渝结合部城乡居民共享商贸流通和会展改革收益。

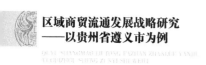

三、商贸物流与会展发展战略

（一） 创新驱动发展战略

约瑟夫·熊彼特是一位有深远影响的美籍奥地利政治经济学家。基于1912 年出版《经济发展理论》一书，提出"创新"及其在经济发展中的作用。创新经济理论指出，经济体系本身存在着一种既破坏均衡又恢复均衡的力量，那就是创新活动，正是这种创新活动推动着经济的发展。熊彼特所说的创新活动就是"执行新的组合"，即在生产体系内部建立一种新的生产函数，引入并执行一种从未有过的生产要素和条件的"新的组合"。经济建设也需要应用新工具、新方法、新渠道。

黔川渝结合部商贸物流中心和会展中心建设必须加快推动商业模式创新。遵义市应大力发展自主经营、供应链管理、品类管理、连锁经营等商业模式，引导商贸企业探索自主采购、贴牌生产、自有品牌商品开发等自主经营方式，引导零售商与供应商合作进行品类管理；大力发展连锁经营，推进发展直营连锁，规范发展特许连锁，引导发展自愿连锁，支持餐饮、零售等行业通过连锁方式"走出去"；结合以遵义市为中心的黔川渝结合部城市特色，打造"美景""美食""美人"相结合的特色消费，同时运用高新技术简化购物环节，打造智慧商圈，加强购物安全，提高购物效率。

（二） 开放合作战略

长江经济带发展、新一轮西部大开发等国家战略的实施，把西部内陆地区推向了开放前沿。遵义市处于内陆地区，要实现经济发展的大跨越，必须善于借助外力；必须把握经济全球化和区域经济一体化的发展大势，立足自身区位条件、资源优势和产业特色，以世界的眼光、战略的思维、博大的胸怀来谋划发展和扩大开放，积极在利用国际、国内两种资源和两个市场中寻找发展机遇，拓展发展空间，尽快构建内外联动、互利共赢、协作发展的开放型经济体系和立体全面的开放格局。发达地区的成功经验已经表明，借力发展是快速崛起的必由之路。黔川渝结合部商贸物流中心和会展中心发展，必须走开放合作之路。

　　遵义市应坚持"引进来"与"走出去"双向开发，形成包容性、开放性与多元化的商业文化氛围，建立与国外合作的商业组织机构，大力引进国内外知名品牌和商家，建设国际化生产采购基地，形成一批大型跨国商业集团，吸引外来消费购物与生产采购，大力培育外贸出口企业和服务外包产业。

（三）　品牌提升战略

　　品牌战略不仅是公司的核心竞争力，也是区域发展的核心竞争力。随着市场经济的日益发展和市场竞争的不断加剧，产品同质化现象越来越严重，企业很难通过产品质量、价格、渠道方面的差异来获取竞争优势，企业间的竞争已上升为企业品牌之间的竞争，而品牌之间的竞争归根到底是品牌文化的竞争。品牌战略是企业实现快速发展的必要条件。品牌战略定位是在品牌战略与战略管理的协同中彰显企业文化。品牌文化是在品牌经营中逐渐形成的，它通过品牌与消费者的文化交融，赋予了品牌独特的个性，使品牌形成附着于产品和企业的品牌形象，从而建立起品牌的精神王国。品牌文化能够与消费者建立紧密的情感联系，提升品牌的价值，为企业带来了丰厚的利润，使品牌在市场竞争中长盛不衰。

　　遵义市商贸流通的发展，也需要实施品牌战略。品牌提升、品牌文化对于遵义市商贸流通而言至关重要。遵义市要加大建设百亿元商圈、百亿元市场、百亿元企业、名牌特色街以及商品品牌力度，全面提升遵义市在黔川渝结合部、长江经济带和全国的美誉度与影响力。遵义市要加快建设高品质商务楼宇、名品名店一条街等高端商务商贸设施，实施高层次服务配套，完善品牌企业、品牌商品引进激励政策，引进国际国内知名品牌企业，发展一批国际知名品牌和顶级品牌专卖店、精品店、品牌专柜，汇聚国内外一线品牌。同时，遵义市要加强创意设计、品牌包装、营销策划和宣传推介，培育壮大本土品牌，发展地方特色品牌。

（四）　主体壮大战略

　　市场主体是社会财富的主要创造者，是经济社会发展的主要推动力量，

119

只有市场主体充分发育发展，才能保持区域经济发展的活力和后劲。国外发达国家、国内先进省份的发展经验表明，市场主体的健康和活跃程度，直接影响着当地的市场化程度、经济发展速度和综合实力水平。市场主体在黔川渝结合部商贸物流中心和会展中心发展中发挥着巨大作用，遵义市应着力培育壮大市场流通主体，充分发挥商贸流通主体在现代商贸物流发展中的主导与创造作用。

商贸物流主体的发展壮大，必须鼓励创业发展，促进小微市场主体快速增长；突出转型升级，推动骨干企业上规模、提质量，着力培育本土化、根植化骨干企业，支持有实力的大企业积极开展跨区域并购重组、进行产业布局、拓展发展领域和空间，扶持本土连锁企业在区域内的发展，助力本土企业的成长；强化招商引资，吸引聚集优质企业主体，引进国内外大型品牌商贸企业集团，形成一批经营主业突出、管理技术先进、核心竞争力强的大型商贸流通骨干企业。

（五）消费引导战略

党的十九大报告指出，我国社会主要矛盾已经转化为人民日益增长的美好生活需要和不平衡不充分的发展之间的矛盾。

为此，我们有必要对消费进行引导。对消费进行引导有助于协调产需矛盾，正确安排生产与生活的关系，使社会生产较多的消费品，获得较多的消费，变革落后的生活习惯，建立有益于社会的文明消费与美化人民生活，促进社会经济的良性循环与迅速发展。合理实施消费引导战略可以使消费者更好更多消费，促进商贸流通更顺利向前发展。

遵义市要根据社会经济生活的新常态、新趋势，培育新的消费热点，引导信贷、租赁等新型消费方式，推进网上购物等新型购物方式，逐步降低银行刷卡费率，推行电子支付、电子结算和交割方式，提高居民消费预期，增强消费意愿，挖掘培育本地消费主体，同时加强城市形象宣传与营销，发展都市旅游，大力吸引外来消费。遵义市要加强著名品牌的引进及本地品牌的打造，构建符合各层次购买者需求的消费体系；同时，努力提供多品种、高质量的商品，营造安全、舒适、独具特色的休闲娱乐购物场所，扩大本地消费，吸引集聚外来消费。

（六）　环境优化战略

商业环境是传统商业形式化的主要载体，是制造购买的重要手段。一个好的商业环境是对商品与需求的恰当诠释，是对购买的正确引导。随着人类物质文明的发展和生活水准的提高，商圈和门店不单纯是商品买卖的场所，而应是融生活情趣、文化修养、消闲娱乐为一体的消费生活空间。购物环境直接影响着消费者的购物心理和购物行为，良好的旅游购物环境能诱发消费者的购物欲望，促进消费。良好的购物环境是城市商圈或商业中心区持续健康发展强有力的保障，是推动遵义市商贸流通发展的"润滑剂"。

遵义市要坚持"商住分开、人车分流、立体开发、集中打造"的理念，把城市商圈建设成为特色鲜明、业态优化、设施先进、配套完善、信息化水平较高的现代化都市购物消费中心。遵义市要着力提升城市成熟商圈档次，优化形象，强化功能，凸显特色，提高集聚辐射能力；加快城市新兴商圈和商业街建设，并结合商圈的特色，营造一个整体上品类齐全、层次鲜明、舒适、安全、便捷的购物环境。

（七）　流通现代化战略

目前，中国正处在迈向现代化的关键期。现代化的经济体系是现代化的基础。现代化的经济体系又需要现代化的流通体系做支撑。流通现代化是指在实体经济以信息化带动工业化的进程中，对传统流通格局中的商流、物流、资金流和信息流所进行的全面改造和提升，以便全面、系统、大幅度地提高流通的效能。现代化的流通方式以最少的资源、人力耗费（流通成本），以最短的时间将产品送入消费领域或再生产领域，从而减少甚至避免商品、货品处于实际上的闲置状态。

遵义市要大力发展省际交通运输及区内城际交通，扩大黔川渝结合部商贸物流中心和会展中心的辐射范围；积极引进大型物流公司，将产业园区、物流园区、物流基地、交通枢纽相结合，实现人畅其行，货畅其流；加快新型业态发展和新技术的应用，推进电子商务、连锁经营、现代物流、网上购物等现代流通方式的发展，提高商业资讯化水平，建设现代化的黔川渝结合部区域性商贸物流中心和会展中心。

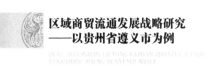

（八） 产业联动战略

产业集群理论（industry cluster theory）是竞争战略家、美国学者迈克尔·波特于 1990 年提出的。之后，产业集聚现象受到世界的广泛关注。21 世纪以来，藤田、克鲁格曼等人开创新经济地理学，提出空间经济集聚理论。产业联动是指在一个区域的产业发展中，不同地区通过产业结构的战略调整，形成合理的产业分工体系，实现区域内产业的优势互补和区域产业的协同发展，从而达到优化区域产业结构、提升产业能级、增强区域产业竞争力的目的。实施产业联动战略，能增强各地区产业之间的互补、合作与相互作用的关系，推动黔川渝结合部商贸物流与会展业发展。

遵义市要大力推动商贸物流业、旅游业、会展业、餐饮住宿业、休闲娱乐业、文化创意业等产业的联动发展，夯实黔川渝结合部商贸物流与会展业发展的产业基础。遵义市要依托黔川渝结合部丰富独特的旅游资源和独具魅力的山水城市特色，实施"大项目、大投入、大营销"战略，全面开展系列旅游主题年活动，着力打造旅游精品；发挥大型文化基础设施作用，挖掘黔川渝结合部的文化内涵，发展文化、艺术、影视等高品位消费，拉动文化创意消费；建设美食街（城）、高档饭店（酒店）商务型餐饮、城市商圈综合配套型餐饮，满足不同层次的休闲娱乐购物消费需求。

（九） 区域协同战略

赫尔曼·哈肯在 20 世纪 70 年代创建了一门交叉学科——协同学。该理论认为，任何一个系统内的子系统之间的相互作用，决定了该系统的整体行为，从而形成协同效应。一个系统中各子系统和各要素的"协同"会使无序转化为有序，使分散甚至相互抵触的成分转变成有序的整体合力并形成整体功能；反之就无法形成合力，无法形成整体功能和整体效益。

黔川渝结合部各区域应根据不同实际，进行分类指导，推动各区域实现商贸物流与会展业的错位布局、差异发展、特色发展，最终实现黔川渝结合部商贸物流与会展产业的协调发展。遵义市应坚持以城带乡、以乡促城的战略思想，将城市购物商圈构建与农村田园风光旅游业发展结合起来，扩大商圈商品种类及层次，满足农村居民的消费需求。

（十）　集聚发展战略

经济学家阿尔弗雷德·马歇尔在 1890 年就开始关注产业集聚这一经济现象，并提出了两个重要的概念——"内部经济"和"外部经济"。他认为，导致产业集聚的原因不在于区域产业空间的扩大和企业层面生产规模的扩大，而在于社会层面的规模报酬递增的外部经济性，即这种外部经济性主要是因为组织化的生产而产生。韦伯的区位集聚论、熊彼特的创新产业集聚论、E. M. 胡佛的产业集聚最佳规模论、波特的企业竞争优势与钻石模型等，都讨论过产业集聚问题，都认为产业集聚能产生更大的规模效应、低成本和高效益。

黔川渝结合部商贸物流中心和会展中心的建设与发展要产生更大的规模效应、低成本和高效益，就必须采取聚集发展战略，必须加强城市商圈、专业市场群、商业街、物流园区、会展中心等建设，加大现有市场资源的整合力度，强化资源集聚和辐射功能。

第七章
遵义市商贸中心发展研究

遵义市要依托航空、铁路、公路、航运港口开放平台，按照"一心、一圈、三带"的总体空间格局，城市核心区重点打造现代高端商业商务集聚区，以现代服务业为主导，促进商贸服务、总部经济、电子商务、科技服务、会展服务、金融服务等高端新兴商业商务集聚；同城化发展的都市圈重点承接城市核心区商贸服务业资源转移，依据城市人口集聚和经济社会发展进程，适度布局新兴商业商务集聚区；西部、东部、北部三个特色产业带重点围绕商贸服务业与生态农业、特色轻工业、康养旅游、民俗文化等产业联动发展，布局现代商贸服务设施、新兴商贸服务业态、电子商务产业园和农商旅文集聚区，形成各区域商贸服务业功能互补、产业融合、协调发展的"大商贸、大流通、大市场"新格局。

一、城市核心商圈

（一）　城市核心商圈概述①

1. 城市核心商圈的概念

城市核心商圈是以城市中心广场或商业步行街区为中心，通过合理布局多个零售、餐饮、旅游、休闲、娱乐、文化、商务楼宇、星级酒店等设施，形成的多业态、多功能、复合型商业商务集聚区。城市核心商圈可以进一步分为市级城市核心商圈和区县级城市核心商圈。

2. 城市核心商圈建设的基本原则

（1）以人为本，便民利民

遵义市应充分考虑不同消费者、不同消费层次的消费需求，以公众利益

---

① 本章城市商圈的概念、规模要求、功能要求、业态要求依据重庆工商大学编制、国家质量技术监督局备案、重庆市发布的《城市核心商圈建设规范》（DB50/T 713-2016）。

为先导，充分体现方便生活、服务大众的方针，促进商业繁荣。遵义市在业态上要体现便利性、实用性；在功能上要以居民不断发展变化的消费需求为取向，完善服务设施，增强服务功能。

（2）功能协调，产业配套

遵义市在规划设计商圈时，应注重各大功能区的联系和互补，在发展传统商贸业的同时，加强现代服务业的规划。遵义市的产业配套要满足不同功能区内部的协调及相互之间的协调。

（3）分类建设，突出特色

遵义市要按照市级和区县级城市核心商圈分类规范建设，结合各区县历史、人文、旅游等资源优势，在功能定位和业态设置上突出特色，重点打造一批在市内外有影响力的智慧型、生态型、人文型特色商圈。市级城市核心商圈应打造为智慧型、商旅文结合型商圈。

（4）商住分开，人车分流

遵义市在城市核心商圈新建和改造提升过程中应坚持商业与住宅分开的原则，在商圈的开发建设过程中，以商业设施和公共空间建设为主；坚持人车分流的原则，在商圈市政道路建设过程中，对车行道和步行通道的配置进行合理布局，避免人车争道、交通拥堵。

（5）立体开发，集中打造

遵义市在城市核心商圈的开发建设过程中，原则上应以立体开发、集中打造为指导开发商圈商务楼宇和商业用房。遵义市要按照商圈功能分区，集中打造商业设施，集约建筑用地，提升商圈品质，最大化聚集商圈的商业服务功能和商务办公功能。

3. 城市核心商圈建设的选址要求

城市核心商圈是城市区域内商业资源富集、集约化程度最高的商业核心区，是承载商流、物流、价值流和信息流的空间载体，一般分布在人口相对集中、交通运输条件好、环境优越的区域。城市核心商圈选址要遵循两个基本要求：一是在老城区，遵义市要依托历史形成的商业基础，在城市已有商业核心集聚区通过改造升级，打造建设城市核心商圈；二是在规划建设的城市新区，核心商圈选址要充分结合城市总体规划，选择在城市功能布局规划、道路交通规划和居住人口规划等要素配置优越的区域布局打造城市核心商圈。

4. 城市核心商圈建设的规模要求

商圈建设面积：市级城市核心商圈核心区建设面积以 1~2 平方千米为宜，区县级城市核心商圈建设面积以 0.5~1 平方千米为宜。

商业设施规模：市级城市核心商圈商业商务设施面积达到 100 万平方米以上，区县级城市核心商圈商业商务设施面积达到 30 万平方米以上。

商圈经济规模：市级城市核心商圈社会消费品零售总额达到 100 亿元以上，区县级城市核心商圈社会消费品零售总额达到 30 亿元以上。

5. 城市核心商圈建设的功能要求

现代城市核心商圈应具备商业、商务功能，宜兼具文化、旅游、休闲、娱乐、社交等功能，注重体验式消费。不同层次的商圈在功能的设定上应有所区别和侧重。

零售购物：城市核心商圈应具有以中高档百货、品牌专卖等为主的零售业集聚功能，体现时尚购物和品牌定位特色。零售购物功能在市级核心商圈所有功能中的占比为 40% 以上，在区县级城市核心商圈中的占比为 50% 以上。

现代商务：城市核心商圈应具有商务办公、研发设计、信息发布和咨询、中介服务、会议研讨、教育培训等商务活动空间。现代商务功能在市级城市核心商圈中的占比为 20% 以上，在区县级城市核心商圈中的占比为 5% 以上。

酒店住宿：城市核心商圈应具有多层次的酒店住宿、会议接待、商务宴请等酒店接待设施条件。

餐饮美食：城市核心商圈应具有多层次的餐饮服务场所，特别是具有能够提供中高端餐饮和特色餐饮服务的餐饮集聚区。

休闲娱乐：城市核心商圈应具有满足消费者多层次需求的休闲娱乐集聚空间以及依附于购物中心、酒店、商务楼宇的休闲娱乐场所。

金融服务：城市核心商圈应具有银行、保险等金融机构的集聚功能。

都市旅游：城市核心商圈宜通过都市文化氛围、都市特色楼宇景观、城市公园、街头艺术雕塑、特色商贸等内容，吸引本地居民及外来游客休闲逛街和观光旅游。

文化体验：城市核心商圈应通过城市特色文化、历史文化、影视和文化演艺场所、文化馆、博物馆等载体，向本地居民和外来游客提供文化体验服务，满足居民和游客的文化体验需求。

6. 城市核心商圈建设的业态要求

（1）市级城市核心商圈业态设置要求

市级城市核心商圈以大型购物中心、大型百货店、大型超市、大型专业店、国内外知名品牌专卖店为主力业态。商圈拥有大型零售商业网点≥5家，步行商业街区≥2条。商圈内餐饮、酒店、文化休闲娱乐等服务业态齐全，四星级及以上酒店≥3家、影院≥2个，并配置规模适度的文化娱乐、休闲及大型餐饮服务设施。商圈宜设置线上线下相结合的品牌体验店及各类体验式和电子商务业态，不应设置传统大型专业市场和低档次的服务业态。

（2）区县级城市核心商圈业态设置要求

区县级城市核心商圈以中型购物中心、主力百货店、大中型超市、品牌专卖店为主力业态。商圈拥有大型零售商业网点≥2家、步行商业街区≥1条、大型餐饮接待网点≥3家、四星级及以上酒店≥1家、影院≥1个。商圈内的购物、餐饮、酒店、文化休闲娱乐等服务业态齐全。商圈宜设置和引进时尚和品牌体验店，不应设置污染环境和扰民的传统修理、再生资源回收以及低端服务业态。

（二）遵义市城市核心商圈发展基本情况

1. 商圈规模不断扩大，发展呈现不均衡特征

遵义市中心城区内商圈规模不断扩大，逐步形成了以丁字口商圈、老城商圈、广珠商圈、港澳商圈为引领，集聚效应明显的城市商圈，但商圈布局总体呈现多而散的特征，商业设施规模档次与商圈建设规范要求仍存在一定差距。丁字口商圈、老城商圈、港澳商圈、广珠商圈的商业设施普遍规模较小、档次较低，并且以传统商业业态为主，商业设施过度饱和。昆明路商圈、高铁商圈以大型商业综合体和主力百货店为支撑，但仍处于建设培育期，商业聚集功能尚未显现。县级商圈商业规模普遍较小，缺乏大型商业设施，部分县尚未形成商业集聚区，商圈发展较为落后，与中心城区商圈存在较大差距。

2. 商圈业态不断完善，同质化现象仍较严重

遵义市引进沃尔玛、大润发、北京华联、华润万家、国美、星力百货、国贸等大型商场和超市，业态结构不断优化。但是，已建的丁字口商圈、老城商圈、港澳商圈、广珠商圈等成熟商圈在经营形式、商品结构、服务方式上趋同，主体功能定位不清。各商圈定位没有充分结合所处的地理区位、辐射范围、顾客消费行为特征、商贸企业自身发展战略、商品本身特点等因素，尚未形成明确的功能定位和合理的业态结构，商圈建设缺乏特色。

3. 传统商业业态为主，商圈信息化水平较低

尽管遵义市商圈建设规模不断扩大，组团式空间布局结构逐渐形成，但商圈仍以传统商业业态为主，面临电子商务冲击、同质化发展、承载能力不足等问题，商圈转型升级势在必行。利用物联网、云计算和大数据等先进技术建设智慧商圈，实现"互联网+商圈"发展模式，是遵义市商圈转型升级的重要抓手。

4. 交通环境不断改善，交通瓶颈仍为商圈发展制约因素

遵义市现有商圈主要沿城市主干道两侧布局商业网点，通过增宽路面、增设停车位等方式，商圈周边交通环境有所改善。但是，现有路网结构使交通流均往主通道上汇集，加之车辆沿街停放，导致交通疏散能力下降。同时，丁字口商圈、广珠商圈等已建商圈停车场地缺乏，各停车库相互独立，未形成有效链接，停车难现象仍未得到有效解决。路网结构、节点、公交、停车系统等诸多因素导致商圈现有通道的通行能力有限，交通需求与商圈发展的矛盾越发突出。

（三）遵义市城市核心商圈发展目标

遵义市应立足"三区三中心"总体发展定位，突出发展高端商贸商务业态，形成具有遵义市文化特色和富有层次性的现代城市商圈体系，打造集购物、休闲、娱乐、餐饮、旅游等多功能于一体，服务和辐射带动黔川渝结合部地区的现代化城市购物商圈，成为黔川渝结合部商贸物流中心的核心载体。

遵义市应在红花岗区、汇川区、播州区、南部新区、新蒲新区各规划建

设 1 个市级核心商圈或中央商务区；在绥阳、仁怀、桐梓、湄潭同城化城市按照市级城市核心商圈建设标准打造城市核心商圈；在高桥、忠庄、龙坑、新舟空港新城、遵义综保区、河溪坝、董公寺、高坪规划建设新兴商业集聚区；在习水、赤水、凤冈、余庆、正安、道真、务川等县（市）参照县级城市核心商圈建设标准打造县域核心商圈。到 2025 年，遵义市共建城市商圈 24~28 个，其中市级核心商圈 8~10 个，区县级核心商圈 16~18 个；城市核心商圈社会消费品零售总额突破 1 200 亿元，占遵义市社会消费品零售总额的 60% 以上；商品销售总额达到 2 000 亿元，连锁经营销售额占核心商圈社会消费品零售总额的比重达 60% 以上。

（四）　遵义市城市核心商圈发展总体思路

遵义市应遵循"商住分开、人车分流、立体开发、集中打造"的理念，根据遵义市城市发展空间规划，形成由市级城市核心商圈和区县城市核心商圈两大层次构建的现代城市商圈体系。市级核心商圈打造成为集购物、餐饮、商务、金融、休闲和旅游于一体的现代化商业商务聚集区，区县城市核心商圈打造成为具有集聚辐射功能的特色商业集聚区。

（五）　遵义市城市核心商圈发展布局

遵义市应优化城市核心商圈空间布局，突出特色，升级业态，差异化发展。遵义市应在红花岗区、汇川区、播州区、南部新区规划建设市级核心商圈，重点推动丁字口商圈（含老城商圈）、汇川商圈（含港澳商圈、广珠商圈）、播州老城商圈向智慧商圈转型发展；培育南部新区市场商圈以市场集聚为特色，以商品交易市场为主力业态，同时为周边居民提供日常所需的生活服务。绥阳、仁怀、桐梓、湄潭同城化城市按市级核心商圈建设标准规划建设城市核心商圈。区县城市核心商圈应突出特色，商圈规模应与人口、经济、社会发展等要素相匹配。遵义市应在高桥、忠庄、龙坑、新舟空港新城、遵义综保区、河溪坝、董公寺、高坪等建设新兴商业集聚区，推进习水、赤水、凤冈、余庆、正安、道真、务川核心商圈建设，打造一批县级核心商圈。

（六）　遵义市城市核心商圈发展重点

1. 加快城市核心商圈体系建设

遵义市应在提升完善原有丁字口等城市商圈基础上，加快建设忠庄、龙坑、新舟空港新城、遵义综保区、河溪坝、董公寺、高坪等新兴商业集聚区；优化提升桐梓、绥阳、仁怀、湄潭商圈的业态布局和购物消费环境；加快其他区县城市核心商圈规划建设。到 2025 年，遵义市城市核心商圈基本建成，形成功能完善、布局合理的城市核心商圈体系，商圈社会消费品零售总额占遵义市社会消费品零售总额的比例突破 60%。

2. 分步骤构建城市智慧商圈服务体系

遵义市应按照开展试点工作、覆盖城区商圈、全市推广建设的步骤，围绕"两网络三中心"建设，分阶段完成城市智慧商圈服务体系建设。"两网络"，即智能物联网和商圈网，实现商圈商品、服务、人流量、车流量等信息的自动采集和控制；"三中心"，即智慧商圈信息服务中心、商圈公共管理中控展示中心和商圈中小商户融资服务中心，实现政务信息、产业信息、楼市信息、企业信息、融资信息等重要信息在政府、企业、消费者间的互联互通。

3. 引导城市核心商圈高档次差异化发展

遵义市应全面提升商圈业态的档次和品质，实施"名街、名店、名品"工程，积极引进国际国内知名品牌，引入大批品牌旗舰店、专业店，发挥名店、名品聚集带动效益，大力引进和发展高端商务、新兴金融、时尚文化、创意设计等产业。遵义市应实现城市核心商圈的差异化发展，做到业态错位、功能互补，实现购物、商务、旅游、休闲有序发展，实现城市核心商圈特色化、差异化发展。

4. 加强新建城市核心商圈规划布局

遵义市对新建的城市核心商圈应加强规划引导、科学定位、合理布局。遵义市应坚持"商住分开、人车分流、立体开发、集中打造"的建设理念，避免出现楼上住房，楼下商场，人车混流现象，充分利用地上地下空间，集中各种资金、业态、要素打造商圈。核心商圈的规模、业态、功能要符合城市核心商圈建设要求，重点布局购物中心、主力百货店、超市、酒店、餐饮等零售商业，同时配套写字楼、金融、会议、娱乐等服务设施，确保业态齐备和功能完善。

二、商业街

（一） 商业街概述

1. 商业街的特点

商业街是以大量的零售业、服务业商店作为主体，按一定结构比例规律排列、有一定长度的商业繁华街区，是商业活动集中的街道。商业街是商业发展的重要载体，是一个地区商业的缩影和商业文化的名片，也是城市繁荣的象征，其发展程度直接影响区域经济的增长。商业街具有功能齐全、商品丰富、环境舒适等特点。

（1）功能齐全

商业街是多功能、多业种、多业态的商业集合体。一般而言，商业街应具有购物、餐饮、休闲、娱乐、文化、旅游等15项功能，涵盖50～60个业种，最大限度地满足消费者的各种需求。

（2）商品丰富

商业街是商品品种的荟萃，具有分工细、专业化程度高的重要特色。随着消费从社会消费、家庭消费向个性化消费转变，消费者对商业街经营专业化、品种细分化、品牌多元化的要求越来越高。一般而言，商业街中除少数几家具有各自特色的百货店外，主要由专卖店、专业店组成，汇集国际、国内品牌，成为国内外品牌商品的窗口和展台。

（3）环境舒适

商业街在突出购物、餐饮、休闲、娱乐等基本功能的同时，还应体现环境优美、服务优质的特点。商业街中每一个企业在塑造、培育自身服务品牌、推进特色经营的同时，还应注重商业街服务的整体性、系统性和公用性。商业街应通过营造优雅、整洁、明亮、舒适、协调、有序的购物环境，提升整体素质、美化整体形象、塑造街区品牌。

2. 商业街的分类

（1）按经营类型分类

按经营类型分类，商业街可以分为综合型商业街、混合型商业街、单一型商业街、专业型商业街、特许经营商业街。综合型商业街集吃、住、行、游、购、娱等功能于一体，业态丰富、规模较大、综合性强，突出表现为大型购物中心和城市商业综合体，能够较好满足人们的各种需求。混合型商业街具备购物、餐饮、娱乐等功能，业态较丰富，但规模有限，综合性不强。单一型商业街又称特色商业街，业态单一、差异化小，一般走特色化路线，多表现为提供餐饮、购物类服务，如服装一条街、餐饮一条街、婚纱一条街、啤酒一条街、茶叶一条街等。专业型商业街的业态专一且专业性强，突出表现为专业的购物广场和市场，提供"一站式"主题购物，如家居装修街等。特许经营型商业街是指政府部门或相关组织对商家的经营范围或类型有一定的限制或特批权限的商业街。

（2）按主导功能分类

按主导功能分类，商业街可以分为零售主导型商业街、批发主导型商业街和服务主导型商业街。零售主导型商业街以零售购物为主导功能，批发主导型商业街以批发采购为主导功能，服务主导型商业街以餐饮或其他类型服务为主导功能。

（3）按交通组织方式分类

按交通组织方式分类，商业街可以分为普通商业街和步行商业街。普通商业街一般不限制车辆通行，或者只允许公交车、小汽车通行。步行商业街内禁止任何车辆通行，消费者以步行形式自由进行购物、餐饮、服务等消费活动及其他娱乐、休闲、社交商务活动。

（4）按辐射范围分类

按辐射范围分类，商业街可以分为都会级商业街、区域级商业街和社区级商业街。都会级商业街位于都会级商业功能区，商店密度一般不低于90%，商圈影响面大，辐射全市及周边地区乃至国内外更广的范围。区域级商业街一般位于区域级商业功能区，商店密度一般不低于 70%，商圈影响面主要在市内某个较大范围的区域。社区级商业街一般位于社区内或社区附近，商店密度一般不低于 50%，商圈影响面主要为社区居民。

（5）按规模等级分类

按规模等级分类，商业街可以分为大型商业街、中型商业街、小型商业街。大型商业街长度在 1 000 米以上，也可以是由若干条商业街相互连接构成的复合形态商业街；中型商业街长度在 500~1 000 米；小型商业街长度在 100~500 米。

（6）按消费层次分类

按消费层次分类，商业街可以分为高级商业街、中级商业街和初级商业街。高级商业街主要由名牌专卖店、专业店和定位高档商品的百货店组成，商业街功能先进，配套设施完善，购物环境幽雅，体现时尚特色。中级商业街主要定位中档商品，功能较为齐全，主要设施完备，购物环境一般。初级商业街主要定位低档商品，功能单一，配套设施较为简陋。

（7）按历史演进分类

按历史演进分类，商业街可以分为历史延续型商业街、改建扩建型商业街、旧址恢复重建型商业街和新建商业街。历史延续型商业街是古代商业街的延续，基本保留着原有历史风貌，一般存在于历史积淀深厚的古城中，是人们感受历史的重要场所。改建扩建型商业街一般具有较为悠久的历史，但由于沿街建筑经年失修、原有基础设施不能满足城市功能需求以及商业业态不合理等原因，由当地政府主导对其在原有基础上进行改建、扩建，以适应消费者需求。旧址恢复重建型商业街是历史上存在过但没有保留下来的商业街，由地方政府主导在其旧址上进行保护性恢复重建，具有浓郁的复古气息。新建商业街一般由政府在整合利用当地特定资源的基础上，按照城市规划整体要求新建而成，具有明显的时代气息。

3. 国内外商业街案例分析

（1）香榭丽舍大街

香榭丽舍大街又名爱丽舍田园大街，是集高雅与繁华、浪漫与流行于一体的世界知名的道路，被誉为"世界上最美丽的街道"。香榭丽舍大街位于巴黎市中心商业繁华区，横贯巴黎东西主干道，全长 1 800 米，东起协和广场，西至戴高乐广场。香榭丽舍大街集购物、休闲、文化、娱乐、餐饮、旅游等功能于一体，东段以自然风光为主，两侧是平坦的英氏草坪，西段是高级商业区，集聚了世界一流品牌、服装店、香水店。

香榭丽舍大街的成功经验可以归结为以下几个方面：

①浓厚的历史积淀。香榭丽舍大街始建于 1616 年，距今已有 400 多年的历史。18 世纪，香榭丽舍大街成为当时巴黎城举行庆典和集会的主要场所，也是巴黎最有威望、最重要、最具诱惑力的一条街道。19 世纪，在法国资本主义飞速发展的"美好年代"，香榭丽舍西段顺应经济发展的需要，成为重要的商业大道。自 1900 年开始，香榭丽舍大街就成为法国向世界展示其成就的橱窗。

②厚重的文化内涵。香榭丽舍大街是法国最具景观效应和人文内涵的大道，法国人称之为"世界上最美丽的散步大道"。街道两旁的 19 世纪建筑、仿古式街灯、充满新艺术感的书报亭都为香榭丽舍大街增添了浪漫气息。许多关于 18~19 世纪的小说也对香榭丽舍大街的繁华进行了描写，香榭丽舍大街成为文学作品中贵族的娱乐天堂。同时，法国许多重要事件，如每年的国庆游行、环法自行车赛终点冲刺等也在香榭丽舍大街举行。

③发达的交通体系。双向八车道的大街及凹凸起伏的地势，使香榭丽舍大街气度非凡。地铁 1、2、3、6、9、13 号线等都会到香榭丽舍大街。

④优美的购物环境。香榭丽舍大街有着百年以上的历史建筑，汇集着传统和现代的各种零售业态，是巴黎最美丽的街道。香榭丽舍大街以圆点广场为界分成两部分：东段是长约 700 米长的林荫大道，以自然风光为主，道路是平坦的英式草坪，是闹市中一块不可多得的清幽之处；西段是长约 1 200 米的高级商业区，是全球世界名牌最密集的地方，特别是靠近凯旋门一段集聚了众多国际知名品牌。沿街两旁的高级时装店、高级轿车展示中心、电影发行公司、影剧院、娱乐品专卖店、高品位餐厅、酒吧和夜总会等，装点着这条浪漫又时尚的巴黎城最美的道路。

（2）香港铜锣湾商业街

香港铜锣湾商业街集巴黎的奢华、米兰的典雅、伦敦的经典和纽约的简约风格于一身，是香港十大景点之一。铜锣湾商业街不同于其他商业街，并不是笔直的一条街道，而是由大小路纵横交错构成的商业集聚区。该商业街集现代与市井的景观于一体，汇集琳琅满目的商品，小巧精致的街道、雕塑喷泉、精致的户外咖啡店体现着都市的魅力和商业街的欧陆风情，是颇为人性化、颇具个性魅力的商业街之一。

铜锣湾商业街的成功经验可归结为以下几个方面：

①独特的民俗体验。铜锣湾商业街是香港最繁华的购物和饮食区之一，也是香港的不夜市区之一。入夜后，游客往来于海鲜艇、酒吧艇和歌艇之间，游客在船上品尝海鲜的同时可以观赏海港夜景，领略舢板风光。

②娱乐购物的天堂。铜锣湾商业街是香港主要的商业及娱乐场所集中地，汇集了崇光百货、时代广场、三越百货、利舞台广场、世贸中心等多家大型百货公司及大型商场，集聚了世界各地的名牌时装、首饰精品、家私电器，时尚潮流奢侈品琳琅满目。铜锣湾商业街不仅是世界顶级名牌的集聚区，也是富有港岛特色的本地自主品牌与明星自创品牌店面的集聚区，能够满足不同层次的购物需求，是香港最著名的流行服饰采购天堂。

③便利的交通条件。铜锣湾商业街位于香港最繁华的港岛北岸，湾仔与北角之间的心腹地带。香港岛北侧的任何一条街道都有电车、地铁和铜锣湾商业街相连。其交通便利、四通八达。

④独特的空间设计。铜锣湾商业街是世界上建筑密度最大的城市商业中心之一，维多利亚公园则是香港面积最大的城市公园，铜锣湾商业街与维多利亚公园相辅相成，实现了商业与休闲的完美结合，使这一商业地段更加具有活力。维多利亚公园打破了商业街高强度商业资本的垄断，解决了高密度商业环境中人们对休憩环境和公共空间的需求。铜锣湾商业街与维多利亚公园的融合，成为城市中心区绿色、高效、活力、动感的空间设计典范。

（3）哈尔滨中央大街

中央大街北起松花江防洪纪念塔，南至经纬街，全长 1 450 米，被誉称"东北一街"。中央大街集旅游、购物、娱乐、休闲等功能于一体，独特的欧式建筑、鳞次栉比的精品商厦、异彩纷呈的文化生活，构成了一道靓丽的城市风景线。

中央大街成功的经验可以归结为以下几个方面：

①悠久的历史。中央大街历史悠久，始建于 1898 年，距今已有 100 多年的历史。1900 年，中东铁路在哈尔滨破土动工，因为有数千名中国筑路劳工在这一带落脚，因此称之为"中国大街"。1924 年，俄国工程师科姆特拉肖克设计并监工，为"中国大街"铺上了花岗岩石块，成为今日中央大街的一

道独特风景。"中国大街"上汇聚了大量的外国商店、药店、饭店、旅店、酒吧、舞厅。1928年，"中国大街"改称"中央大街"，并发展成为哈尔滨最为繁华的商业街和中国十大商业街之一。

②独特的建筑风格。中央大街是中国独一无二的艺术大街，充实的历史感和各式建筑风格共同构成了中央大街独特的风格与别致的特色。中央大街步行街是全国第一个开放式、公益性建筑艺术博物馆，被称为"汇百年建筑风格，聚世界艺术精华"。中央大街有欧式、仿欧式建筑75栋，各类历史建筑61栋，汇集了文艺复兴、巴洛克、折中主义以及现代多种风格，包括了西方建筑史上最具影响的四大建筑流派，成为一条建筑的艺术长廊。

③与文化相融合的商业格局。中央大街集旅游、购物、娱乐、休闲等功能于一体，在商业业态布局上尊重历史文化，充分考虑了地理方位及中西合璧环境优势，在历史建筑保护中注入文化时尚的商业业态及西餐、咖啡、酒吧等休闲时尚业态。业态布局突出高端化、多样化、特色化，是名副其实的旅游文化时尚商业聚集地。

④愉悦的购物环境。中央大街围绕欧陆风情特色，突出了百年老街的时尚品位和休闲浪漫情调，将音乐演出位置设置与时尚巡游路线贯穿整条主街，使音乐艺术在空间上辐射整个街区，诠释音乐的文化魅力，带动街区业态发展。

（二）　遵义市商业街发展基本情况

近年来，遵义市商业街建设力度加大，商业街环境显著改善，客流量、成交额、吸引力、辐射力均有不同程度的提高。但是，由于商业街建设缺少统一规划，因此在一定程度上导致了商业街特色不突出、配套设施不齐全等问题的出现，部分新建商业街存在招商困难、门面闲置率较高的问题。

1. 特色定位不突出

通过对遵义市现有商业街的调查可以发现，部分商业街在建设、改造过程中未能结合本地的自然、历史、区位条件等形成自身特色，导致商业街趋同发展，同质化现象严重。同时，政府在加快商业街发展过程中缺乏对商业街发展的系统性规划建设和管理，进一步加剧了商业街的趋同现象，导致商业街发展定位不明确、特色不突出、同质化现象严重。

2. 规划布局不合理

商业街的建设发展尚未跟上遵义市城市整体规划调整的节奏，大部分区县的商业街仍主要分布在老城区，导致布局过于集中，不利于综合利用城市资源打造特色商业形象，同时也对交通组织、基础设施配套、旅游资源开发等方面造成了较大压力。

3. 配套服务不完善

商业街建设的软、硬件设施不完善，尚未形成系统的综合配套服务体系，一定程度上制约了商业街的发展。例如，商业街普遍存在缺乏大型停车场所问题。此外，绿化、休闲娱乐设施、标牌指示、货物托管站等街区公共服务设施落后等问题也普遍存在，影响了商业街的纵深发展。

4. 经营业态不匹配

部分商业街存在业态组合不合理、经营业态与特色不衔接等问题。例如，红军街及部分历史文化街重商业、轻历史和文化，在餐饮、旅游纪念品、住宿等业态经营上缺乏特色和文化底蕴，导致街区缺乏经营活力。

（三） 遵义市商业街发展目标

遵义市应突出地域特色，注重品牌建设，结合城镇化建设和旅游产业发展，培育一批国家级、省级、市级特色商业街，每个区县至少打造 1 条市级特色商业街，每个镇至少规划打造 1 条特色风情商业街。到 2025 年，遵义市将共建成特色商业街 40 条。其中，改造提升商业街 25 条，续建商业街 9 条，新建商业街 6 条；建成国家级特色商业街 2~3 条，省级特色商业街 5~7 条，市级特色商业街 10~12 条，充分发挥商业街在聚集商业资源、实现集约经营、提升城市影响力等方面的作用。

（四） 遵义市商业街发展总体思路

遵义市应按照"特色突出、文化深厚、业态完备、配套完善"的总体要求，打造一批特色商业街区。遵义市应将红军街建设成为国家级特色商业街，成为在全国有重要影响力的品牌商业街；建设一批特色突出、布局合理、管理规范、具有一定示范作用的市级特色商业街；培育夜市街区，打造夜市品牌；结合景区、园区建设，培育一批具有地域特色的主题农家乐集聚区。遵义市应形成由特色商业街、品牌夜市街、主题农家乐等多种形式构成的，满足不同消费群体需求的商业街体系。

（五）　遵义市商业街发展布局

遵义市应结合特色商业和旅游资源优势，突出购物、餐饮、休闲、文化、体验等主题，重点在中心城区核心商业区、旅游度假区和特色商贸镇布局特色商业街。每个区县至少打造 1 条市级特色商业街，每个镇至少规划打造 1 条特色风情商业街。

（六）　遵义市商业街发展重点

1. 规范商业街建设

遵义市应对商业街建设实行分类指导，针对不同类型的商业街制定分类指导规范和建设标准，明确各类商业街的空间规模、业态特点、服务特色、配套设施等，并依据标准进行规范化建设，指导各类商业街有序发展。综合型商业街应注重规模、经营、文化、特色、功能等要素的整合，充分发挥商业街的集聚作用；专业型商业街应强调特色化、专营化、规模化，集聚特色品牌；新建商业街应注重市场定位清晰和个性化设计，强调业态结构合理和服务功能互补。

2. 培育特色商业街

遵义市应做好特色商业街培育工作，充分利用区域优势、产业优势、历史文化优势和经济优势，打造一批各具特色的品牌商业街，通过特色培育，提升商业街的知名度和美誉度；通过挖掘各类商业街的历史文化内涵，保护传统风貌商业建筑，强化商业街的独特性和差异性。

3. 注重消费环境建设

遵义市应在满足购物需求的同时，增强商业街的休闲和旅游功能，充分发挥商业街的集聚效应；注重商业街软环境建设，美化街景，精心布置绿地、花坛，铺设色彩鲜艳、材质讲究的步行道；完善饮水机、艺术座椅、观光车、触摸式导视屏、监控系统、公共厕所等人性化、无障碍公共服务设施，为顾客提供方便的购物环境；增设休闲小广场、艺术走廊、雕塑、路牌与导向标志、广告灯箱等，提升购物的趣味性。

4. 完善交通配套设施

遵义市应增强商业街及其周边区域的交通便利功能，营造便利的消费环境。便捷完善的交通设施是顾客连续性和完整性的保障，商业街的建设可从以下几个方面完善交通配套：商业街的建设应完善公交系统，在商业街附近设置公交站点，保证各类消费者能够顺畅地到达商业街；建设停车系统。目前，众多消费者会选择使用私人交通工具出行，因此完善便捷的停车系统成为吸引客流和扩大销售的重要手段，已建商业街可以考虑采取建设立体停车场方式，新建商业街在建设初期应规划充裕的停车位，可以考虑建设地下停车场方式，确保交通配套设施的完善。

5. 实施街区错位发展

商业街在布局功能上要错位发展。首先，商业街的发展定位要错位，应根据其特有的区位环境和历史文化确定特色定位，实现街街有特色，并根据街区的特色定位合理确定业态组合，进行有效的功能分区。其次，商业街要注重商业街内店与店业态之间的错位，确保各种业态组合错位合理。最后，商业街内店与店之间经营的商品要错位，主力商品特色要鲜明；店与店之间服务要错位，突出服务特色，实现服务错位。

遵义市特色商业街基本情况汇总如表7-1所示。

表7-1　遵义市特色商业街基本情况汇总

区域	序号	名称	区位	长度/米	建设性质
红花岗区	1	老城红军街	老城	300	已建
	2	步行街	老城	300	已建

表7-1（续）

区域	序号	名称	区位	长度/米	建设性质
汇川区	3	珠海路商业街	珠海路	820	已建
	4	港澳商业街	澳门路	800	已建
	5	唯一国际城市天街广场	昆明路	700	已建
	6	林达美食街	汇川大道	250	已建
	7	遵义古城商业街	汇川大道	300	在建
	8	汇川区文化商业街	海龙屯下寨	300	拟建
	9	汇川区白酒特色商业街	董公寺街道	300	拟建
播州区	10	阳光花园步行街	播州区阳光花园	350	已建
	11	大润发商业街	播州区乌江路	300	已建
	12	兴茂财富街	播州区同兴路	280	已建
	13	华诚饮食街	华诚都汇	260	已建
	14	火锅餐饮一条街	播州区石板辣椒产业园	223	在建
新蒲新区	15	林达商业街	新蒲新区林达阳光城	800	在建
	16	黔北老街	新区长征大道和合兴大道交叉路口	1 200	已建
南部新区	17	东欣万象商业街	东欣大道	300	已建
绥阳县	18	白马商业街	绥阳县洋川镇白马大十字	100	已建
	19	新区特色商业街	洋川镇	300	拟建
	20	东门新市商业街	洋川镇	100	拟建
仁怀市	21	茅台白酒一条街	仁怀市		已建
	22	茅台杨柳湾特色商业街	仁怀市		已建
	23	仁怀风情街	仁怀市		已建
桐梓县	24	夜郎步行商业街	城中心	410	已建
	25	桐城·百味坊美食街	县城北面	1 200	在建
湄潭县	26	茗城外滩美食街	象山路	600	已建

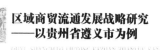

表7-1(续)

区域	序号	名称	区位	长度/米	建设性质
习水县	27	美食街	杉王一号旁	800	拟建
	28	中央大街	西城区转盘	1 200	在建
赤水市	29	河滨路滨水休闲街	河滨路太平新街至船厂段	2 000	已建
	30	贵福金街	贵福金街	600	已建
	31	飞龙广场步行街	赤水大道东侧,金斛路至赤金大道	260	已建
	32	赤水耍街	赤水大道南侧,瀑都大道以东	320	在建
	33	东门石沓沓街	北后街,古城北门至东正街段	200	在建
	34	旅游购物街	五洲国际赤水耍街西侧	350	在建
	35	大同商业步行街	大同古镇北侧	300	拟建
	36	复兴古镇步行街	复兴古镇	560	拟建
	37	官渡古镇步行街	官渡古镇	300	拟建
凤冈县	38	凤冈县饮食街	龙泉镇望湖路	500	已建
	39	凤冈步行街	龙泉镇和平路	400	已建
余庆县	40	体育广场夜市街	老城区	600	已建
	41	西部新城美食街	新城区	500	已建
务川县	42	保元商业步行街	新政府对面	800	已建
正安县	43	白茶古镇商业街	凤仪镇山峰村	600	在建
	44	吉他风情街	凤仪镇快速通道	650	在建
道真县	45	林达步行街	县城	200	已建
	46	仡佬文化园商业街	仡佬文化园	300	拟建

三、商品交易市场

（一） 商品交易市场概述

1. 商品交易市场的概念

在《中国商品交易市场统计年鉴》中，商品交易市场是指全国乡镇及以上经政府主管部门批准，有固定交易场所、相应设施及服务机构，有若干经营者入场经营，进行经常性交易，分别纳税，并设有专职管理人员，由市场经营管理者负责经营管理，实行集中、公开商品交易的场所。

2. 商品交易市场的分类

商品交易市场按照不同的分类标准有各种不同的分类方式。

从销售方式看，商品交易市场包括批发市场和零售市场（终端消费市场）。随着商品交易需求的变化，商品交易市场还存在批零兼营市场。

从经营主要商品看，商品交易市场包括农产品交易市场、工业消费品交易市场和生产资料交易市场。

从市场形态看，商品交易市场包括专业市场和综合交易市场。

根据《中国商品交易市场统计年鉴》的标准，商品交易市场可以进行以下划分：

（1） 按市场类别划分

按市场类别划分，商品交易市场分为综合市场（包括生产资料综合市场、工业消费品综合市场、农产品综合市场、其他综合市场等四类）和专业市场（包括生产资料市场，农产品市场，食品、饮料及烟酒市场，纺织、服装、鞋帽市场，日用品及文化用品市场，黄金、珠宝、玉器等首饰市场，电器、通信器材、电子设备市场，医药、医疗用品及器材市场，家具、五金及装饰材料市场，汽车、摩托车及零配件市场，花、鸟、鱼、虫市场，旧货市场，其他专业市场13类）。

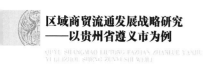

（2）按营业状态划分

按营业状态划分，商品交易市场分为常年营业市场、季节性营业市场、其他市场。

（3）按经营方式划分

按经营方式划分，商品交易市场分为以批发为主的市场和以零售为主的市场。

（4）按经营环境划分

按经营环境划分，商品交易市场分为露天式市场、封闭式市场、其他市场。

根据遵义市商品交易市场的实际状况，为便于统计分析，本书将遵义市商品交易市场划分为以下三类：

第一，生产资料市场，包括钢材、木材、石材、玻璃、化工、皮革、农资、再生资源、五金机电、机器设备、汽车摩托车整车及配件用品的专业和综合交易市场。

第二，工业消费品市场，包括纺织、服装、鞋帽、日用小商品及文化用品、电器电子通信设备、医药医疗用品、家居装饰及建材陶瓷的专业和综合交易市场。

第三，农副产品市场，包括粮、油、肉、菜、果、茶、水产品、小食品及副食品以批发为主或批零兼营的专业和综合交易市场，乡镇农贸（集贸）市场和区县中心城区菜市场。

3. 商品交易市场发展的典型模式

商品流通网络经过多年的发展，逐渐形成了具有自身特色的严密系统。纵观国际商品交易市场的发展，一个典型的共同点就是各种传统的、现代的流通组织和流通方式共存，既相互竞争又相互补充，并在此过程中不断发展。商品交易市场主要承载批发功能，其发展模式主要有以下几种：

（1）向购物中心形式发展的商品交易市场

商品交易市场从其产生和存在的根本原因看是联结小规模生产和小规模需求，但是在消费至上的社会，消费者对购物环境和方便程度的需求同样影响商品交易市场的交易主体。因此，商品交易市场不仅从事批发和零售的混合业务，而且在交易环境、市场管理等方面日益向购物中心模式靠拢。这种趋势也表明传统流通方式在现代技术和管理的影响下与现代流通方式的融合。

（2）商户与商户关系稳定的商品交易市场

这类商品交易市场从形式上看与其他交易市场并无不同，市场内秩序井然，各家商户规模相差不大，只做批发生意。但是，如果涉及具体交易就会看出这类市场的鲜明特色，即各家商户有着非常稳定的客户，这些客户在周围从事零售经营，一般是"夫妻店"等小型零售商店。市场内商户与零售客户的关系稳定而长久。由于零售店的经营规模通常不会发生变化，因此交易市场内的批发商户所经营商品的品种甚至营业额也基本不会发生变化，商户的功能就是给自己所联系的几家零售店进行集中采购，使得小规模的单体零售商店能够享受到集中采购的价格优势。这种稳定性使得商品交易市场有了稳定的生产空间。同时，由于商品交易市场所辐射的范围内小型零售商店基本饱和，因此商品交易市场也不再有扩大发展的空间。

（3）进行专业订货的综合类商品交易市场

这类商品交易市场没有驻场的固定商户，却完完全全行使商品交易市场的功能。这类商品交易市场的核心是信息网络，即通过信息网络市场成功组织各类专业订货会。因此，每一天这类市场都会成为某一类商品的专业交易市场。例如，某日是鞋子的专业订货会，这类商品交易市场在订货会之前会进行充分的信息交流。订货会当天，各种品牌的协作生产企业会进场展示它们生产的鞋子并接受订货，而需要鞋子的客户则会云集而来选货订货。订货会结束后就会人去楼空，只剩下一个空市场，第二天该市场将成为另一种商品的交易场所。这类商品交易市场依靠强大的信息处理能力，既省去了批发商经营环节，又实现了批发功能，为规模较小的生产者和需求者提供了便利。

（4）以文化或体验为特色的商品交易市场

这类商品交易市场是根植于人文地理层面上的市场，是经济与文化相结合的产物。这类商品交易市场通常与旅游业相生，在旅游胜地或名胜景观周边选址建设，以当地人作为商品的生产者和经营者，以游客为客户。这类商品交易市场所承载的不仅是经济功能，更主要的是特定地域文化和传统艺术的传播。这类商品交易市场比较稳定，没有积极的现代化倾向，也不拓展更宽泛的领域，甚至市场的商户并不以此作为谋生的根本手段。

4. 商品交易市场发展的趋势

（1）专业化趋势

在商品交易市场中，综合型商品交易市场的数量、交易额将呈下降趋势，而专业型商品交易市场的数量、交易额则呈增长势头，商品交易市场向深度扩展，专业化市场的发展空间越来越大。随着市场的细分，专业化市场形成了各自不同的特色，特色化趋势明显，如商流市场、物流市场、网上市场、现金交易市场、远期和期货交易市场、会员制市场、交易所式市场等。商品交易市场的不同模式已成为市场核心竞争力的重要内容之一。

（2）现代化趋势

随着计算机和网络技术的普及，商品交易市场向现代化方向发展，信息化改变了市场的交易模式和管理方式。最明显的就是网上电子交易市场的发展。电子交易市场有两种模式：一种是在传统商品交易市场的基础上建立电子市场，发展供应链，向生产领域延伸或向零售商店和消费者延伸，扩大交易市场的商圈和辐射范围。这种模式具有较大优势，而且传统的商品交易市场聚集众多人气，有一定的品牌效应。另一种是纯粹的电子交易市场，一般由网络公司建立。

（3）多功能趋势

随着商品交易市场的发展，商品交易市场的功能越来越完善，这是社会由以生产为中心向以消费需求为中心转变的结果。现代商品交易市场的宏观功能包括引导生产和消费、规避价格波动、吸纳就业、提供税收、名牌孵化、新品开发、孵化企业家、市场旅游、城市名片等，微观功能包括提供交易环境、商品聚散、信息发布、价格发现、商品展示、商品结算、经济信用、质量检测、商品配送、进出口代理、配套服务等。

（4）外迁化趋势

大型专业市场和批发市场向城市外围区域搬迁既是城市发展的需要，也是市场自身发展的需要，并成为一种必然趋势。随着城市化进程的加快，城区原有的大型市场日益受城市环境、交通和土地资源的制约而难有扩容提升的空间，辐射功能大打折扣。同时，日趋升高的土地级差地租与低水平的市场租金收入也越来越不成正比。为了实现城市发展和商品交易市场自身提升的双重需要，市场开始转向城市外围发展。

（二）　遵义市商品交易市场发展基本情况

遵义市商品交易市场发展迅速，规模不断扩大。截至 2016 年年底，遵义市共有亿元商品交易市场 20 个。其中，10 亿元商品交易市场 8 个，亿元以上商品交易市场交易额为 252.62 亿元。遵义市市场专业化程度不断提升，建成遵义国际商贸城、新雪域农产品交易市场、遵义黔北国际汽车博览中心、湄潭中国茶城、富邦家装商城、红星美凯龙家居生活馆、习水五洲国际商贸城等一批大型专业市场。遵义市商品交易市场在快速发展的同时仍面临许多问题和挑战。总体来看，市场以数量扩张为主，且以传统交易为主导，市场结构性矛盾较为突出，尤其是当前市场规划建设中出现的一些突出问题，成为商品交易市场发展中亟待解决的问题。

1. 市场发展缺少总体规划

遵义市商品交易市场发展具有较大的随意性，缺乏规划引导，空间布局不合理，市场发展压力较大。商品交易市场布局不仅要考虑当地的市场结构，注意到周边软、硬件结构，同时也要兼顾区域集散能力与社会承受能力。遵义市商品交易市场主要布局在经济繁华地区，这种单从经济角度出发的布局方式已造成城市交通压力和环境压力等问题，限制了商品交易市场自身的发展。同时，经营业态重复雷同、重复布局现象也普遍存在。一些区县为了局部利益，相继规划了一批市场项目，相邻地区缺乏协调发展，不能充分利用和整合资源，难以发挥规模集群效应，导致各大市场自成体系，推高成本，造成资源浪费。

2. 市场专业化程度较低

近年来，遵义市商品交易市场快速发展，市场规模不断扩大，但市场专业化程度不高，尤其是具有鲜明特色的市场不多，经营商品雷同化现象比较普遍。部分区县追求大而全的综合商品交易市场，相应地出现了一些大规模的商品交易市场，原来的市场正在被占地更大的市场替代。这些市场投资忽视了市场细分，给市场的可持续发展带来了风险。

3. 市场运作方式较为落后

绝大多数商品交易市场采用"摊位式"交易，商品交易市场价格由买卖双方一对一谈判而形成。这种个别协商形成的价格难以保证价格的公正性，不能完全反映供求关系，产地与销地缺乏一种成梯度的有机结合的关系，市场利润分割不透明，价格波动过大。同时，市场组织化程度低，以初级交易为主的传统经营方式和经营业态形式大量存在，大多数市场的结算方式以即期结算为主，而市场集中结算、吸引银行部门进场办公和代理结算方式较少，许多先进的结算形式尚未被采用。

4. 市场功能较为单一

遵义市商品交易市场以发挥产品交易功能为主，商品的展示功能、价格形成功能、品牌培育功能、产业集群功能有待加强。许多商品交易市场尚未形成价格中心，商品的展示功能也没有充分发挥，在促进城市建设方面作用较小。大多数商品交易市场品牌意识不强，商品交易市场在全国的名声并不大且排名也较为靠后，市场内经营的知名品牌与自主品牌无论在数量上还是种类上，都有待进一步培育和发展。商品交易市场没有充分发挥促进产业集群的功能。

（三）遵义市商品交易市场发展目标

遵义市应完善"一核四带"商品交易市场空间布局，形成体系健全、布局合理、规模适度、功能完备的大型商品交易市场体系。到2025年，遵义市将共建商品交易市场147个，其中已建商品交易市场78个，在建商品交易市场29个，拟建商品交易市场40个；建成亿元级商品交易市场30个，其中10亿元级商品交易市场7~9个，50亿元级商品交易市场2~3个，100亿元级商品交易市场1~2个。

（四）遵义市商品交易市场发展总体思路

遵义市应站在黔川渝结合部中心城市的战略高度，充分认识商品交易市场对经济发展的带动作用，发挥黔川渝结合部的区位优势和交通优势，策划一批具有跨区域辐射功能的大型区域性专业市场项目，打造一批聚集效应显著、在黔川渝结合部地区具有较大影响力的专业市场集群，形成以市场集群为龙头，集综合市场、专业市场、特色卖场于一体，生产资料市场、工业消费品市场、农副产品市场协调发展的层次分明、功能完善、统一开放、竞争有序的现代商品交易市场体系。

（五）　遵义市商品交易市场发展布局

遵义市应形成"一核四带"的商品交易市场空间布局。"一核"，即中心城区规划建设商品交易市场核心区域，中心城区原则上不再新建大型商品交易市场，已建商品交易市场如无法开展交通物流组织，应有序外迁。遵义市应重点建设中国辣椒城、黔北农产品批发市场、新雪域农产品交易中心、遵义国际汽车博览城、遵义市医药产品交易中心等一批集商品交易、电子商务、现代物流、信息服务等于一体的现代化商品交易市场，形成遵义市商品交易市场核心；"四带"，即分别沿遵崇、贵遵高速公路南北向产业带，杭瑞高速公路东西向产业带，遵义至赤水高速公路西北向产业带，务正道高速公路东北向产业带，结合特色优势产业布局商品交易市场集群，形成商品交易市场发展拓展带。

（六）　遵义市商品交易市场发展重点

1. 推进商品交易市场转型升级

遵义市应引导商品交易市场进行功能创新，推进市场专业化提升和精细化改进，增强辐射影响力。遵义市应重点拓展市场综合服务功能，加强市场的商品展示、物流配送、信息服务、中心结算等功能，拓展研发设计、品牌孵化、价格形成、信息发布等服务功能，提升现代流通服务的能力和水平，带动产业集群发展。遵义市应建立以市场为依托，以产业为基础，集仓储、物流配送、旅游购物、流行趋势发布于一体的市场服务综合体。

2. 发展现代交易方式

电子商务的发展对传统商品交易方式形成了冲击。随着商品交易市场规模的扩大，新型营销方式促使传统市场向现代市场转变，实体市场与网络市场相结合，线上交易与线下体验相融合，交易模式电子商务化已成为各类商

149

品交易市场未来发展的重点。因此，遵义市应积极引导商品交易市场开展拍卖、招标、期货、电子商务、集中委托上市等现代交易方式，鼓励发展适合商品交易市场自身特点的网上交易模式，改进传统现货对手交易方式，提高商品交易规模和效率，降低交易成本；加强移动互联网、物联网、云计算等技术的应用，完善交易支付安全认证、移动支付、物流配送等支撑体系，推进实体市场与电子商务深度融合；积极培育和引进网商，推行商户同步入驻实体市场与电子商务平台，鼓励商户主动对接网上市场，实现线上与线下融合发展，使商品交易市场成为网上采购平台和实物体验平台。

3. 打造大型商品交易市场集群

根据《遵义市（四大）区域生产力布局规划纲要》的要求，遵义市将建设以白酒、电子信息、能源原材料、现代服务业、文化旅游业五大千亿元产业为主导的产业体系。遵义市应积极利用这些产业的品牌效应和产业基础雄厚的优势，沿产业链延伸，在供销两个方面找准切入口，依托这些产业发展商品交易市场或市场群。根据国内商品交易市场发展的成功经验，依托生产基地或产业群发展成功的市场往往是生产资料类市场，因此遵义市应重点发展生产资料类商品交易市场。

4. 完善商品交易市场物流体系

商品交易市场最基本的功能是商品集散功能，实质上就是物流功能。物流功能的实现是影响交易市场商业产业集群及与其共生的制造业产业集群竞争力的重要因素。因此，遵义市应利用商流和物流不可分割的内在机理，充分发挥区位、交通和物流业发达的综合优势，发展依托相关物流业的专业或综合的商品物流配送中心和展贸物流配送中心，形成商流和物流相互辉映、相互促进、共同发展的商品集散基地。同时，遵义市应鼓励和引导在建及新建市场与工商产业、各级重点物流园区紧密结合，建立现代物流体系，实现市场与物流园区在展示批发、物流配送、流通加工、信息化等方面的功能一体化和联动发展，实现市场仓储物流信息一体化。

5. 提高商品交易市场组织化程度

遵义市应鼓励商品交易市场完善法人治理结构，建立现代企业制度；鼓励有条件的市场进行股份制改造，通过上市融资、发行债券等途径，增强资本实力，提高市场改造提升、对外拓展、兼并收购的能力。遵义市应提高进场商户的企业组织化程度。现代商品交易市场应是大中型批发企业的集合，因此遵义市应引导市场积极引进大型、公司组织形式的商户进场，积极扶持市场内龙头商户迅速成长壮大，帮助其提高经营管理水平，向外界和客商大力宣传和推广龙头企业，以龙头商户带动市场内商户组织化程度的提高。

遵义市商品交易市场基本情况汇总如表7-2所示。

表7-2 遵义市商品交易市场基本情况汇总

区域	序号	市场名称	建设性质
一核市场群			
红花岗区	1	脑百信电脑城	已建
	2	遵义富华家居博览中心	已建
	3	金源家具城	已建
	4	瑞安家居广场	已建
	5	金三角精品建材城	已建
	6	新世界建材城	已建
	7	天宇建材市场	已建
	8	延安路建材市场	已建
	9	沙河小区批发市场	已建
	10	苟家井批发市场	已建
	11	黔北果蔬批发大市场	已建
	12	遵义新天地橱柜市场	已建
	13	中国名酒城	已建
	14	遵义二手车交易市场	已建
	15	中新灯饰洁具城	已建
	16	太升灯饰布艺广场	已建
	17	布拉格顶级家居布艺广场	已建
	18	好百邻时代广场	已建
	19	八五厂钢材市场	已建
	20	万福桥钢材市场	已建
	21	白杨建材市场	已建

表7-2(续)

区域	序号	市场名称	建设性质
汇川区	22	罗庄家具批发市场	已建
	23	欧化美家美居广场	已建
	24	杭州路花鸟市场	已建
	25	杭州路茶叶市场	已建
	26	长沙路汽车市场	已建
	27	董公寺杭凌商用车市场	已建
	28	遵义国际汽车贸易城	在建
	29	汇川区农产品批发市场	拟建
	30	汇川区汽车后服务市场	拟建
	31	汇川区二手车交易市场	拟建
	32	汇川区家具建材市场	拟建
	33	汇川工业及电子产品交易市场	拟建
	34	汇川大数据信息技术交易中心	拟建
	35	高桥花卉专业市场	拟建
	36	汇川区惠民生鲜市场	拟建
	37	西南红木家具博览城	拟建
	38	汇川区国际品牌专业批发商城	拟建
播州区	39	播州国际建材城	已建
	40	鸭溪商贸城	已建
	41	黔北鸭溪大牲畜交易市场	已建
	42	万豪世贸城建材市场（A区）	已建
	43	欧化家居广场	已建
	44	黔北国际汽车博览交易中心	已建
	45	播州机电城	拟建
	46	九龙国际建材城	在建
	47	西南钢材机电城	在建
	48	万豪世贸城	在建
	49	湘源国际五交化机电城	在建

表7-2(续)

区域	序号	市场名称	建设性质
新蒲新区	50	干辣椒专业批发市场	已建
	51	礼仪钢材市场	已建
	52	中桥钢材建材市场	已建
	53	酒类交易市场	已建
	54	虾子辣椒市场	已建
	55	遵义禽类定点屠宰交易市场	已建
	56	东城国际建材城	在建
	57	九月和生活广场	在建
	58	新浦商用车市场	在建
	59	宝源二手车市场	在建
	60	新浦新区二手车交易市场	在建
	61	中国辣椒城	在建
南部新区	62	新雪域农产品交易市场	已建
	63	遵义绿色农产品交易中心	已建
	64	黔北国际五金机电城	已建
	65	遵义国际商贸城	已建
	66	遵义富邦家装商场	已建
	67	南方家居遵义直营店	已建
	68	博源果蔬批发市场	已建
	69	遵义二手车交易市场	已建
	70	遵义市再生资源交易市场	已建
	71	遵义国际商贸城五金机电城	已建
	72	遵义医药产品交易市场中药材交易市场	已建
	73	遵义金土地绿色农产品交易中心	已建
	74	遵义国际商贸城家居装修综合市场	在建
	75	遵义市医药产品交易中心	在建

表 7-2（续）

区域	序号	市场名称	建设性质
南北向市场群			
绥阳县	76	万丰国际建材家居市场	已建
	77	辣椒市场（东环路）	已建
	78	万丰国际建材城（二期）	拟建
	79	新城区汽车交易市场	拟建
	80	绿洲农产品商贸城	在建
	81	西部汽贸园	在建
	82	中国金银花大市场	在建
桐梓县	83	娄山关国际商贸城	已建
	84	军民桥果蔬批发市场	已建
东西向市场群			
凤冈县	85	美佳天地建材城	已建
	86	湘黔国际商贸城	已建
	87	有机食品城	已建
	88	黔东北大牲畜交易市场	已建
	89	西南水暖卫浴城	拟建
	90	无公害有机蔬菜交易市场	在建
	91	凤冈有机食品城	在建
余庆县	92	黔中果蔬检测批发交易中心	已建
	93	美佳天地家居建材市场	已建
	94	龙溪镇商贸城	在建
	95	农特产品交易服务中心	在建

表7-2(续)

区域	序号	市场名称	建设性质
湄潭县	96	汽车汽配市场	已建
	97	亿佰汇家居建材市场一期	已建
	98	中国茶城绿茶交易市场	已建
	99	湄潭县果蔬市场	已建
	100	天城镇辣椒市场	已建
	101	永兴镇辣椒市场	在建
	102	季皇农产品交易市场	在建
	103	黔北鑫晟农机交易市场	在建
	104	亿佰汇建材家居五金批发城	拟建
	105	滨江时代小百货市场	拟建
西北向市场群			
仁怀市	106	报废汽车资源回收交易市场	已建
	107	二手车(旧机动车)交易市场	已建
	108	再生资源交易市场	已建
	109	盛世龙城酒类包材交易市场	已建
	110	酱香酒交易中心	已建
	111	上亿国际商贸城	已建
	112	南部新城汽车交易市场	已建
	113	酒类交易市场	在建
	114	农产品交易市场	拟建
习水县	115	五洲国际	已建
	116	黔北农副产品交易市场	拟建
	117	黔北汽贸城	拟建
	118	红星美凯龙	拟建
	119	习水汽车贸易城	在建

表7-2(续)

区域	序号	市场名称	建设性质
赤水市	120	汽车商贸综合体	已建
	121	特色旅游商品交易中心	已建
	122	黔北药业药材综合批发市场	已建
	123	五洲国际商贸城	已建
	124	农副产品综合市场	拟建
	125	粮油市场	拟建
	126	花卉市场	拟建
	127	小商品市场	拟建
	128	旧货市场	拟建
	129	生产资料交易市场	拟建
	130	再生资源交易市场	拟建
	131	二手车交易市场	拟建
	132	西南竹业交易市场	拟建
	133	荷塘花卉超市	拟建
	134	赤水海宁皮草城	拟建
	135	中南家居建材城	拟建
	136	恒达车世界	拟建
	137	汽贸市场	拟建
东北向市场群			
正安县	138	凤仪城区果蔬批发市场	在建
	139	正安家具城	在建
	140	正安白茶城	在建
道真县	141	浙商家居建材城	在建
	142	农产品综合交易市场	拟建
	143	茶叶交易市场	拟建
	144	中药材交易市场	拟建
	145	汽车交易市场	拟建

表7-2(续)

区域	序号	市场名称	建设性质
务川县	146	特色农产品交易市场	拟建
	147	二手车交易市场	拟建

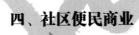

四、社区便民商业

（一） 社区便民商业概述

1. 便民商业的概念及特点

便民商业是一种以社区为载体，以社区范围内的居民为服务对象，以便民、利民为目的，满足和促进居民综合消费的属地型商业。

便民商业具有以下特点：

（1）地域性

便民商业指向性十分明确，主要向住宅小区或住宅小区集聚区的居民提供综合性服务。提供餐饮、美发、保健、教育等不同便民商业服务的企业在一定地域范围内聚合可以产生聚合效应，具有一定的外向性，能够辐射区域以外的消费者。

（2）聚合性

便民商业汇集购物中心、百货店、超级市场、便利店、仓储店等多种业态，餐馆、美容店、美发店、茶楼、宠物店、洗衣店、综合服务平台等多种业态，购物、餐饮、休闲、娱乐、缴费充值等多种服务，是商业业态、业种、功能的高度聚合，为居民或外来消费者提供综合性便民服务。

（3）日常性

便民商业主要为特定区域居民提供日常消费品和服务，基本满足居民衣、食、住、行的日常消费需求，如日杂用品、小家电、餐饮、洗染、洗浴等，一般不经营高档奢侈品与技术性强、单价高的耐用消费品，呈现出交易频次高、交易快速、成交概率高的特点。

（4）重复性

便民商业的目标顾客是本区域的常住居民，因此往往根据本区域居民特定的收入水平和消费习惯，提供适销对路的商品或服务。因为离家近及日用消费品消耗快，所以社区居民往往会对便民商业产生品牌忠诚，在同一家店重复购买。

2. 便民商业的类型

依据不同的分类标准，便民商业可以划分为不同的类型。常见的便民商业的类型如下：

按照便民商业业态不同，便民商业可以划分为购物中心、百货店、超级市场、综合超市、便利店、折扣店、社区购物中心等多种商业业态。购物中心、百货店、超级市场等资本规模较大的商业业态一般出现在发展较为成熟的区域，区域内居民收入水平较高、消费能力较强。

按照便民商业业种不同，便民商业可以划分为餐馆、美容店、美发店、茶楼、宠物店、洗衣店、综合服务平台等多种商业业种。不同的商业业种往往在某一区域内集聚发展，满足居民综合性生活需求。

按照组织形态不同，便民商业可以划分为独立商店与连锁经营商店。独立商店的特点是由业主自主经营、资本投入较少、规模较小、商品种类少且经营范围狭窄。连锁商店的特点是由总店授权经营管理、资本投入较大、规模较大、商品种类较多、经营范围较广。

按照商品经营范围不同，便民商业可以划分为专业商店与综合商店。专业商店是指专门经营某一种或某一类商品为主的商店，这种商店的名称往往直接体现出主要商品类别，如文具店、烟酒店、火锅店等。综合商店是指同时经营两种及两种以上商品的商店，即能满足顾客一站式购物需求的商店。典型的综合商店包括超级市场、综合超市、便利店等。

按照便民商业的地域范围不同，可以划分为便民商圈与便民商业街。便民商圈是指依赖居民集聚地，以零售店铺为主，以其他相关店铺为辅的众多店铺集聚的街区。便民商业街是便民商圈中的一条或数条以人行为主的道路。

便民商圈或便民商业街是便民商业的集聚形态，具备较强的辐射能力，满足居民的购物与休闲娱乐需求，并可以繁荣城市经济，改善城市景观。

3. 便民商业的功能

（1）便利居民生活

这是便民商业的首要功能，也是最基础的功能。在日常生活中，广大居民总是追求消费的便利性与广泛性，呈现出购买批量小、购买种类多、购买频率高、选购时间短的特征，希望以最小的购物成本购买到最称心的商品组合。因此，居民直接与生产商或批发商交易，或者到城市商业中心购买的交易成本很高，基本上难以实现。便民商业应运而生，充当生产商、批发商与居民之间的媒介，从生产者、批发商那里大量购买日常消费商品，选择邻近居住区的地点销售商品，便利居民购买。随着居民收入水平的提高，居民对休闲娱乐服务的需求也越来越高，便民商业还提供各种休闲娱乐服务设施，如照相馆、洗浴中心、健身房、美容美发店、酒吧、宾馆等，为居民提供休闲娱乐服务的场所。

（2）拉动城市经济

便民商业是城市商业经济的重要组成部分，是城市流通网络的重要节点，对匹配生产与消费、加速商品快速进入消费过程，具有巨大的推动作用，从而使生产企业能够迅速回笼资金、壮大实力。便民商业因为其在区域内服务功能的聚合性，可以产生商店之间销售的外部性，有效刺激城市居民消费。便民商业对就业人员的准入门槛较低，其发展能够有效地带动就业。同时，便民商业还能够增加地方税收，对城市经济的发展做出不小的贡献。

（3）改善城市景观

便民商业是城市设施、城市环境风貌中的重要组成部分，是城市整体风貌的局部缩影。一般而言，通常会有一个共同的管理机构对便民商业进行规划与管理，从交通上具体考量公共交通、停车场及货运车辆的通行；从规模上综合考察便民商业区域周边环境（流动人口、历史文化、公共基础设施等）、发展潜力、空间结构、城市规划；从风格上特别突出便民商业的风格定位，并组织相应的店铺组合。因此，便民商业的产生与发展依赖城市的发展历史、空间结构、公共基础设施等物质与历史基础，从而又反作用于城市发展，改善城市景观。

4. 社区便民商业服务设施

社区便民商业服务设施的设置应与城市总体规划及商业网点规划相协调。社区便民商业服务设施的建设规模应以宜居生活为原则，与社区居住人口规模相匹配，功能业态组合合理。

（1）设置标准

社区商业按居住人口规模和服务范围不同，可以划分为小型社区便民商业中心、中型社区便民商业中心和大型社区便民商业中心。各级社区商业设置规模可以参照表7-3的规定，社区商业的功能、业态组合可以参照表7-4的规定。

表7-3　社区商业分级

分类	指标		
	商圈半径/千米	服务人口/人	商业设置规模 （建筑面积）/平方米
小型社区便民商业中心	≤0.5	1万	≤1万
中型社区便民商业中心	≤1	2万	≤2万
大型社区便民商业中心	≤1.5	3万	≤3万

表7-4　社区商业的功能、业态组合

分类	业态组合		
	功能定位	必备型业种及业态	选择型业种及业态
小型社区 便民商业中心	保障基本生活需求，提供必需生活服务	菜店、食杂店、报刊亭、餐饮店、理发店、维修、再生资源回收店	超市、便利店、图书音像店、美容店、洗衣店、家庭服务等
中型社区 便民商业中心	满足日常生活必要的商品及便利服务	菜市场、超市、报刊亭、餐饮店、维修、美容美发店、洗衣店、再生资源回收店、家庭服务、冲印店	便利店、药店、图书音像店、家庭服务、照相馆、洗浴、休闲、文化娱乐、医疗保健、房屋租赁等中介服务等

表7-4(续)

分类	业态组合		
	功能定位	必备型业种及业态	选择型业种及业态
大型社区便民商业中心	满足日常生活综合需求，提供个性化消费和多元化服务	百货店、综合超市、便利店、药店、图书音像店、餐饮店、维修、美容美发店、洗衣店、沐浴、再生资源回收店、家庭服务、照相馆	专卖店、专业店、旅馆、医疗保健、房屋租赁等中介服务、宠物服务、文化娱乐等

（2）功能要求

超市环境应符合 GB/T 17110 和 SB/T 10400 中的规定，其他购物服务设施应符合相应的规定，为居民提供便利、安全的购物环境。餐饮服务设施应为社区居民提供便利、安全的餐饮服务。药店开设应符合有关要求，遵循合理布局、方便群众购药、安全经营等原则。其他社区商业设施应满足相应的法规和标准。

5. 社区便民商业的发展趋势

（1）O2O 化

"互联网+"时代的到来，极大地节约了消费者的购物成本，改变了消费者的购物方式。越来越多的消费者使用移动通信设备或互联网完成购物活动，即采用O2O 模式购物。随着生活节奏的加快，更多居民为节约交易成本，会进一步把一些消费环节外包给O2O 商店，如"e 袋洗""e 车洗""阿姨帮"等生活服务类O2O 平台，引领了便民商业的发展趋势。房地产商主导的生活服务类O2O 平台将会成为社区便民商业发展的主要模式，通过线上开发应用程序，线下整合便民商业资源，发挥线上导流、线下供应的协同效应。

（2）融合化

零售的本质是购物、娱乐与社交。依据自己的企业定位或经营品类，通过零售业态或零售功能的融合，不同程度地突出购物、娱乐与社交三方面本质，成为以零售为主的便民商业的发展趋势之一。例如，电影院内的借阅图书专柜，为消费者提供了等待电影播放时的另一种娱乐途径。

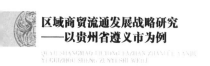
（3）公益化

随着生活水平的不断提高，居民消费需求从物质消费转向精神消费，产生对文化、教育、养老、社交等服务功能的需求，图书馆、老年大学、社区养老院等带有公益性质的新业态开始出现。但是，这些带有公益性质的新业态不能完全靠市场自发调节形成，由政府来提供往往又缺乏效率。因此，便民商业的发展将更多地采用政府支持下的社会化运作模式。

（二） 遵义市社区商业发展基本情况

1. 社区商业缺乏规划引导

由于缺乏规划引导，社区商业存在诸多隐患。一是遵义市社区商业布局以分散式为主，商业沿街线型展开，商业街主要分布在步行线和交通线上。这种布局带来了人车混杂、交通拥堵、嘈杂扰民、乱停车等问题，影响社区居民生活质量。二是商业网点的布局不适应社区商业的发展。社区商业应与社区居民的住宅有适当的分离，才不会对居民的生活产生影响。遵义市大多数社区商业设施位于居民楼的底层，部分餐饮门店造成的环境脏乱差及噪声、空气污染对居民生活产生负面影响。三是大多数社区业态仍以餐饮、超市、美发店等传统业态为主，无法满足居民休闲娱乐需求。

2. 社区商业业态结构不均衡

遵义市社区商业业态以市场自发调节为主，导致某些业态过度发展，与居民生活服务需求相矛盾。例如，业主为追求租金收益最大化，将商业门面租赁给承租能力较强的汽修店等业态，导致汽修店布局占比过高，不仅不会对居民生活质量提高带来明显好处，甚至还会产生噪声、占用人行道、环境污染等影响。同时，由于社区商业设施相对较少，布局过多的汽修店会对教育、医疗、养老等具有公益性质的便民商业产生"挤出效应"，使这些能够直接提高居民生活质量的便民商业得不到发展。

3. 社区商业功能不完善

随着遵义市城市建设的快速推进，大量居住新区和大型楼盘不断涌现，但社区商业建设并没有跟上城市发展的步伐。老社区商业配套缺乏，存在吃放心早餐难、就近买菜难、家用维修难、大宗购物难、家政服务难等问题，新建社区由于缺乏大型社区商业示范龙头企业，也存在业态不齐全，商业品牌品种少、档次低等问题，尚未真正达到"便利消费进社区、便民服务进家庭"等社区商业要求。

（三） 遵义市社区商业发展目标

遵义市应按照"购物不出区"的要求，优化社区商业结构和布局，实现社区商业全覆盖。遵义市应着力打造"一刻钟便民服务圈"，形成每个社区有1个服务中心、1家以上连锁便利超市、1个菜市场，人口较集中的社区有1个综合性的社区商业中心。社区生活必需品终端覆盖率达到95%以上，居民对社区商业设施建设的满意度达到98%以上，社区电子商务覆盖率达到80%以上。

（四） 遵义市社区商业发展总体思路

遵义市应以"便民利民，改善民生"为主线，以提高居民对社区商业设施的满意度为核心，新建培育和改造提升并举，政府引导和市场运作相结合，科学规划社区便民商圈。遵义市应按照"51015"的建设标准，合理布局社区网点，打造"一刻钟便民服务圈"，实现5分钟可达便利店和各类服务网点、步行10分钟可达超市或餐饮店、驱车15分钟可达购物中心。遵义市应完善必备型业态，发展选择型业态，进一步增强社区服务供给能力，做到服务供给规范化、连锁化、品牌化，向体验型、共享型发展，支持"互联网+生活性服务业"融合发展，积极发展线上线下、体验共享、养老服务等社区服务供给新业态，提高居民生活便利化、宜居化水平，打造优质、便民、利民的新型社区商业体系。

（五） 遵义市社区商业发展布局

遵义市应本着规模适度、布局优化的原则，按照"51015"便民商业建设目标及"购物不出区"的建设要求，结合城市建设及棚户区改造，形成由大、中、小型社区便民商业中心构成的层次分明、规模适度、布局合理的社区商业空间体系。对服务人口众多且分布集中的地区，布局社区商业中心原则上1个社区布局建设1个社区商业中心，拥有1个服务中心、1家以上连锁便利超

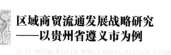
市、1 个菜市场。人口较少的社区可以 2~3 个相邻的社区共同布局建设 1 个共享社区商业中心。新建社区商业中心应按"商住分离、集中打造"的原则建设社区商业综合体。

（六）遵义市社区商业发展重点

1. 加强便民商业规划设计

遵义市应制定社区便民商业发展规划，加大规划设计执行力度，重点关注以下几个方面：一是解决交通难题，尽量不要在通道两边或人行道上设置临时停车场，可以将停车场设置于建筑屋顶或地下，或者建设立体停车场；二是合理规划便民商业规模，综合考虑区域内居民流动人口、历史传统、便民商业发展前景、区域空间结构和城市规划等因素；三是科学选址便民商业，应选址在居民区或邻近居民区的周边地区；四是合理设计便民商业的整体风格与店铺组合，使便民商业的整体风格取决于便民商业的主题或功能定位。遵义市要确定便民商业的主题是专业性的还是综合性的，是传统的还是现代的，依据便民商业的主题设计便民商业环境，包括步行街道、商店的整体装饰与建筑风格等；同时，依据不同便民商业区域的功能定位，通过搭配商业业态与业种，凸显相应的功能。

2. 推进便民商业设施建设

便民商业设施建设是推进便民商业建设的重要物质保障。遵义市要做好以下几方面的工作：一是要科学规划社区便民商业设施，完善社区商业中心规划，做到布局合理、业态齐全、功能完善、消费方便；二是加快推进项目建设，培育一批连锁化、规范化的社区服务企业，建设一批综合超市、标准化菜市场、社区便民店、早点快餐店等便民商业设施；三是抓好城市电子商务物流末端配送试点工作，整合末端配送资源，解决"最后一公里"问题，发展网上交易、网上服务和送货上门、送餐上门、修理上门服务等。

3. 完善便民商业综合功能

随着居民生活水平的提高，日常生活消费已不能满足居民日益增长的服务、休闲、娱乐消费需求。美国、日本、英国等发达国家便民商业发展实践表明，便民商业业态业种呈现出多元化的特征，不仅要有传统的便民商业，更要有公共图书馆、电影院、老年教育、音乐培训、游乐场等各种便民设施。因此，遵义市在发展便民商业时，应注意融入服务、休闲、娱乐元素，发展餐饮、家政、托幼、育婴、月嫂、养老、医疗、保健、文娱、维修等社区商贸服务，满足居民的综合消费需求。

五、乡镇商业

（一）　乡镇商业概述

1. 乡镇商业的内涵

乡镇商业是以地域内和周边居民为主要服务对象的商业形态，具有较强的地域性，以提高乡镇居民生活质量、满足居民综合消费为目标，提供居民日常生活需要的商品和服务的属地型商业。

2. 集镇商圈

集镇商圈一般建立在乡镇居民集聚区，辐射范围及商业体量规模较小，主要为本区域居民日常生活提供便利，满足基本生活类消费需求。

3. 乡镇商业建设标准

乡镇商业建设应重点实施"十个一"建设工程，即建成一个中心商圈、一条商业特色街、一个综合批发市场（专业、特色市场）、一条餐饮娱乐夜市街、一个商业示范社区、一个物流配送中心（园区、基地）、一家龙头连锁商贸企业、一家三星级以上宾馆、一家餐饮名店、一个品牌展览会。

乡镇商业建设应完善商业设施建设，规范商业业态和建设标准。乡镇商业建设应重点发展连锁综合超市、连锁折扣百货店、品牌专卖店等新型业态，推广连锁经营、电子商务等新型经营方式，发展家政、洗染、保健、废旧物资回收、房地产中介、典当等新型服务业。

规模以上零售商店、商品交易市场、农贸市场和餐饮店等商业网点的建设个数和单体规模建设要求如下：零售商店 3 000 平方米以上 3~5 个，1 000~3 000平方米8~10 个，500~1 000 平方米 10~15 个；商品交易市场 3 000 平方米以上 2 个，1 000－3 000 平方米 3~5 个；农贸市场 3 000 平方米以上 2 个，1 000~3 000 平方米 2~3 个；餐饮店 500 平方米以上 3~5 个，100~500 平方米 5~10 个。

（二） 遵义市乡镇商业发展基本情况

通过改造优化传统经营网络，推进"万村千乡市场工程"和"新网工程"经营网络建设，遵义市乡镇商业建设取得了长足发展，多元市场主体参与的流通体系已具雏形，便民利民成效显著。但是，各乡镇商业发展不平衡现象仍较严重，缺乏抓手、缺乏规划、缺乏龙头带动的现象客观存在，乡镇商业建设仍有待完善。

1. 商业基础设施有待完善

通过实施"万村千乡市场工程"，截至 2016 年年底，遵义市建成农家店2 743个，完成信息化升级改造 600 个，组织建设乡镇商贸中心 67 个，新建改造乡镇农贸市场 120 个，乡镇消费环境不断改善。但是，遵义市各乡镇商业发展不平衡现象较为严重，部分乡镇商业基础设施建设落后，一半左右的乡镇没有相对规范的农贸市场和适度规模的超市，不能满足居民生产生活所需，特别是一些偏远落后地区，商业设施缺乏已成为制约经济发展的梗阻。同时，经销商品价低质次、售后服务跟不上等问题在一定程度上降低了居民的消费欲望，居民生产、生活消费需要得不到很好满足。

2. 商业体系布局不尽合理

由于缺乏权威机构的统一规划和引导，大部分乡镇商业存在布局不合理、建设规模偏小、设施简陋、配套不全、重复建设和市场缺失等问题，以路为市、以棚为市，与"有场无市""有市无场"现象并存。在部分乡镇已建成的商业设施中，楼上住房、楼下小门面的情况较多，缺乏大型专业市场和可以承接大型商业企业入驻的商业设施，结构性矛盾较为突出。

3. 商业组织化程度不高

乡镇商业建设缺乏龙头企业带动，商业组织化程度不高。现有商业企业普遍存在规模小、组织散、实力弱等问题，加之人口居住较为分散，增加了连锁配送成本，使大型商业企业不愿参与乡镇商业建设。作为农资供应主渠道的供销社，整体实力仍然较弱，尤其是乡镇基层供销社资产规模较小、发展能力和带动能力不足，难以适应乡镇建设和发展需要。

4. 商贸流通业态发展滞后

乡镇商业仍以传统商贸流通业态为主，连锁经营、物流配送等新型流通业态发展相对滞后。乡镇商贸流通企业市场集中度、组织化程度和信息化程度较低，缺乏具有市级规模的乡镇连锁经营龙头企业，乡镇消费市场尚未真正进入现代流通经营阶段。

（三）　遵义市乡镇商业发展目标

遵义市应以城乡有机联结的市场体系为核心，以连锁经营、物流配送、电子商务等现代流通方式为手段，以商贸龙头企业为载体，完善日用品销售、农业生产资料供应、农产品流通、再生资源回收、生活服务、商务信息服务、文化服务、药品连锁等商贸服务体系，形成层次分明、布局合理、功能完善的乡镇商业发展格局。

（四）　遵义市乡镇商业发展总体思路

遵义市应按照统筹城乡发展要求，整合流通资源，拓展空间分布，以乡镇为基础，以村社为切入点，分层次推进乡镇商业发展。乡镇商业以"十个一"为建设标准，村级商贸综合服务网点以"一网多用"为目标，可以将村级日用品便民放心商店和村级农资便民放心商店选址在一起，也可以整合在组织部门牵头建设的村级社区公共服务中心内，拓宽经营范围。

（五） 遵义市乡镇商业发展布局

遵义市应完善乡镇商业空间布局结构体系，积极推进镇级商业设施建设，打造镇级商业服务平台，使之作为乡镇商业发展的第一层次；按照"万村千乡市场工程"和"新网工程"的要求，完善村级商业综合服务网点功能，打造村级商业服务平台，将其作为乡镇商业发展的第二层次。

（六） 遵义市乡镇商业发展重点

1. 积极推进集镇商圈建设

集镇商圈的基本空间结构要集中体现聚集性、综合性布局的特征，积极追求方便交易、商业与交通相协调以及传承历史文脉，塑造地域特色的布局目标。遵义市应根据土地供给的可能和传统商业空间格局，利用城镇地理中心、镇政府所在区域，规划建设集镇商圈，设立乡镇商业地标。集镇商圈可以以较大的商业网点为核心，也可以以步行街形式集聚众多商业网点而成，占地面积一般控制在0.2~0.5平方千米，重点对规模以上的零售商店、商品交易市场、农贸市场和餐饮店等商业网点的设立个数和单体规模进行规范。

2. 完善商业基础设施建设

遵义市应积极推进"十个一"建设，培育商业特色街，集中布局品牌连锁店、专卖店、专业店，集购物、商务、旅游、餐饮、休闲和文化娱乐于一体。百货店、大中型超市、专业店、专卖店、餐饮店及休闲娱乐、通信服务、金融保险等业态业种全全。遵义市应重点发展连锁综合超市、连锁折扣百货店、品牌专卖店、便利店、餐饮店等商业设施，积极发展宾馆酒店、休闲健身、娱乐等配套设施。

3. 完善商业服务功能

乡镇商业一般应具备比较综合的服务功能，涵盖购物、餐饮、休闲娱乐、酒店住宿、商务接待、文化教育、金融保险、通信服务、医疗健康服务、再生资源回收以及其他生活服务等。遵义市应根据各乡镇的发展定位和产业类型，因地制宜地形成各有偏重的服务功能，比如一般居住型乡镇、旅游商贸型乡镇、交通物流要地型乡镇、工业型乡镇等。

4. 构建农村商品流通网络体系

遵义市应构建日用品销售、农业生产资料供应、农产品购销、再生资源回收、农民生活服务、农村商务信息服务、农村综合文化服务、农村药品连锁经营、烟花爆竹连锁经营等商品流通网络，进一步完善农村商业网络体系。

六、星级酒店

（一）　星级酒店概述

1. 酒店及其分类

酒店是通过出售客房、餐饮以及综合服务设施向客人提供服务的商业机构，主要为宾客提供住宿、餐饮、娱乐、购物、商务中心、宴会及会议等设施。

按照经营性质划分，酒店可以分为商务型酒店、度假型酒店、主题型酒店、观光型酒店、经济型酒店、公寓型酒店等类型。商务型酒店以接待从事商务活动的客人为主，是为商务活动提供服务的，对酒店的地理位置要求较高，要求酒店靠近城区或商业中心区。其客流量一般不受季节的影响。度假型酒店以接待休假客人为主，多兴建在海滨、温泉、风景区附近，其经营季节性较强，要求酒店有较完善的娱乐设备。主题型酒店以某一特定主题体现酒店的建筑风格、装饰艺术、文化氛围。通常，历史、文化、城市、自然、童话故事等都可以成为酒店主题。观光型酒店主要为观光旅游者服务，多建造在旅游点。观光型酒店的经营不仅要满足旅游者的食宿需求，还要满足旅游者休息、娱乐、购物的综合需求。经济型酒店的主要特点是价格低廉、服务快捷。连锁酒店是经济型酒店的精品，由于具有较好的品牌，市场份额不断扩大。公寓型酒店提供酒店式服务、公寓式管理，集住宅、酒店、会所等多功能于一体，宾客既能享受酒店提供的服务，又能享受居家的快乐。公寓型酒店主要布局在高档住宅区内。

2. 星级酒店及其划分

星级酒店是由国家（省级）旅游局评定的能够以夜为时间单位向旅游客人提供配有餐饮及相关服务的住宿设施。所取得的星级表明该酒店所有建筑物、设施设备以及服务项目均处于同一水准。

根据《中华人民共和国星级酒店评定标准》的规定，酒店按等级标准划分为一星级到五星级五个标准。五星级酒店是酒店的最高等级，设备十分豪华，设施更加完善，除房间设施豪华外，各种各样的餐厅，较大规模的宴会厅、会议厅等综合服务设施齐全，是社交、会议、娱乐、购物、消遣、保健等活动中心。四星级酒店设备豪华，综合服务设施完善，服务项目多，服务质量优良，室内环境艺术感强，提供优质服务。宾客不仅能够得到高级的物质享受，也能得到很好的精神享受。三星级酒店设备齐全，提供食宿、会议室、游艺厅、酒吧间、咖啡厅、美容室等综合服务设施，属于中等水平酒店。三星级酒店在国际上最受欢迎，数量较多。二星级酒店设备一般，除具备客房、餐厅等基本设备外，还有卖品部等综合服务设施，服务质量较好，属于一般旅行等级。一星级酒店设备简单，具备食、宿两个最基本功能，能够满足客人最简单的旅行需要。

3. 星级酒店区位选择的影响因素

星级酒店通常会建在城市中心，受交通区位及周边环境的影响较大。通过对国内外星级酒店区位布局的研究可以发现，随着星级酒店的不断发展，酒店布局向城市外围区域不断扩散，呈现出向机场周边及旅游区蔓延的发展趋势。星级酒店在布局时应考虑酒店建设区的旅游资源、基础设施、经济外向度和投资水平等因素，确保酒店的影响因素与区位布局特征相辅相成，从而有利于星级酒店的发展。

（1）旅游资源

旅游业对酒店消费产生直接的拉动力，区域旅游业的开发与发展，吸引着大批旅游者入境，能够推动酒店业发展并影响酒店的空间布局。学者彼得·约翰在对五星级酒店进行研究时，认为五星级酒店需要选在距离旅游地较近的地区，使旅游者到达旅游目的地后能够就近选择休息的地方，不仅能够满足酒店居住者的要求，还能促进五星级酒店盈利。因此，旅游资源较丰富的地区及旅游地点周边应布局数量较多的星级酒店。星级酒店在建立时，需要对旅游资源进行筛选。星级酒店周边的旅游资源与星级酒店数量呈正向影响关系。通常，五星级酒店周边大多是 5A 级和 4A 级景区、世界自然遗产和世界文化遗产地区。

（2）基础设施

城市经济发展与基础设施建设状况反映了一个城市对人们的吸引程度。良好的基础设施和城市环境能够吸引大量客源驻足城市，促进酒店业发展。良好的交通为人们在不同区域间流动创造了基本条件，同时也对旅游资源的使用产生直接影响。一般来说，交通、电信等基础设施的整体发展水平与星级酒店的数量存在正向影响关系。

（3）经济外向度

经济外向度是判断一个地区对外开放程度的关键性因素，与地区涉外商务活动、会议以及展览活动相关，是反映一个地区对外交流、对外开放、外贸发展情况的关键要素。从酒店接待的客人来看，境外客人具有较强的购买力，是不可忽视的目标群体；从改善投资环境的角度来看，酒店建设同样是吸引外商投资的基础设施。因此，经济外向度与酒店发展具有相互促进作用。经济外向度越高，越能够满足星级酒店的发展需求，星级酒店的数量也就越多。

（4）投资水平

一个地区的投资特别是固定资产投资是拉动地区经济发展、扩大内需的重要因素，投资水平反映出社会的经济发展情况。研究表明，预期投资水平对星级酒店的布局有着积极的推动作用。

（二）　遵义市星级酒店发展基本情况

1. 高星级酒店数量较少

近年来，遵义市酒店行业不断发展，规模不断扩大。调研统计，截至 2017 年年底，遵义市已建三星级以上酒店 72 家，但高星级酒店数量偏少，占比较低，接待能力有限，不能匹配黔川渝中心城市的城市发展定位。

2. 酒店功能较为单一

遵义市酒店行业整体发展水平较低，现有酒店功能较为单一，以提供住宿、餐饮等传统服务为主，缺乏宴会厅、会议厅等大型服务设施，会议、休闲、娱乐、购物、保健等综合服务功能有待完善，大型会议、宴会的承办能力不足。

3. 酒店布局不合理

遵义市现有星级酒店主要布局在各区县的商业集聚区，旅游景区星级酒店布局相对不足。随着黔川渝结合部旅游康养集聚区建设的推进，遵义市旅游资源不断开发，旅游市场规模持续扩大，旅游景区、休闲度假区、康养示范区酒店的供需矛盾将更加突显。

4. 酒店特色不突出

遵义市现有酒店设计风格较为单一，没有很好地结合各地特有的景观、民俗、文化特色，同质化现象较为严重。酒店发展应找准市场定位，不能盲目追求大而全。随着城市人回归自然的需求，融合独特地域风土人情及自然生态要素的星级酒店是未来遵义市酒店行业发展的方向。只有特色化、差异化发展，才能保证遵义市酒店行业的可持续发展。

（三） 遵义市星级酒店发展目标

到 2025 年，遵义市将建成三星级以上酒店 100 个。其中，五星级酒店 16 个，确保每个县（市、区）有一个四星级及以上酒店。

（四） 遵义市星级酒店发展总体思路

遵义市应围绕黔川渝商贸物流中心和会展中心发展定位，结合中心城区商圈、会展中心建设及遵义旅游产业发展需要，突出生态、环保、休闲、度假特色，重点在中心城区、旅游景区和休闲度假区内及周边沿线建设一批高星级酒店，提升酒店档次，拓展酒店规模，形成以高档酒店为龙头、经济型酒店为主体、精品民宿为特色的结构合理、规模适度、规范发展的酒店住宿体系。

（五） 遵义市星级酒店发展布局

中心城区和旅游景区是遵义市对外接待、会议住宿以及旅游休闲度假的重点区域。遵义市应结合城市发展规划及旅游业发展规划，重点在中心城区，赤水河谷、赤水丹霞、遵义会议、娄山关·海龙屯、茅台古镇等旅游景区，汇川康养城、翰林山居温泉度假区、枫香温泉小镇等休闲度假区布局建设和提档升级一批星级酒店，形成多样化、多层次的酒店住宿体系，满足不同消费群体的需求。

（六） 遵义市星级酒店发展重点

1. 促进酒店高端化发展

遵义市应结合黔川渝商贸物流中心和会展中心建设需要，推进酒店提档升级。遵义市应重点推进新蒲新区高铁新城五星级酒店、新蒲新区开元名都大酒店、汇川区遵义威斯汀酒店等高星级酒店建设，在各县（市、区）及重点旅游景区规划建设一批能满足国际国内各种类型会议需要的酒店，全面提升酒店的接待档次和服务能力。

2. 提升酒店标准化水平

遵义市应建立健全酒店服务标准体系，加大对国家标准、地方标准的贯彻力度，推行国际质量标准体系认证，提升遵义市酒店住宿软硬件整体水平，制定经济型酒店等级划分与评定标准，建立酒店住宿行业标准化培训、推广、示范中心，实现酒店行业提档升级。

3. 推进酒店智能化发展

遵义市应依托大数据、云计算、互联网等技术支撑，积极推进酒店"互联网+"模式，以线上线下相结合的方式，打破酒店服务的时间、空间限制，实现酒店发展的智能升级。遵义市应大力推进智慧酒店建设项目，将电子化、信息化、智能化技术与酒店经营、管理相融合，依托酒店智慧管理体系，在为客户提供更加舒适便捷的服务的同时，实现酒店资源的高效利用和盈利能力的显著提升。

4. 促进行业融合发展

酒店住宿行业的发展与旅游业密切相关。遵义市旅游资源丰富，应通过城市营销，开拓旅游客源市场，以假日消费、节庆消费、旅游消费等为突破口，带动全市酒店住宿业发展，实现酒店住宿业与旅游业融合发展。遵义市应依托国家历史文化名城、"转折之城，会议之都"、世界文化遗产海龙屯、世界自然遗产赤水丹霞等资源优势，积极开拓高品质旅游项目，吸引外来消费，打造旅游景区酒店集群。

遵义市三星级（含）以上酒店汇总如表 7-5 所示。

表 7-5　遵义市三星级（含）以上酒店汇总

区域	序号	酒店名称	具体位置	建设性质
红花岗区	1	深航国际酒店	北京路 57 号	已建
	2	帝景世尊酒店	中华北路 378 号	已建
	3	遵义宾馆	石龙路 3 号	已建
	4	东方大酒店	丁字口中华路 2 号	已建
	5	华南大酒店	海尔大道 1015 号	已建
	6	凯丽斯军供酒店	沙河路 21 号	已建
	7	元盛·湘江酒店	万里路	已建
	8	红城汇大酒店	外环路	已建
	9	名城方洲酒店	外环路	已建
汇川区	10	常青藤戴斯大酒店	上海路 333 号	已建
	11	世纪柏源酒店	人民路 265 号	已建
	12	大世界酒店	珠海路 1 号	已建
	13	魅力明珠大酒店	大连路与成都路交叉口	已建
	14	凤凰酒店	上海路	已建
	15	森林大酒店	深圳路与广州路交接口	已建
	16	圣地红城鑫达鑫酒店	沈阳南路 46 号	已建
	17	喜悦酒店	宁波路 139 号	已建
	18	金城大酒店	香港路中段	已建

表7-5(续)

区域	序号	酒店名称	具体位置	建设性质
汇川区	19	南江酒店	北海路中段	已建
	20	浙商酒店	昆明路1号	已建
	21	鑫前雅阁大酒店	南京路与广州路交叉口	在建
	22	鸣庄酒店	汇川区高坪鸣庄湿地公园	在建
	23	希尔顿酒店	温州路奥特莱斯	拟建
	24	新长征酒店	上海路	在建
播州区	25	桂花山大酒店	龙泉大道23号	已建
	26	花园酒店	万寿南街62号	已建
	27	亚美斯国际大酒店	乌江路	已建
	28	私麦尔酒店	万寿南街阳光花园	已建
	29	美高梅温泉大酒店	和平大道	已建
	30	城投·港湾酒店	民主路5号	已建
新蒲新区	31	新城大酒店	新蒲东路19号	已建
	32	茅台迎宾馆	三坝水库	已建
	33	山水酒店	长新大道国土分局旁	已建
	34	翰林山居酒店	新舟镇沙滩村	已建
	35	开元大酒店	奥体路及播州大道交会处	在建
	36	高铁新城五星级酒店	新南大道、湘江大道交会处	在建
	37	希尔顿花园酒店	新蒲新城四号路	在建
	38	戴斯酒店	二号路和六号路交叉口	在建
	39	千禧酒店	平安大道与奥体路交会处	在建
	40	一品养尊休闲度假中心	新蒲办三坝村小寨组	在建
	41	遵义雅阁酒店	七号路	在建
	42	中建世纪金源酒店	六号路	在建

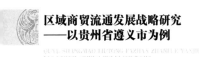

表7-5(续)

区域	序号	酒店名称	具体位置	建设性质
南部新区	43	格兰云天国际酒店	共青大道1号	已建
	44	财富大酒店	海尔大道剑江路352号	已建
	45	银河酒店	忠庄街道银河南路	已建
	46	喜来登酒店	桃溪大道	在建
	47	世贸君澜	湘江大道和遵义大道交会处	在建
绥阳县	48	帝部晔豪大酒店	洋川镇晨光路县政府旁	已建
	49	诗乡大酒店	洋川镇幸福大道	在建
仁怀市	50	茅台国际大酒店	河滨大道	已建
	51	国酒门温泉酒店	盐津河风景区	已建
	52	星辰尊悦国际酒店	端午路515号	已建
	53	酒城大酒店	市政府后门十七号路	已建
	54	天豪商务酒店	国酒大道	已建
	55	国酒大酒店	消防队旁	已建
	56	维也纳酒店		已建
桐梓县	57	金黔嘉华大酒店	娄山关社区河滨南路	已建
	58	正华酒店	娄山关社区河滨南路	已建
	59	彩阳酒店	娄山关社区人民路	已建
湄潭县	60	湄潭大酒店	湄江街道茶乡北路	已建
	61	国际温泉酒店	茶城大道	已建
	62	天壶国际大酒店	塔坪路	已建
	63	兰江酒店	象山路	已建
	64	圣地皇家金煦酒店	大林路	已建
	65	金黔万丽酒店	象山路	在建
习水县	66	习水宾馆	习水东路21号	已建
	67	丹霞世界大酒店	赤水西路	已建

表7-5(续)

区域	序号	酒店名称	具体位置	建设性质
赤水市	68	圣地长江半岛酒店	复兴镇长江新村	已建
	69	云湖天乡酒店	城工大道与赤天化交会处	已建
	70	金黔嘉华国际大酒店	河滨南路8号	已建
	71	桂源大酒店	城工大道高速公路出入口	已建
	72	茂兰云天酒店	文华办中南城	已建
	73	帕思顿皇室驿栈	河滨南路8号	已建
	74	中悦大酒店	南正街22号	已建
	75	侏罗纪酒店	怀阳路3号	已建
	76	同盛浙旅大酒店	南郊路与万鲢路交会处	已建
	77	大陆假日酒店	锦绣路9号	已建
	78	赤水迎宾馆	金华大道8号	已建
凤冈县	79	君德大酒店	高速公路匝道口	已建
	80	茶心谷主题酒店	田坝镇茶海景区	在建
余庆县	81	黔地水乡大酒店	城乌江北路	已建
	82	第三地豪宜酒店	农业观光园	已建
	83	余庆大酒店	西部新城	拟建
	84	好客大酒店	天湖名城	拟建
	85	柳湖大酒店	西部新城	拟建
务川县	86	丹砂大酒店	新城区	已建
	87	务川大酒店	人民政府路	已建
	88	古哈伫酒店	都濡街道二小加油站旁	已建
	89	索菲亚酒店	都濡街道南山广场	已建
	90	黔北大酒店	黔北印象一号楼	已建
正安县	91	真安大酒店	凤仪镇北郊湖湿地公园内	已建
	92	锦弘酒店	桐都路1号	已建
	93	博思乐国际大酒店	场镇	拟建
	94	春晖国际大酒店	凤仪街道办	拟建

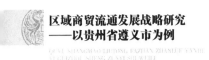

表7-5(续)

区域	序号	酒店名称	具体位置	建设性质
道真县	95	两江假日酒店	竹王大道66号	已建
	96	嘉联酒店	铜营路武装部内	已建
	97	瑞璞大酒店	竹王大道	已建
	98	民族大酒店	民族路与东街路交叉口	已建

七、电子商务

（一）电子商务概述

1. 电子商务的概念

电子商务是利用微电脑技术和网络通信技术开展的商务活动，是指在商业贸易活动中，在因特网开放的网络环境下，基于浏览器、服务器应用方式，买卖双方不谋面进行各种商贸活动，实现消费者的网上购物、商户之间的网上交易和在线电子支付以及各种商务活动、交易活动、金融活动和相关的综合服务活动的一种新型的商业运营模式。

电子商务有广义和狭义之分。广义的电子商务是指通过电子手段进行的商业事务活动，即通过使用互联网等电子工具，使公司内部、供应商、客户和合作伙伴之间，利用电子业务共享信息，实现企业间业务流程的电子化，配合企业内部的电子化生产管理系统，提高企业的生产、库存、流通和资金等各个环节的效率；狭义的电子商务是指通过使用互联网等电子工具在全球范围内进行的商务贸易活动，即以计算机网络为基础所进行的各种商务活动，包括商品和服务的提供者、广告商、消费者、中介商等有关各方行为的总和。

2. 电子商务的分类

目前，电子商务可分为 B2C、B2B、C2C、ABC、B2M、M2C、O2O 等模式。

（1）B2C 模式

B2C 模式（business to customer）泛指商家对消费者的电子商务，是我国最早产生的电子商务模式，以 8848 网上商城正式运营为标志。B2C 电子商务网站较多，如京东商城、当当网等。

（2）B2B 模式

B2B 模式（business to business）泛指商家对商家的电子商务，即企业与企业之间通过互联网进行产品、服务以及信息的交换。电子商务交易的供需双方通过互联网技术或各种商务网络平台，完成发布供求信息、订货、支付、确定配送方案并监控配送过程等商务交易过程。

（3）C2C 模式

C2C 模式（consumer to consumer），即用户对用户模式。C2C 商务平台通过为买卖双方提供在线交易平台，使卖方可以主动提供商品上网拍卖，而买方可以自行选择商品进行竞价，如淘宝网。

（4）ABC 模式

ABC 模式（agents to business to consumer）被誉为继阿里巴巴 B2B 模式、京东电子商务 B2C 模式、淘宝 C2C 模式之后电子商务界的第四大模式，是由代理商（agents）、商家（business）和消费者（consumer）共同搭建的集生产、经营、消费于一体的电子商务平台。三者之间可以转化，相互服务，相互支持，形成利益共同体。

（5）B2M 模式

B2M 模式（business to manager）是一种全新的电子商务模式。这种电子商务模式所针对的客户群是该企业或该产品的销售者或为其工作者，而不是最终消费者。

（6）M2C 模式

M2C 模式（manager to consumer）是针对 B2M 模式而出现的延伸概念。B2M 模式下，企业通过网络平台发布该企业的产品或服务，职业经理人通过网络获取该企业的产品或服务信息，并且为该企业提供产品销售或者提供企业服务，企业通过经理人的服务达到销售产品或者获得服务的目的。

（7）O2O 模式

O2O 模式（online to offline）将线下商务与互联网结合在一起，让互联网成为线下交易的前台。消费者可以线下体验服务、线上筛选服务。该模式最重要的特点是推广效果可查，每笔交易可跟踪。

3. 电子商务的趋势

（1）O2O 模式日渐成熟

O2O 模式节约消费者交易成本的作用日益明显，越来越多的企业开始利用互联网跨地域、海量信息、海量用户的优势实施 O2O 战略，打通线上线下的信息和体验环节，发挥线上线下协同效应，产生"1+1>2"的作用，获取更大的竞争优势。

（2）融入传统产业进程加快

电子商务与传统产业融合进程加快，深度融合商流、物流、信息流和资金流，改变了传统经营方式、管理模式、生产组织形态，提升了国民经济在生产、流通、消费领域的运行效率。发达国家和新兴工业化国家已经把电子商务上升为国家战略，制订适宜电子商务发展的政策和行动计划，力求获取国家竞争优势。随着"互联网+"时代的到来，经济发展进入新常态，大力推动电子商务融入传统产业，是促进经济增长的必然路径之一。

（3）催生新兴产业

电子商务与三次产业的渗透和融合，催生越来越多的新兴产业，如电子商务金融创造出包括移动支付、第三方支付、众筹等模式的互联网金融，使用户可以在足不出户的情况下满足金融需求。云计算、物联网、大数据等新一代信息技术将进一步推进电子商务与现代制造业、生产性服务业等产业的融合创新，发展壮大新兴业态，打造新的产业增长点，为产业智能化提供支撑，增强新的经济发展动力。

（二） 遵义市电子商务发展基本情况

遵义市电子商务服务体系不断完善，电子商务交易规模不断扩大。2016年，遵义市实现电子商务交易额 354.6 亿元。其中，网络零售额 124.7 亿元。仅 2017 年上半年，遵义市完成电子商务交易额 287 亿元。遵义市建成电子商务产业园 10 个，县级电子商务服务中心 13 个、乡镇（村）服务站点 760 个，湄潭、习水、播州、赤水、绥阳、正安、余庆7个县（市、区）成功获批创建国家级或省级电子商务进农村综合示范县，开设网店1 600家，在线销售品种达3 000余种，电子商务进入提速发展期。同时，电子商务平台不断完善，遵义市引进和培育了阿里巴巴·遵义产业带、指南针、爱特购、贵人购、茅台商城、赤水云商城、农舍淘商城等电子商务平台30余个，建成地方农特产品馆22个，电子商务基础设施不断完善。尽管遵义市电子商务发展速度较快，但仍存在一定问题。

1. 电子商务发展环境有待完善

遵义市电子商务发展环境仍需完善。第一，遵义市没有建立起电子商务信用体系，没有形成统一信用评估标准和信用信息征集、评估、发布渠道，第三方信用评价认证服务机构仍不完善。第二，消费者权益保护机制作用不明显，消费者和经营者在电子商务交易中产生的纠纷不能妥善处置。第三，电子商务规范化水平不高，在信息发布、信用服务、网上交易、电子支付、物流配送、售后服务、纠纷处理等方面没有规范化的标准。第四，电子商务支撑体系发展不足，电子支付、电子认证、现代物流、信用体系没有对电子商务发展形成有效支撑。

2. 电子商务与相关产业的融合度有待提升

电子商务与区域产业的融合发展是一种趋势，对区域经济的影响日渐凸显。目前，遵义市电子商务发展仍处于孕育阶段，利用信息技术的渗透性、带动性、系统性还不强，与本地特色、优势产业的渗透和融合不足，降低交易成本、带动产业发展的作用有限。

3. 农村电子商务发展程度较低

农村电子商务是转变农村发展方式的重要载体。遵义市农村电子商务发展仍面临较大难题：一是"农产品上行"较难问题普遍存在；二是物流建设缺乏有效整合，"最后一公里"问题仍未突破，较高的物流成本成为制约当前农村电子商务发展的瓶颈；三是农村电子商务企业在发展初期由于实力弱小、组织程度较低、合作基础较弱、抵御市场风险能力较差等原因，在融资市场上处于劣势地位，农村电子商务企业获得金融支持相对较难。

（三） 遵义市电子商务发展目标

到 2025 年，遵义市将引进 10 家国内外知名电子商务企业，培育 30 家省级电子商务示范企业和 10 个省级电子商务示范基地，打造一批在国内具有一定知名度的电子商务服务品牌，电子商务交易额达到 2 000 亿元。遵义市将建成 3~5 个国家级电子商务进农村示范县，5~7 个省级示范县，30 个省级示范乡（镇），50 个省级示范村，形成市级电子商务产业园、县级电子商务服务中心、乡镇电子商务综合服务站、村级电子商务服务点四级电子商务服务网络体系，实现电子商务全覆盖，使遵义成为以现代信息技术为支撑、以电子商务为代表的黔川渝结合部电子商务发展高地。

（四） 遵义市电子商务发展总体思路

遵义市积极推进电子商务与农业、制造业、服务业、旅游业等产业融合发展，加快电子商务平台建设和市场主体培育，实施电子商务进农村示范项目，构建"市级—县级—乡镇—村级"电子商务服务网络体系，实现市级电子商务产业园、县级电子商务服务中心、乡镇电子商务综合服务站、村级电子商务服务点全覆盖。

（五） 遵义市电子商务发展布局

遵义市重点建设跨境电子商务产业园和遵义电子商务产业园（国际商贸城），打造中国茶城电子商务园、遵义电子商务城、爱特购智慧产业新城等电子商务平台，依托"国家电子商务进农村综合示范项目"和"万村千乡市场工程"打造一批电子商务进农村示范县、示范镇和示范村，推进县级电子商务服务中心，乡镇、村级服务站点建设，实现市级电子商务产业园、县级电子商务服务中心、乡镇电子商务综合服务站、村级电子商务服务点四级电子商务布局。

（六） 遵义市电子商务发展重点

1. 完善电子商务发展环境

遵义市应完善电子商务发展环境，建立政府主导与市场化运作模式相结合的电子商务信用体系，统一信用评估标准和信用信息征集、评估、发布渠道，建立有效的企业信用监督约束机制，完善第三方信用评价认证服务机构；完善权益保护机制，及时发布网络交易风险警示信息，建立健全消费者权益保护制度，加强电子商务纠纷调处机制建设；完善电子商务信息发布、信用服务、网上交易、电子支付、物流配送、售后服务、纠纷处理等服务的规范水平；完善优化网络宽带、电子支付、电子认证、现代物流、信用体系等电子商务基础环境和支撑体系的建设。

2. 引进培育电子商务市场主体

遵义市应鼓励发展跨境电子商务，依托遵义综合保税区，引进和发展跨境电子商务交易平台企业，为境外商品和市内优质农产品、电子信息产品双向流动搭建"直通车"。遵义市应支持大型电子商务企业、总部企业、行业龙头企业落户遵义市，引进 10 家国内外知名电子商务企业入驻电子商务产业园。遵义市应依托优势产业，大力培育指南针、爱特购、贵人购等本土知名电子商务服务品牌，培育 30 家具备一定知名度、实力较强、运作规范的电子商务企业，对电子商务企业在电子认证、信用评估、电子支付、现代物流等领域提供技术支持。遵义市应通过政府力量，推动遵义市特色优势产业、重点行业与电子商务相结合，通过电子商务带动传统产业优化升级，实现传统经济与网络经济融合发展。

3. 深化电子商务应用领域

遵义市应推动大中型现代商贸企业、传统商贸企业应用电子商务，鼓励建设网上商城，包括建设商品展示平台、在线支付平台、呼叫中心等业务子系统，实现大型商场、购物中心、连锁超市、专业市场和老字号企业的网上销售业务，培育 150 家规模以上网商。遵义市应依托遵义综合保税区和新舟机场航空口岸的政策优势与开放平台，积极发展跨境电子商务；依托物流园区和商品交易市场内部的电子商务服务中心，推进商品交易市场电子商务应用，规范市场发展，促进线上交易与线下交易的结合，扶持各类专业市场应用电子商务发展线上市场，促进专业市场交易方式转变升级。遵义市应深化"互联网+流通"行动，积极推进电子商务在信息、金融、物流、服务外包等领域的应用，鼓励电子商务在购物餐饮、休闲娱乐、社区配送、家政服务等领域的应用；大力推进电子商务与旅游的融合，打造遵义市旅游电子商务公共信息服务平台，借助遵义会址、海龙屯、赤水丹霞等旅游资源，大力发展旅游电子商务。

4. 实施"电子商务进农村"工程

遵义市应充分发挥湄潭、习水国家电子商务进农村综合示范县带动作用，高标准建设正安、道真、务川、凤冈、桐梓国家电子商务进农村综合示范项目，以创建国家级、省级电子商务进农村综合示范县为抓手，充分利用乡镇级连锁配送超市、邮政营业所、企业加盟店等设施实现遵义市所有乡镇镇级电子商务服务站全覆盖，电子商务服务站点"村村通"。遵义市应依托"万村千乡市场工程"村级便民店、村级公共服务中心、专业合作社等平台，在每个行政村至少建设一个村级电子商务服务站（点）。遵义市应从农村能人特别是涉农、加工企业负责人、家庭农场主、专业合作社骨干、种养大户以及村干部以及有电子商务基础和市场营销能力的返乡创业大学毕业生中，培育农村电子商务创业人才及团队。遵义市应有效组织龙头企业、种养大户、合作社等利用第三方电子商务平台特别是京东等知名电子商务平台，大力开展网上营销。

第八章
遵义市物流中心发展研究

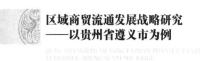

　　遵义市物流中心是黔川渝结合部商贸物流中心的核心组成部分，其发展的关键是建立现代物流服务体系。该体系必须以物流园区为核心，以物流中心和配送中心为支撑，以第三方物流为主体。

一、物流业及物流中心概述

　　物流通常是指有经济意义的物质实体从产品供应方向需求方的移动过程。简单地说，物流是介于生产与消费之间的经济活动，包括运输、保管、装卸、配送、流通加工、物流信息处理等多项基本活动。现代物流是社会化大生产的一种新的组织形式和管理技术，是经济、社会和技术发展到一定阶段的产物，核心是突出系统整合的理念，对分散的运输、储存、装卸、搬运、包装、流通加工、配送、信息处理等基本功能，运用信息技术和供应链管理技术，进行资源整合和一体化运作，以达到降低成本、提高效率、优化服务的目的。现代物流业是融合运输业、仓储业、货代业和信息业等新兴的复合型服务产业。

　　商贸物流是指与批发零售、住宿餐饮、商务服务、居民服务等商贸服务业及进出口贸易相关的物流服务活动，是现代物流的重要组成部分。加快发展商贸物流，有利于降低物流成本，提高物流效率；有利于货畅其流，繁荣市场，改善民生；有利于改善交通和环境状况，提升流通产业竞争力，更好地发挥其在国民经济中的基础性、先导性作用。

　　物流中心是指以大中型城市为依托，有一定规模的，经营商品储存、运输、包装、加工、装卸、搬运的场所。物流中心一般配有先进的物流管理信息系统，其主要功能是促使商品更快、更经济地流动。物流中心可以集中储存，提高物流调节水平；有机衔接，加快物流速度，缩短流通时间，降低流通费用；根据需要适当加工，合理利用货源，提高经济效益。物流中心按其作用可以分为集货中心、分货中心、发运中心、配送中心、储备中心和加工中心。

二、遵义市物流业发展概况

（一）　基本情况

1. 物流企业基本情况

2016 年，遵义市正式工商登记注册的物流企业有 310 家，其中遵义市中心城区交通运输、仓储、装卸搬运企业及其辅助性企业共 121 家。比重最大的是道路运输企业（54 家），占全部物流企业的 44.6%；其次为运输代理服务企业（35 家），占全部物流企业的 28.9%。85% 的物流企业主要服务项目仍然集中在仓储、装卸、运输、配送等，少数企业有开展包装、代收货款等增值服务。

2. 物流企业运行情况

2016 年，遵义市货物运输总量为 11 108 万吨，周转量为 1 209 429 万吨千米，分别占贵州省总量的 18% 和 8%。2010—2016 年，遵义市货物运输总量年均增长 23%，周转量年均增长 30%。其中，2016 年，遵义市公路货运量为 10 468 万吨，占遵义市货运总量的 94%，是拉动遵义市货运量增长的主力。

（二）　现状及问题分析

2016 年以来是遵义市商贸物流发展较快的时期。商贸经济总量扩大，对物流的需求提高，加上道路、车站、港口等物流通道建设取得新进展，促进了商贸物流的较快发展。一是物流企业及其从业人员增加较快，物流企业加快了资源整合步伐，形成了一批所有制多元化、服务网络化和管理现代化的物流企业。二是物流总量扩大，商贸物流营业收入快速增加，商贸物流占地区生产总值的比重逐年提高。三是物流设施改善，仓储面积、运输车辆逐年增加，信息技术广泛应用，大多数物流企业建立了管理信息系统，装卸搬运、分拣包装、加工配送等专用物流装备和技术快速推广。四是物流效率提高。传统运输业、仓储业加速向现代物流业转型，农业物流、工业物流、商贸物流、电子商务物流等领域专业化、社会化服务能力显著增强，服务水平不断提升，现代物流服务体系初步建立。

总体来看，依托现有产业基础，遵义市初步形成一批区域性的物流中心、物流基地，聚集了一批物流企业和专业市场。这些构成了遵义市物流业的基本体系。但是，由于物流规划建设滞后、专业管理人才缺乏，物流基础设施匮乏，竞争力下降，严重影响了现代物流业的发展。

1. 物流园区现状

一是遵义市物流园区多数处在规划设想阶段，真正按规划建成的少，不能及时满足现阶段地区经济建设与发展需要。二是物流园区占地及建设规模大、用地审批复杂、投资多、建设周期长，投资积极性不高，项目很难落地。三是物流园区发展无较好的盈利模式，功能物流园区中商贸市场、物流地产比例偏高，真正物流用地及投入比例偏低。四是物流园区规划更多注重区位优势，未统筹考虑产业与物流的配套。

遵义市物流园区概念不明确，盈利模式不清楚；工业与商业用地地价存在差异，导致物流地产成为最趋利的盈利模式，具体体现在很多物流园区在实际的建设中大多规划为商铺、写字楼，真正物流投入很少；没有专业人员和体系支撑，导致产业与物流脱节，园区建设找不到落地的基础。

2. 物流仓储发展现状

一是设施陈旧、效率低下、运营水平原始、配套物流装备与仓储容量不匹配。据了解，遵义市90%以上的仓储为陈旧仓储，且普遍是租用。二是仓位面积利用率、翻仓率低，导致盈利水平较低，地价升值，仓储的发展潜力受限。三是普遍不具备配送能力，由客户自找车辆运送，仓储没有统一规划和管理，分布在城市的各个区域，比较零散，造成城市交通环境恶化。物流只能小规模作业，适合小、散、弱的物流生态环境，对产业提升是一个制约因素。

仓储作为现代物流业最重要的核心环节，目前没有体现其价值和功能，产业的效率需求不突出。传统商贸环境决定了商流与物流的物理距离，单纯的仓储运营并没有太多的发展潜力，只有将仓储的上下游物流环节打通，高效率运营，才有发展空间。由于规划滞后，仓储设施布局不合理，为零售企业配套的仓储设施严重不足，造成仓储设施结构性短缺。

3. 物流运输及场站现状

一是运输车辆闲置率和空驶率高，运输方式单一，不足以支撑产业升级。二是铁路集装箱运输目前主要集中在遵义北站，场站太少。三是遵义市无成熟运营的内河运输，专业场站严重缺乏，且没有好的运营模式和经营环境。四是物流企业运营成本高，利润率普遍偏低。

由于其他产业也处于"小、散、乱"的状态，物流企业产生了同质现象。虽然近年来遵义市经济增速较快，但还未形成良好的物流市场及环境，运输产业仍处于培育期。与其他运输方式相比，公路运输具有天然劣势。铁路运输、水路运输具有运输不受路况的影响、成本低、一次运输量大等优势，航空运输具有运输速度快和时间短等优势，这些运输方式都会对公路运输形成竞争，将在一定程度上替代公路运输。

4. 物流快递业现状

一是在快递市场份额方面，民营快递占82%，国有控股和合资快递占9%，民营快递企业占据主导地位。二是在快递设备方面，只有极少数大型快递公司有半自动分拣设备（如邮政EMS、顺丰等），绝大多数快递企业仍以人工分拣为主。三是在快递仓库方面，除邮政EMS有自有仓库外，其余大多数快递企业均为租赁仓库。四是在业务量分布方面，跨境及跨省业务量约占75%，省内业务量约占22%，同城业务量约占3%。

顺丰快递是由总部统一管理的企业，不是加盟形式的，因此各地的服务水准都保持基本统一，是业内公认的服务好、速度快的快速公司，但价格稍贵。邮政EMS依托强大的国家交通系统，网点多，几乎通达全国（包括乡村），运营规范，实力有保证，但其速度慢、价格贵、服务一般。物流快递的统一管理非常关键，直接影响到服务水平、服务质量和公司的发展。物流园区的一些项目难以落地，物流企业缺乏经营场所。

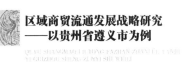

5. 物流信息化现状

物流技术装备水平不高。大多数物流企业现代信息技术装备水平较低，缺乏为物流企业服务的公共信息平台，现代仓储、多式联运转运等设施不足，高效、顺畅、便捷的综合交通运输网络尚未建立。除中心城区大型物流企业建有自己的门户网站外，大多数物流企业没有信息化的基础，仅靠单线联系、手机联系、人工操作、人工装卸，物流基础设施、技术设备落后，信息不对称，资源利用率低，物流企业效益差、实力弱、发展难以为继。

遵义市现有物流绝大部分都是企业自办的传统物流，规模小、实力弱，大多只能提供简单的运输和仓储服务，很难提供一体化的物流服务。加之小型物流企业管理者及物流从业个体户自身文化素质不高，物流操作还停留在原始、单一的阶段。很多企业只是看到物流信息化及装备现代化需要一次性投入较多资金，而忽视了现代化手段带来的效率、服务和质量方面的提升。

6. 物流从业人员现状

遵义市物流专业人员、经营管理人员以及信息技术人员不多，专业化的物流师、高级物流师更是屈指可数。相当多的操作人员文化水平不高、经验缺乏、专业素质低、服务意识和物流观念差，导致物流服务水平和效率低。

由于现代物流发展滞后，物流企业规模小、效益低，很难吸引和留住专业技术人才。物流企业从业人员普遍素质较低，基本未受过专业培训，中高级专业技术人才更是匮乏。

三、遵义市物流业发展目标

（一）　总体目标定位

到 2025 年，遵义市物流网络进一步完善，物流业对遵义市经济贡献率进一步提升，物流业整体运行效率显著提高，物流基地作用凸显，水公铁多式物流联运形成。物流龙头企业竞争力显著增强，物流社会化、规模化、专业化、信息化水平显著提升，物流龙头企业竞争力明显增强，物流效率大幅度提高，物流成本进一步降低，实现物流作业规范化、物流手段现代化、物流组织网络化、物流经营市场化、物流信息电子化，基本形成现代化商贸物流体系。

（二）　物流辐射目标

作为共建"一带一路"倡议重要节点，遵义市布局的开放体系有向西利用"渝新欧"铁路，完善高速公路网，畅通与川陕甘新等联系；向北利用长江黄金水道，推进高速公路与铁路大动脉建设，连接通江达海的沿江大通道。在这一环境形势下，遵义市应利用优越的公路、水路物流基础，发挥对全国乃至国际的物流辐射作用。

渝黔高速、银百高速、杭瑞高速、黔北高速等高速公路使遵义市物流便捷辐射贵州、云南、四川、湖北、湖南、上海等全国各地，公路物流又可与重庆各大港口、重庆江北国际机场相协作，体现公路物流对水路、铁路等多式联运的强大聚集和贸易交割作用。在国际上，遵义市可以依托重庆—东盟国际物流大通道，借道贵州、云南、广西直达东盟和东南亚地区，提速遵义与东盟的对外贸易交流。

（三） 具体目标

1. 物流服务核心圈

到 2025 年，遵义市形成辐射周边的高效物流配送服务圈，形成辐射西南地区的货物分拨及物流配送服务圈，形成辐射全国的物流节点。

2. 物流量

到 2025 年，遵义市全部货物运输量达到 20 亿吨。

3. 物流增加值

到 2025 年，遵义市实现物流增加值占地区生产总值的比重为 8%。

4. 物流总费用

到 2025 年，遵义市全社会物流总费用占地区生产总值的比重为 16%。

5. 物流企业

到 2025 年，遵义市将引进 20~30 家国内外知名物流企业，重点培育 20~30 家主营业务收入上亿元的第三方物流和第四方物流企业。

四、遵义市物流业发展思路

（一） 总体思路

遵义市要紧紧抓住国家实施共建"一带一路"倡议的机遇，按照加快建设黔川渝结合部商贸物流中心的总体要求，以提高物流效率、降低物流成本、减轻资源消耗、加快流通速度为目标，以加强物流基地建设、完善物流网络、创新物流模式、壮大物流企业、加快信息化标准化建设、改善物流业发展环境为重点，以改革、开放、创新为动力，以法治环境建设为保障，着力完善和构建现代商贸物流服务体系，促进商贸物流业转型升级，加快把遵义市建成黔川渝结合部商贸物流中心。

（二）　发展路径

在规划期内，遵义市要基本建立以物流园区为核心，物流中心和配送中心为支撑，第三方物流为主体的现代物流服务体系；初步建成立足遵义市、服务西部、面向全国、连接国际的黔川渝结合部商贸物流中心；重点发展多式联运、现代仓储、流通加工、包装配送、商品批发展示和信息服务等服务功能，建成集仓库、货运场站和转运站等设施于一体的仓储中心、配送中心和信息网络中心等大型物流功能区；建成高效快捷的区域物资集散、分拨体系，快速准时、多样化服务的城市物流配送体系，逐步形成以展带贸、展贸结合的市场交易体系和工贸一体的流通加工体系。

遵义市要加快重点领域物流产业体系发展。遵义市一是要加强煤炭、铝土矿、铁合金等重要矿产品物流体系建设；二是要加快发展粮、油、烟、畜、茶、果、林、药等农产品物流，加强农产品质量标准体系建设，发展农产品冷链物流；三是要进一步完善农业生产资料和农村日用消费品连锁经营网络，建立农村物流体系；四是要发展城市统一物流配送，提高食品、食盐、烟草和出版物等的物流配送效率，实行医药集中采购和统一配送，推动医药物流发展；五是要推动机电产品、汽车和零配件等装备制造物流发展，建立汽车综合物流服务体系；六是要规范化学危险品物流管理，加强应急物流体系建设，提高应急能力。

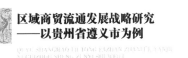
五、遵义市物流业发展布局

（一） 空间布局

黔北具有密集的铁路、发达的公路和悠久的乌江水运通道，交通优势明显。黔北是贵州连接成渝经济区、融入长江经济带、对接中国陆上丝绸之路的重要通道，区位优势突出。以遵义市为中心的黔北经济基础较好，以旅游和白酒为特色产业，带动和辐射作用大。因此，"十三五"期间，遵义市积极在黔北发展各类物流设施，完善该区域公路网、乌江水运通道和铁路站台建设，开展公铁联运业务，再通过"黔新欧"铁路货运通道对接陆上丝绸之路，打造黔北物流通道。

遵义市应依托铁路、公路、航空、水运立体交通网络优势和产业优势，重点在主城区建设3个核心物流产业带，推进汇川区以装备制造业基地为支撑的北部物流产业带，红花岗区、播州区、南部新区以遵铁物流基地、新能源汽车生产基地和大市场为支撑的南部物流产业带，新蒲新区以遵义机场、遵义综保区和智能终端产业为支撑的东部物流产业带建设，打造主城区"北—南—东"物流产业带，增强主城区集货能力和多式联运能力，把主城区建成遵义市商贸物流集聚发展的"火车头"。

遵义市应依托公路、铁路、航空和水运的规划布局，加快遵义黔北（三合）现代物流新城、遵义北部（汇川）物流园、中国辣椒城（虾子）综合物流园、新蒲新区空港保税区物流园、赤水港物流园等重点园区建设，加快推进区域性物流中心和各地县城物流节点城市建设，鼓励规模产业园区自建物流园，通过与联运综合物流园、公路港物流园衔接，推动中心城区、区域性中心和节点城市物流网络互动协调，促进产业物流基地、物流仓储、快递分拨中心和物流电子商务城一体化发展，全面提升物流现代化水平。

（二） 功能布局

根据打造黔川渝结合部商贸物流中心总体布局要求，遵义市应相应布局综合性物流园区、专业性物流中心、物流配送站点。

1. 综合性物流园区

（1）遵义物流园区

遵义市应重点打造遵义北部（汇川）物流园区、李家湾综合物流园、新蒲物流园区、播州区三合（阁老坝）物流园区、中国辣椒城（虾子）综合物流园、新蒲新区空港保税区物流园、赤水港物流园等重点园区，建成遵义市基本物流发展格局，在播州区龙坑、绥阳、桐梓、仁怀、湄潭、赤水在内的六大区域性物流中心，形成中心城区和六个节点城市互动的物流网络。遵义市应根据遵义市区位条件、市场需求、产业布局、商品流向、资源环境、交通条件等因素，建成中部现代物流产业带，连通遵义—重庆—长江经济带和遵义—广州—珠三角两条通江达海物流大通道，形成以遵义为中心，辐射毕节、铜仁和川南的三条快捷物流连接线，支持黔北物流通道建设。

（2）遵义快递物流园

遵义市应在南部新区选址建设黔北快递集聚区，将顺丰快递、圆通速递、中通快递、申通快递、百世汇通、韵达快递等民营快递公司集聚到快递物流园，为电子商务产业提供配套服务。

2. 专业性物流中心

遵义市应加快推进商贸物流集约化建设，全面建立全程供应链物流，布局发展白酒、家居建材、服装、医药、烟草、汽车、钢材、化工等专业性物流中心。

（1）家居建材物流中心

遵义市应重点依托红花岗区新世界建材城、播州区国际建材城等遵义市各地大型家居建材市场，以家居为主题，建成贵州省领先的家居主题购物中心，以此打造黔北最大的家居建材物流中心。

（2）汽车物流中心

遵义市应重点依托南部新区黔北国际汽车博览中心、遵义国际汽车贸易城等汽车市场，为汽车整车及其零部件等提供综合性仓储分拨、包装加工、运输、信息处理、配送等物流服务，建设黔北最大的汽车、汽配物流产业集聚区。

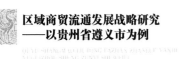

（3）冷链物流中心

遵义市应重点依托南部新区新雪域农产品交易市场等农产品批发市场、城区超市城乡物流配送中心、农产品产地集配中心、农商旅综合体等，建设遵义市冷链物流中心。遵义市应以农副产品及冷冻冷藏食品市场交易为平台，拓展深加工、精加工增值服务，打造全程冷链物流体系，建设具有冷链运输、冷链仓储、冷链加工、冷链配送、市场交易、信息发布、检疫检测、统一支付结算、行业咨询等功能的冷链物流集散地。

（4）特色轻工产业物流中心

遵义市应依托白酒、烟草、茶、特色食品、民族医药、竹产业"六张名片"独特优势，构建特色轻工产业物流中心。遵义市应重点依托仁怀大中华白酒交易中心、凤冈湄潭茶产品交易市场、遵义虾子镇辣椒批发市场等特色市场，建设集运输、仓储、配送、流通加工、交易、展示、电子商务于一体的白酒、烟草、茶、特色食品、民族医药、竹产业物流中心，建设黔北重要的专业化、规模化、集约化的特色轻工产品集散地。

（5）铝材产业物流中心

遵义市现有规模以上材料企业190户，正在加快推进务正道煤电铝一体化、贵州钢绳和汇兴铁合金"退城进园"、金兰伟明铝业铝深加工等重点项目建设，充分发挥铝工业、钛工业、建材工业等材料产业优势，依托播州国际建材（铝材）城等打造铝材产业物流中心，主要为铝材产品的配送、分拨和储运提供物流服务。

（6）贵煤物流中心

遵义市是国家"西电东送"的重要能源基地之一，煤炭资源十分丰富，开发潜力较大。遵义市应依托播州区黔北物流新城等铁路货运，打造贵煤大宗物流中心，以煤炭批发交易为主，配套煤炭物流储运、结算服务。

（7）化工物流中心

遵义市应依托开磷集团遵义碱厂、金赤化工公司等龙头企业，充分利用资源优势，以煤化工为突破口，发展强氯碱化工、天然气化工、精细化工等特色化工产业物流中心，为尿素、合成氨、甲醇、烧碱、硫酸、聚氯乙烯等主要化工产品提供安全的仓储物流服务，建设黔北化工产品物流区域中心。

（8）钢材、木材物流中心

遵义市应重点依托新蒲新区礼仪钢材市场等生产资料专业市场，主要为钢材、木材等产品提供运输、仓储、加工、信息处理等物流服务，建设黔北最大的钢材、木材生产资料专业物流中心。

（9）保税物流中心

遵义市应依托位于新蒲新区的遵义综合保税区，在遵义市规划建立一个全新的保税物流中心，打通国际物流大通道；建设进口商品分拨中心，通过健全保税物流服务，为高端消费品、奢侈品、电子信息产品、生物医药产品、制造装备产品、能源环保产品等提供保税加工、装配、仓储、分拨、配送、商品展示、售后维修等服务，建设服务市内大型高新技术企业和科研机构，辐射遵义市乃至西部地区。

（10）电子商务物流中心

遵义市应重点依托位于南部新区的遵义电子商务产业园（遵义国际商贸城），建设电子商务物流中心。遵义市应通过搭建区域性物流信息平台，完善物流信息数据库，拓展物流公共服务平台功能，提升物流业信息化服务水平，提供线上电子商务、线下物流配送服务，建设集信息发布、咨询、网络交易、统一结算等多功能于一体的辐射遵义市的区域性电子商务中心。

3. 物流配送站点

（1）配送设施

为满足城市物流和民生物流配送的需要，遵义市应依托批发市场、货运站场、重点商贸网点、大型社区等，在全市范围内建设 1 000 个物流配送站点，鼓励物流企业依托城市物流配送站，大力发展同城配送。

（2）配送服务

遵义市应以物流配送站为基点，固定收发货时间，统一车辆技术标准、外形尺寸和配送标识，开展适应城市生产生活的全天候配送服务作业，通过对配送车辆的通行发放通行证的管理模式，将城市日常配送经营活动纳入城市交通的统一通行管理范围，提高配送效率。

遵义市物流设施基本情况汇总如表 8-1 所示。

表 8-1　遵义市物流设施基本情况汇总

区域	序号	项目名称	项目区位	业主单位	占地面积/亩	建设内容及规模	备注（已建、在建、拟建）
播州区	1	贵州黔北现代物流新城	播州区苟江镇三合（阁老坝）	贵州遵铁物流开发投资有限公司	9 400	①公铁联运区占地 1 663 亩，划分为公铁联运快捷中转区、集装箱与保税仓储区、标准化仓储区，建材加工与配送区；②应急物流 I 区占地 590 亩，划分为标准化仓储区和配货集散中心；③货运信息服务与智能停车区占地 390 亩，同时在该功能区布局加油加气充电站；④交易市场与加工配送区占地 1 548 亩，划分为农产品交易与配送区、家居建材商贸与配送区、汽配商贸与配送区、冷链物流区、钢材建材加工区和逆向物流区；⑤应急物流 II 区占地 1 016 亩，划分为仓储配送区、定制化仓储区、城市配送区、电子商务快递中转站，同时布局标准化仓储区与加油加气电站；⑥创意产业区占地 318 亩，划分为"物流+"研发基地和"互联网+"创新基地；⑦综合服务与办公区占地 943 亩，划分为会展商务中心、行政办公区与生活配套区	在建
	2	遵义传化公路港	播州区苟江经济开发区和平大道北段	遵义传化公路港有限公司	371	总投资 4.2 亿元，建筑面积 21 万平方米，建设信息交易中心、司机之家、货运班车总站、智能车源中心、汽配中心、分拣中心、商用车和二手车市场等	在建
	3	遵义市播州区农副产品冷链物流电子商务项目	播州区苟江经济开发区和平大道南段	遵义弘鑫如冷链物流有限公司	50	农副产品标准化厂 24 000 平方米	在建

表8-1（续）

区域	序号	项目名称	项目区位	业主单位	占地面积/亩	建设内容及规模	备注（已建、在建、拟建）
汇川区	4	遵义北部物流园（汇川）	汇川区董公寺街道金星村	汇川城投	600	总投资约12亿元，分两期实施，主要建设现代仓储、城市配送、中央厨房、农商旅、物资集散、多式联运、交易展示市场、信息平台等	拟建
	5	遵义李家湾综合物流园	汇川区高坪街道李家湾		3 487	总投资75亿元，分三期实施，拟建设综合性物流园区，打造黔北军民融合综合示范园区和生产性物流示范基地	拟建
	6	遵义汇川李子坝物流园区	汇川区高坪街道清溪村		900	总投资约18亿元，主要建设现代仓储、城市配送、农产品市场等	拟建
红花岗区	7	遵义市快递分拣中心	遵义电子商务城			打造快速分拣及配送的集聚区	已建
	8	遵义市城市配送中心	粮油食品加工（物流）集聚区		500	服务于粮油食品加工周边各生产企业的物流需求和周边的物流需求	拟建
新蒲新区	9	中国辣椒城综合物流园	新蒲新区虾子高速收费站出口100米处	贵州建桥投资发展有限公司	455.5	占地面积455.5亩，总建筑面积24.6万平方米，仓储厂房及相关配套设施，园区生活生产配套齐一体，打造全国最大、最专业的辣椒物流集散中心	已建
	10	航空空港物流园	遵义机场空港		13 500	规划面积9平方千米，其中物流区面积4平方千米，仓储加工区面积5平方千米，以打造中部国际物流次中心为目标，总投资超过100亿元，建成后重点发展航空物流、大数据物流、"互联网+"物流、特色农产品冷链物流等	拟建
	11	遵义综合保税区物流园	新蒲新区空港保税区		220	打造跨境商贸物流、国内外规模化的跨境物流集聚区、信息化物流园区	拟建

表8-1（续）

区域	序号	项目名称	项目区位	业主单位	占地面积/亩	建设内容及规模	备注（已建、在建、拟建）
南部新区	12	裕腾物流园	南部新区坪岔路口	裕腾仓储服务有限公司	1 200	一期项目占地约82亩，建筑面积2.6万平方米，总投资5 000万元，于2015年3月动工，2016年1月完成建设并投入运营。二期占地约97亩，三期占地约1 000亩	在建
	13	黔北快速集聚区	南部新区遵义大道（原电子商务城）	遵义思达置业有限责任公司	700	项目占地705亩，规划建筑面积54万平方米，规划有10万平方米快速分拣中心区、电子商务大厦信息数据处理中心、大型商贸车场、仓储区、市场区以及配套服务等	拟建
仁怀市	14	遵义茅台综合物流园区	仁怀市坛厂镇	贵州茅台酒厂	1 000	白酒类配套仓储、物流、展示展销服务基地、含粮食仓储物流	在建
	15	空港物流园	仁怀机场空港			以白酒物流为主	拟建
绥阳县	16	贵州农投绥阳县冷链物流综合体建设项目	洋川镇东山村	绥阳县冷链物流发展有限公司	100.15	农产品交易区26 300平方米、冷链物流仓储中心10 000平方米、分拣加工配送中心3 700平方米，其他配套设施，办公区930平方米及道路、停车场、围墙、绿化工程	在建
	17	商贸物流快递园	县城规划区		200	设置农特产品交易、生鲜果蔬配送、物流快递等功能区	拟建
	18	绥阳县农商互联综合项目	洋川镇	绥阳县农商旅互联有限责任公司	50.2	冷链仓储物流、农产品集配场所、中央厨房、特色美食餐厅、旅游服务展示、文化展示、电子商务、加油站	已建
桐梓县	19	桐梓县农商互联综合项目	桐梓县城北面	贵州农商旅发展有限公司	60	冷链仓储物流、农产品集配中心、中央厨房、特色美食餐厅、旅游服务展示、文化展示、基地冷库等	拟建

表8-1(续)

区域	序号	项目名称	项目区位	业主单位	占地面积/亩	建设内容及规模	备注(已建、在建、拟建)
湄潭县	20	贵州茶产业标准化冷链和物流信息平台				标准化冷库仓储设施、标准托盘和周转箱、物流信息平台	在建
	21	湄潭农商旅集货中心	湄潭县经济开发区	湄潭县农商旅联互有限责任公司	50.7	农产品冷链物流、集配中心、中央厨房、旅游服务、展示中心、交易中心、数据平台、加油站	在建
赤水市	22	赤水港物流园	赤水市城区沿赤水河及高速公路匝道口区域		30(一期)	园区总规划面积9 000亩，包括港口码头建设以及河滨东路滨港城互动发展区域	在建
	23	农商旅互联综合体项目	赤水市复兴镇	赤水市农商旅有限责任公司	45	占地面积45亩，总建筑面积23 769.97平方米。其中，中接待中心2 197.2平方米，综合服务区5 280平方米，中央食品加工区1 500平方米。此外，购买设备、配套建设供排水、绿化、消防安全设施等	在建
习水县	24	习水智慧物流园	县城中心城区		416	以县城中心城区为中枢，建设集商贸办公、金融结算、信息搜集分析、审计报关等于一体的物流核心区；以黄木坪、习酒、温水、良村为支点，建设仓储物流分区；打造西南地区具有保税物流功能的重要"区域运中心"，主要功能包括专业仓储、多式联运、检疫等，打造西南地区具有保税物流功能的重要"区域陆港"	拟建
	25	农商旅互联综合体项目	习水县九龙街道	习水县农商旅联互有限责任公司	70	占地面积70亩，总建筑面积27 000平方米	在建
	26	习水南部物流园区	乌江南路			打造仓储物流园区	已建

表8-1（续）

区域	序号	项目名称	项目区位	业主单位	占地面积/亩	建设内容及规模	备注（已建、在建、拟建）
凤冈县	27	物流产业园	凤冈县龙泉镇佳美天地建材城对面		300	拟建成集物流、快递、配送、仓储、冷链、冷库、分拣、包装，售后及汽车销售和二手车交易于一体的综合项目	拟建
	28	彰教园区物流园项目	凤冈县花坪镇石盆社区		80	打造仓储物流园区	拟建
	29	凤冈县农商旅综合体建设项目	凤冈县龙泉镇与凤田国道326国公路交界处	凤冈县新线农商互联责任有限公司	50	总规划用地面积50亩，总建筑面积28 030平方米。其中，综合楼3 200平方米，特色餐饮3 800平方米，低温库房20 000立方米，高温库房6 000平方米，中央厨房20 000立方米，加油站1个	在建
余庆县	30	余庆县现代化物流园建设项目	余庆县城玉笋大道	余庆县交投公司	80	建设农副产品冷藏区、商贸展示中心、城市商品物流区，快递分拣配送区、综合办公区等功能区块	拟建
	31	大乌江水运物流园	余庆县大乌江镇沙湾码头	余庆县交投公司	200	第一期建设年货物吞吐量为300~500吨的二级货运站场。以露天货物堆场、货物配载建设为主，集装箱，住宿等。第二期建设日停车能力为100辆大中型货车的停车场，建设满足货运车辆统一停放规范管理的要求；同时，建设磷矿、石材等特殊商品堆放车，满足各类矿产品和工业产品仓储保管和物流运输功能	拟建
	32	农商互联综合体	余庆经开区	贵州省农商旅发展有限公司	70	农产品加工与物流服务、名特产品展示与交易、车辆加油与维护、旅游配套服务	在建
	33	余庆县龙溪烟花石材物流园	龙溪产业园区		200	烟花石材物流	拟建

表8-1（续）

区域	序号	项目名称	项目区位	业主单位	占地面积/亩	建设内容及规模	备注（已建、在建、拟建）
务川县	34	务川黔途物流中心	务川涅水			以铝工业园货运为支撑，为100万吨/年氧化铝提供物流保障	已建
	35	务川自治县农商旅互联综合体项目	务川自治县大坪镇九天大道旁	务川自治县农商旅有限责任公司	70	综合楼7 602平方米，中央厨房2 842平方米，冷库3 427平方米，地下建筑面积为9 531平方米（其中常温冷库3 427平方米。综合体建设主要包括冷链物流、农产品集配中心、中央厨房、特色美食、电子商务中心、展示中心、旅游服务、加油等相关配套功能业态	在建
正安县	36	正安县黔北物流中心	正安县安场镇	上海中毅达股份有限公司	820	占地820亩，建设综合办公楼、服务大楼、仓库、货物包装加工配送体系及其他配套设施等	在建
	37	正安县运福来仓储物流建设项目	正安县凤仪镇山峰村山峰组	正安县运福来仓储物流有限责任公司	50	总投资1 930万元。场地地面硬化和绿化、标准化仓库建设，基础设施配套安装等	已建
道真县	38	上坝综合物流园	上坝工业园内		450	综合性物流园，服务黔东渝南地区的大宗商品综合物流基地和农业生产资料与日用品仓储配送基地，贵州省大数据产业重要承接基地，贵州省主要的中药材基地	拟建
	39	巴渔仓储物流中心	巴渔工业园内			功能定位于城镇，生鲜、食品配送的专业物流真县周边地区服务的城镇配送中心	拟建
	40	道真县农商旅综合体	巴渔工业园内	农商旅综合体	150	冷链体系、中央厨房、连锁餐饮、电子商务、展示中心、加油站于一体	在建

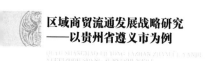

六、遵义市物流业发展重点

（一）主要任务

  遵义市商贸物流的发展应站在构建现代物流服务体系的高度，系统布置建设任务以促进现代物流业跨越发展。遵义市一是从物流供给体系方面提出完善物流设施设备、推动物流企业做强做大，二是从物流需求体系方面提出积极扩大物流市场需求，三是从物流运作体系方面提出推动重点物流领域发展，四是从物流产业体系方面提出优化物流区域布局，五是从物流技术体系方面提出推进智慧物流建设，六是从物流支撑体系方面提出完善物流金融服务。

1. 加快核心物流园区和物流节点建设

  遵义市结合产业特色和交通优势以及集聚效应，加快建设黔北现代物流新城、遵义李家湾综合物流园区、遵义北部（汇川）物流园区、新蒲虾子辣椒物流园区、新蒲新区航空物流园区、赤水港口物流园区、习水综合智能物流园区、遵义茅台物流园区等核心物流园区项目，加快推进仁怀—习水—赤水、湄潭—凤冈—余庆、务川—正安—道真、桐梓—绥阳物流节点建设，在重点乡镇规划建设一批物流配送站点，加快构建"布局合理、结构优化、功能完善、特色突出"的现代商贸物流网络，形成以主城区为核心、以县城为节点、以乡镇为基础的物流网络互联互通格局。

2. 加快构建三级物流配送体系

  遵义市统筹规划遵义物流园区和快递物流园区、城市社区和农村镇街物流配送中心、末端配送网点三级配送节点，搭建城市配送公共服务平台，形成布局合理、规模适度、需求匹配的配送网络。遵义市在商业中心区、工业集中区建设一批公共配送中心，向上与全市物流分拨中心无缝衔接，向下与城市社区和镇街末端网点紧密衔接，向外与全市各地末端网点高效衔接。

（1）加快快递物流网络建设

遵义市按照"一园区、两中转、四层级"快递物流网络布局体系，建成
1个市级现代快递物流园区（黔北快递物流园区）、两大快递物流中转站（遵
义新舟机场和茅台机场、播州区阁老坝铁路货场和高铁新城），建设县级快递
物流分园、1 000个快递服务网点（镇级物流收发站、社区或村级快递收发
点），实现"乡乡有网点、村村通快递"。到2025年，遵义市将全面建成"普
惠城乡、技术先进、服务优质、安全高效、绿色节能"的快递物流网络体系。

（2）加快建设城市共同配送体系

遵义市支持交通、邮政、商贸、供销等开展合作，整合利用现有物流资
源，进一步完善存储、转运、停靠、卸货等基础设施，加强服务网络建设，
提高共同配送能力；整合农产品基地、厂商、供应商、代理商、商贸流通、
物流配送等物流资源，建立互利互惠、长期稳定的配送联盟；按照"集中存
储、统一库管、按需配送、计划运输"的要求，依托第三方物流或供应商为
多个商贸企业、社区门店、个体商户开展共同配送；推进农副产品、纺织服
装、日用百货、家居建材、家用电器、医药用品、汽车机电、农业生产资料
等专业物流共同配送，着力提高城市共同配送率和网点覆盖率；支持大型连
锁企业加大集中采购力度，利用物流系统为所属门店和社会企业统一配送，
提高配送效率。

（3）加快发展城乡一体化配送

遵义市推进城市、镇街、村社消费品和农业生产资料配送网络体系建设，
发挥邮政公司、供销社和"万村千乡市场工程"龙头企业的网络和优势，建
立完善"布局合理、双向高效、种类丰富、服务便利"的城乡物流配送体系，
以城带乡、城乡互动，发展城乡一体化物流服务，着力提高农村商业网点统
一配送率，推广农产品直供直销模式，加快促进农村商品双向流通。贵州省
农商旅发展有限责任公司打造的14个农商旅互联综合体，集冷链物流、集配
中心、中央厨房、展示中心、特色美食、旅游服务、信息化平台、加油站等
功能于一体，有效整合农业、商业、旅游业、物流、大数据、加油站等相关
资源，着力打造"贵州农产品风行天下"流通骨干企业，搭建"100亿元投
资、100个综合体、让100万人受益"的产销体系，实现农产品产业链智能
化、集约化、网络化，推动"黔货出山"。

（4）加快发展电子商务物流配送

遵义市在遵义城区建设快递物流园，建设快递分拨转运中心，吸引国内外知名电商、快递、物流等企业等入驻，鼓励设立现代化电子商务物流中心和公共智能仓储配送中心，提高配送效率和专业化服务水平。支持重点电子商务企业建设立体化、智能化仓储并与快递企业对接，支持大型电子商务企业的仓储设施向社会开放。遵义市发展智能物流基础设施，支持社区、学校、农村的物流快递公共取送点建设，推行"网订店取"模式，鼓励建设公共自助提货柜。遵义市发挥街镇社区公共用房作用，鼓励电子商务、快递物流、社区便利店等有关企业合作，整合配送资源，合理选择物流网络节点，构建电子商务物流服务平台和配送网络，积极推进电子商务物流区域和末端共同配送。

3. 加快建设农产品冷链物流体系

遵义市推进农产品市场建设，并相应建设农产品冷链物流配送中心，建成一批储藏果蔬的常温库和储藏肉类水产品的低温库；支持龙头企业建设农产品产地集配中心和冷链设施；支持冷链企业发展冷藏车运输，建立经营联盟和区域配送网络，不断优化冷链物流网络；支持企业使用各种新型冷链物流装备与技术，引导大宗鲜活农产品产地建设预冷、销地冷藏、保鲜运输、保鲜加工等设施设备和流程管理及标准对接，推广全程温度监控设备，逐步实现从源头到终端冷链物流的无缝衔接，降低损耗，保障农产品质量。

4. 加快生产资料物流转型升级

遵义市支持生产资料物流企业充分利用新技术和新商业模式整合资源，增强信息、交易、加工、配送、融资、担保等综合服务能力，实现跨行业、跨领域融合发展，由贸易商、物流商向供应链集成服务商转型。遵义市支持工业、商业、服务企业在工业园区、物流园区，按照"现代仓储、多式联运、加工配送、产品分拨、市场批发、园区交易"六位一体的思路，有序建设粮食、木材、钢材、煤炭、农资、成品油、再生资源回收利用等大宗生产资料物流基地，促进产业、流通、消费等资源集聚整合，促进生产资料物流转型升级。

5. 加快推进物流标准化建设

遵义市支持行业协会、各类企业参与商贸物流标准的制订或修订，加强行业、企业之间的标准衔接与统一，引导提高标准应用、经营管理、产品质量和从业人员资质水平。遵义市加快推广商贸物流管理、技术和服务标准，鼓励企业采用标准化的物流计量、货物分类、物品标识、物流装备设施、工具器具、信息系统和作业流程等。遵义市开展标准化托盘循环共用试点，逐步提高标准托盘普及率，促进相关配套设施设备的标准化改造。遵义市支持物流企业加大基础设施、装备技术、服务流程、内部管理等领域的标准化实施力度，培育商贸物流标准化服务和管理品牌。

6. 加快推广应用现代物流技术

遵义市推广普及射频识别、智能标签、电子订货、数据交换、智能分拣、线路优化、信息定位、可视化、甩挂运输、集装单元化等先进技术；鼓励企业改造更新现代物流装备，提高物流作业的机械化、自动化、智能化水平和作业效率，推动智慧物流发展。遵义市着力提升信息化水平，加快推进商贸物流企业信息系统建设，发挥核心物流企业整合能力，打通物流信息链，实现物流信息全程可追踪；加快建立全市商贸物流公共信息服务平台，实现数据共用、资源共享、信息互通，发挥平台整合调配物流资源，解决物流信息不对称、接口标准不统一等问题，实现精准化、可视化管理等功能，促进货源、运输设备、物流服务等资源高度匹配。

7. 加快仓储标准化改造

遵义市鼓励应用托盘装载、货架存储、叉车作业、智能分拣等先进适用的仓储设备，加快改建现代化立体仓库，促进其与共同配送体系建设协同发展；鼓励各类仓储企业和第三方物流企业开展供应商管理库存（VMI）、准时配送（JIT）等高端智能化服务，提升供应链管理和三方物流品牌服务水平；鼓励仓储企业与供应链上下游企业合作，积极发展仓配一体化、网络化配送，延伸服务链条，提供采购存储、加工包装、分拣配送、信息服务、融资担保管理等服务。遵义市支持采用现代物流技术装备，加快推进传统仓储向加工配送中心、商品库存控制中心、增值服务中心、先进技术应用中心的现代仓储转变。

8. 加快发展绿色物流

遵义市引导物流园区向绿色物流功能区转型，鼓励采用低能耗、低排放运输工具和节能型绿色仓储设施。遵义市加快建立完善再生资源回收物流体系，建立服务于生产和消费的逆向物流网络，重点推动包装物、废旧电器电子产品等生活废弃物和报废工程机械、农作物秸秆、消费品加工中产生的边角废料等有使用价值废弃物的回收物流发展；加快建设一批回收物流中心，统一使用和管理专用回收运输车辆，提高回收物品的收集、分拣、加工、搬运、仓储、包装、维修等管理水平，促进资源循环利用，实现废弃物的妥善处置、循环利用、无害环保。遵义市鼓励发展越库作业、联合运输、公交配送、夜间配送等模式。

9. 加快培育第三方物流企业

遵义市支持第三方商贸物流企业通过参股控股、兼并重组、协作联盟等方式做大做强，形成 20 个左右技术先进、主业突出和核心竞争力强的现代商贸物流龙头企业，通过规模化、集约化经营提高商贸物流服务的一体化、网络化水平，加快培育本土的领军企业进入国内知名品牌。遵义市按需引进国内外大型品牌商贸物流企业，支持来遵义市设立地区总部和区域仓储配送、采购销售、财务结算等中心。遵义市提升中小物流企业组织化程度，引导企业规范发展、错位经营、特色服务，扭转"小、散、弱"的发展格局，减少低水平无序竞争，鼓励企业采用现代物流管理理念和技术装备，提高服务能力，培育 50 个左右第三方配送骨干企业。遵义市鼓励行业协会探索中小第三方物流企业员工集中保险办法，化解风险、维护稳定。

10. 加快发展保税物流和口岸经济

遵义市加快推进遵义市保税物流中心建设，大力发展保税物流和口岸经济，着力构建内陆国际物流枢纽和口岸高地；完善一体化大通关体系，加快推进电子口岸和物流信息化互联互通建设，提升快速通关查验能力。遵义市依托"渝新欧"国际物流大通道与重庆—东盟国际公路物流大通道，加强与沿线国家经贸合作，大力发展平行贸易；引进知名国际物流企业在遵义市设立区域总部、分拨中心、供应链营运中心、结算中心。

（二） 重点工程

遵义市商贸物流重点工程紧扣主要任务，体现以载体、平台、企业、工程建设为抓手的指导思想。一是保税物流工程以综合保税区为主要平台发展一体化的保税物流高端服务；二是大宗商品物流工程方面，遵义市建设大宗商品交易中心，增强大宗商品物流服务能力，促进物流服务体系建设；三是建设城市配送物流工程方面，遵义市打造物流发展新亮点；四是专业物流工程方面，遵义市提高家居、汽车、医药、冷链、应急物流等的服务水平；五是产业联动发展工程方面，遵义市进一步释放物流市场需求；六是智慧物流工程方面，遵义市以物联网技术提高物流运作效率；七是建设物流中心方面，遵义市优化物流区域布局；八是多式联运工程方面，遵义市拓展物流腹地。

1. 物流园区工程

遵义市建设遵义快递物流园区，推进四大物流园区以及物流园区水、电、路、通信设施和多式联运设施建设，加快推进现代化立体仓库和信息平台建设，完善周边公路、铁路配套设施，推广使用甩挂运输等先进运输方式和智能化管理技术，完善物流园区管理体制，提升管理和服务水平。遵义市结合区位特点和物流需求，发展货运枢纽型、生产服务型、商贸服务型、口岸服务型和综合服务型物流园区，发挥物流园区的示范带动作用。

2. 城乡物流配送工程

遵义市加快完善城乡配送网络体系，统筹规划、合理布局物流园区、配送中心、末端配送网点等三级配送节点，搭建城市配送公共服务平台，积极推进城市、镇街、村社消费品和农资配送网络体系建设。遵义市进一步发挥邮政公司和供销合作社的网络与服务优势，促进城乡商品的双向流通。遵义市加快建设服务城乡零售网点的区域配送中心，发展智能物流基础设施，支持城乡社区、学校的物流快递公共取送点建设。

3. 电子商务物流工程

遵义市适应电子商务快速发展需求，编制全市电子商务物流发展规划，结合电子商务示范基地、物流园区、商业设施等建设，整合配送资源，构建电子商务物流服务平台和配送网络。遵义市建成一批区域性仓储配送基地，吸引制造商、电子商务、快递和零担物流公司、第三方服务公司入驻，提高物流配送效率和专业化服务水平。遵义市探索利用公路及港口资源，发展水陆快件运输；结合推进跨境贸易电子商务试点，完善一批快递转运中心。

4. 农产品物流工程

遵义市加大粮食仓储设施建设和改造力度，引进先进粮食仓储设备和技术，切实改善粮食仓储条件，积极推进粮食现代物流设施建设，发展粮食储、运、装、卸"四散化"和多式联运，满足粮食收储需要。遵义市加强鲜活农产品冷链物流设施建设，支持大宗鲜活农产品产地预冷、初加工、冷藏保鲜、冷链运输等设施设备建设，形成重点品种农产品物流集散中心，提升批发市场等重要节点的冷链设施水平，完善冷链物流网络。

5. 再生资源回收物流工程

遵义市加快建立再生资源回收物流体系，重点推动包装物、废旧电器电子产品等生活废弃物和报废工程机械、农作物秸秆、消费品加工中产生的边角废料等有使用价值废弃物的回收物流发展。遵义市加大废弃物回收物流处理设施的投资力度，加快建设一批回收物流中心，提高回收物品的收集、分拣、加工、搬运、仓储、包装、维修等管理水平，实现废弃物的妥善处置、循环利用、无害环保。

6. 应急物流工程

遵义市建立统一协调、反应迅捷、运行有序、高效可靠的应急物流体系，建设集满足多种应急需要于一体的物流中心，形成一批具有较强应急物流运作能力的骨干物流企业。遵义市加强应急仓储、中转、配送设施建设，提升应急物流设施设备的标准化和现代化水平，提高应急物流效率和应急保障能力。遵义市建立和完善应急物流信息系统，规范协调调度程序，优化信息流程、业务流程和管理流程，推进应急生产、流通、储备、运输环节的信息化建设和应急信息交换、数据共享。

7. 多式联运工程

遵义市加快推进多式联运设施建设，构建能力匹配的集疏运通道，配备现代化的中转设施，建立多式联运信息平台。遵义市完善港口、铁路、公路集疏运设施，提升临港及铁路场站通道能力；发挥铁路集装箱场站作用，推进内陆城市和港口的集装箱场站建设；构建与铁路、水陆、公路货运站能力匹配的公路集疏运网络系统。遵义市发展铁水联运、公铁联运、陆空联运，加快推进大宗散货水铁联运、集装箱多式联运，积极发展干支直达和江海直达等船舶运输组织方式，探索构建以半挂车为标准荷载单元的铁路运输、水路滚装运输等多式联运体系。

8. 物流信息平台工程

遵义市整合现有物流信息服务平台资源，形成跨行业和区域的智能物流信息公共服务平台；加强综合运输信息、物流资源交易、电子口岸和大宗商品交易等平台建设，促进各类平台之间的互联互通和信息共享；鼓励龙头物流企业搭建面向中小物流企业的物流信息服务平台，促进货源、车源和物流服务等信息的高效匹配，有效降低货车空驶率。遵义市以统一物品编码体系为依托，建设衔接企业、消费者与政府部门的第三方公共服务平台，提供物流信息标准查询、对接服务。遵义市建设智能物流信息平台，形成集物流信息发布、在线交易、数据交换、跟踪追溯、智能分析等功能于一体的物流信息服务中心；加快推进全市交通运输物流公共信息平台建设，依托东南亚物流信息服务网络等已有平台，开展物流信息化国际合作。

第九章
遵义市会展中心发展研究

遵义市围绕黔川渝结合部中心城市战略定位，建设黔川渝结合部会展中心，把会展业打造成为遵义市新的经济增长点和重要的支柱产业之一，形成品牌汇集、主体活跃、体系完善、效益突出的会展经济发展良好格局，在推进黔川渝结合部中心城市建设中体现独特地位和发挥重要窗口作用。

一、会展及会展业概述

（一） 会展及其相关概念

1. 会展

会展是经济发展到一定阶段的产物，能够反映企业的品牌形象、文化理念，同时也能够体现出社会的整体经济文化现状，是经济的重要增长点。随着经济的发展，会展业不断壮大，但是学术界对会展的概念尚未形成统一的界定。普遍的观点认为会展是一个综合性的平台，各行各业人士通过其进行物资交换、思想交流并最终达成合作意向。

国外对会展的概念界定可以划分为三大典型流派：一是欧派，即将会展作为会议与展览的总和，称为"C&E"（convention and exposition）或"M&E"（meeting and exposition）。这是对会展最早的定义。二是美派，即认为会展包括公司会议、奖励旅游、协会或社团组织大会、展览会四部分，将会展称为"MICE"（meeting, incentive tour, convention, exhibition or exposition）；三是综合派，即在美派的"MICE"基础上加入节事活动（event），发展为"MI-CEE"。如今，综合派的观点成为国际统计标准口径和专业会展行业协会划分标准。

国内学者从不同的角度对会展进行了界定，可以划分为内涵型、外延型、内涵和外延型三种类型。内涵型会展仅指不同参与者聚集在一起形成的展览及各种会议的总称；外延型会展则包含了其一切外延，如各种国际国内会议、博览会、各种展销会议、体育赛事及节庆活动等。本书采纳内涵和外延型的观点，认为会展是会议、展览、展销、体育等集体性活动的简称，是指在一定地域空间，由许多人在一起形成的、定期或不定期的、制度或非制度的、传递和交流信息的群众性社会活动。会展具体包括各种类型的大型会议、展览展销活动、体育竞技运动、大规模商品交易活动等，如各种展览会、博览会、体育运动会、大型国内外会议和交易会等，其中展览业是会展的重要组成部分。

2. 会展业

会展业是指会展活动为参加活动的各方提供的所有服务和产品。其中，会议和展览为其核心部分，节事活动为中间层，奖励旅游为外围层，涵盖了会展的内涵和外延。在《国民经济行业分类》（GB/T4754-2017）的行业界定中，会展业是指以会议、展览为主，也可附带其他相关的活动形式，包括项目策划组织、场馆租赁、安全保障等相关服务，具体包括科技会展服务，旅游会展服务，体育会展服务，文化会展服务，其他会议、会展及相关服务。

会展业的核心是提供相关的服务和产品，具体而言，包括以下几个方面：一是筹划并举办各种规模、各种性质、各种目的的国际或国内会议；二是筹划并举办各种规模、各种性质、各种目的和各种形式的国际或国内展销会、展览会、交易会和博览会；三是筹划并举办各种规模、各种性质、各种内容和各种形式的节事活动；四是筹划并安排各种规模、各种目的、各种层次的奖励会议和奖励旅游活动；五是提供上述各项会议、展览、节事活动、奖励旅游所需的各种场馆、设施以及配套服务，如场地、展台设计与搭建、租赁、货运、仓储、报关、检疫、保险、通信、翻译等服务；六是安排和提供上述各项会议、展览、节事活动、奖励旅游的参与者所需的各种住宿、餐饮、交通、游览、娱乐、购物等各种生活接待服务。

会展业由一系列相关产业、行业和企业组成，是综合性和关联性非常强的行业。会展业不仅能促进其他相关产业发展，缓解就业压力，还可以提高城市美誉度，提升城市国际形象。许多国家和地区，特别是国际知名的大城市，将会展业列为区域经济发展的支柱产业或重点产业，并将其作为区域经济发展的亮点纳入社会经济发展的总体规划中。

3. 会展经济

会展经济是指以会展业为支撑点，通过开展会展活动，引发关联效应，带动交通、通信、餐饮、娱乐、旅游、零售、广告、印刷、物流等相关产业发展的一种综合经济，创造出高额的经济价值，提供广泛的就业机会，对社会综合经济增长起拉动作用，表现为一种经济现象的多种形态。

会展经济以会展行业为中心，由提供专门会展服务及附属配套服务的行业和企业构成，包括核心层、辅助层和配套层三个层面。核心层是为会展活动提供场馆、设施、服务的企业组织，通常由会展组织者、会议中心及展览场馆、会展设计及搭建公司、会展服务机构等组成，为会展的策划、招商、营销、设计、场馆租赁、运输物流和现场服务等提供专业化的行业服务；辅助层包括住宿业、餐饮业、交通业、通信业、物流业、旅游业、零售业等；配套层范围最广，能直接或间接为会展活动主办单位、参与方和观众提供服务的部门，都可以包括在此范围内，如法律咨询、媒体广告等。

（二）　会展的属性

1. 商业属性

会展作为一种市场形式，通过信息的收集整理及传播，为生产者和消费者的交易活动提供平台及信息服务，在短时间内将买卖双方集聚在一起，使其能够面对面沟通交流、完成交易、创造价值。

2. 集聚属性

会展通过聚合大量的生产者、消费者、商品、信息等要素，在特定的时间和空间范围内产生聚集效应。这种聚集属性能够产生多种形式的经济效益，一方面能够提升城市的影响力，另一方面能够促进各种思想和文化的交流，为新知识、新文化的产生提供传播平台。

（三）　会展的主要内容

1. 会议活动

会议活动是会展活动最重要的内容之一。会议是组织内或组间最直接、最快捷、最有效的沟通方式。常见的会议形式包括行政会议、培训会议、交易会和学术研讨会，承载着决议命令下达、素质技能传授、市场信息共享、学术思想交流等功能，产生出非常具有价值的信息。不同的会议级别对会议场地档次、会务工作流程、会议工作人员提出不同的要求和标准，需要专业化的会议公司提供专门的会议场地和会务服务。

2. 展览活动

展览是信息、通信和娱乐综合信息的传递与沟通，是充分挖掘五官感觉的营销媒介。展览会是展览活动中最直接、最专业、最有效的传递媒介，由参展商、展览组织者、展览场所、展览服务商、观众五大部分构成。展览会按照项目内容不同可以分为综合类展览项目和专业类展览项目，按照展览项目的性质不同可以分为贸易类会展项目和消费类会展项目。从展览的发展趋势看，"展中有会"成为新模式，现代展览不再仅仅是商品展示和交易的平台，还同时配合了专业会议和专业活动，以提高展览会的展示和交易效果。

3. 会展旅游

会展旅游是借助举办会议、研讨、论坛等会务活动以及各种展览而开展的旅游形式，是一种商务旅游形式。会展旅游有广义和狭义之分。广义的会展旅游是以会议和展览为目的的旅游，包括会议旅游和展览旅游等各种出于工作需要的旅游和奖励旅游；狭义的会展旅游是为会议和展览活动的举办提供展览会场馆之外的、与旅游业相关的服务，并从中获取一定收益的经济活动。会展旅游是一种高级的、特殊的旅游活动形式。根据会展活动形态的不同，会展旅游可以分为会议旅游、展览旅游、节事旅游和奖励旅游四种类型。

4. 节事活动

节事活动是指依据节庆、事件等精心策划的各种活动。节事活动包括某个特定的仪式、演讲、表演和节庆活动，各种节假日及传统节日以及创新的各种节日和事件活动。节事活动的内容应具有浓郁的文化韵味和地方特色，如依据地方产业形成的啤酒节，依据地方民俗形成的泼水节、风筝节，依据地方自然景观形成的冰雪节、森林节等。节事活动的实质为商业活动，使得参与节事活动的服务行业收入增长，并带动相关行业的发展。

5. 特殊活动

特殊活动是指没有固定会展时间、固定会展地点的会展活动。例如，歌星的演唱会、影星见面会、足球邀请赛等。

（四）　会展的功能

1. 经济功能

会展的经济功能体现在直接的拉动作用和间接的带动作用两个方面。直接的拉动作用体现在会展活动的开展期间，会展产品、会展服务通过交流、共享和交换所引起的直接经济效益。据统计，会展经济的平均利润率一般在20%～25%。据不完全统计，美国一年举办200多个商业会展带来的直接经济效益超过38亿美元，会展经济年消费额达828亿美元，并产生1 230万美元的直接税收。间接的带动作用主要表现为举办会展能够带动相关产业发展。会展经济的发展不仅能够极大地促进一个城市和地区房地产、宾馆、餐饮、旅游、交通、商业、广告、传媒和信息等相关行业发展，还可以有效带动金融、保险、市政、环保等行业发展。

2. 交易功能

会展市场是典型的双边市场，会展企业是典型的双边市场企业，它们为会展市场中的供给方与需求方提供交易匹配的便利。会展企业通过展览会特有的近距离感受产品和特有的商业气氛，发挥独特的产品展示的作用；通过展览会独特的高科技手段和促销公关活动，使客户深入了解企业的品牌和理念；通过培育供需双边客户规模，提供双边用户认识、洽谈、交易的机会，提升交易成功的概率。一般，通过展览会达成的购销合同数多少作为展览会成功与否的标志。

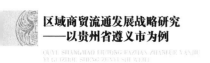

3. 信息功能

会展活动在一定的时间和空间内聚集大量的商流、物流、信息流和资金流，使得显性知识、隐性知识，内部知识、外部知识在行业内与行业间充分流动。丰富的信息和知识的传播极大地减少了商业活动中的不确定，提升了生产与贸易效率，提高了人们的生活品质，产生了高效低耗的经济功能，创造了经济均衡的巨大可能性。

4. 调节功能

会展经济能够优化供需结构。一方面，会展平台充分展示新产品、新技术、新成果的功能、特性，可以有效吸引需求方的注意，丰富需求方的购买选择，优化需求结构；另一方面，会展平台使竞争性厂商汇集在一起，为综合比对竞争性产品在性能、质量、价格、售后服务上的差异提供了可能，有利于供给方充分、全面、准确地把握市场竞争态势，改进企业生产经营决策，优化供给结构。此外，会展活动为产品的跨区域、跨文化、跨民族、跨环节的流通创造了条件，有利于供需结构的调节。

5. 整合功能

由于会展经济的产业关联效应和扩散效应很强，因此会展经济对关联产业具有极强的资源整合能力。优先发展会展业，可以带动餐饮业、旅游业、零售业、交通业、运输业、仓储业、通信业、广告业、银行业、保险业、信托业等商贸服务业的发展，将这些资源整合在一起，产生规模经济与范围经济效应，形成会展业与关联行业的正反馈机制，构筑起共生共荣的产业生态圈，不仅带动相关产业和行业的发展，而且带动区域经济的发展。

（五） 会展的发展趋势

1. 市场化

在欧美发达国家，政府不直接参与会议或展览会的组织和管理，而是为会展业的发展提供必要支持，除了提供优惠政策、投资兴建场馆、资助企业出国参展外，还协助、促进会展公司开展会议或展览会的推广工作。我国的会展业随着市场经济的继续发展和企业市场意识的不断增强，政府也将从会展的前台退至后台，对会展的管理将由直接和微观管理向间接和宏观管理转变。政府不直接参与会展活动的经营，而转向加强对会展基础设施建设的投入，并通过制定相应的政策和法律法规来规范会展市场行为。会展营销主体将完全市场化，政府将逐步退出办展主体，民营、合资等性质的会展公司，专业会展协会将逐步成为会展营销主体。

2. 多元化

会展在坚持品牌建设的基础上实施多元化营销策略，除了采用传统的广告、邮寄等手段外，还应积极加入国外会展市场，如在国外设立代表处，寻求代理商，最主要的是在降低经营成本的同时实现规模效应。除通过收购与兼并实行展览项目的集中与集团化经营外，国外大型展览公司还拥有报纸、杂志、网站等媒体，以便综合利用各种手段和渠道。是否有专业媒体的参与和支持成为展览会能否被称为世界级专业展览会的标准和重要因素之一。

3. 规范化

众多会展发达国家的成功实践都已证明，顺畅的行业管理体制是城市会展业健康发展和整体促销的基础条件。目前，我国会展业发展过程中产生的一些问题在很大程度上是由于会展法规的不完善和体制的不健全，行业多头管理、企业单纯利润导向等局限性使政府在组织会展公司和旅游企业开展联合促销时存在很大障碍。这方面我国可以借鉴法国专业展览会促进委员会的成功模式，本着平等自愿的原则，成立全国范围内的促销联合体，使得面向全球开展联合促销成为可能。

4. 细分化

国际会展业已经形成了细致的市场分工，将会展业分为会议、展览、奖励旅游和节事活动。在会议市场中，按会议组织者不同，会议市场可以分为公司会议市场、协会会议市场以及非营利组织会议市场。相比之下，我国的会展业仍处于发展初期，还没形成细分市场，但今后随着我国会展业的发展和成熟，必将产生细化的分工，形成专门经营展览业、会议业、奖励旅游、节事活动以及更细分市场的格局。

二、遵义市会展业发展状况

（一） 会展规模不断扩大，整体规模仍然较小

随着经济全球化的不断发展，会展业已经成为衡量一个城市国际化程度和经济发展水平的标志之一。"十二五"期间，遵义市组织开展各类大型促销和赛事节庆活动 300 余场次，会展规模不断扩大。但与其他同等城市相比，遵义市会展业发展水平仍存在较大差距。尽管遵义市承办了"中国·贵州国际茶文化节暨茶产业博览会""中国（遵义）国际辣椒博览会"等全国性会展，但整体而言每年承办会展数量较少，且大部分会展处于"小、散"状态。制约遵义市会展业发展规模的因素很多，其中展览会场馆面积和规模的限制是重要的影响因素。

（二） 品牌培育初见成效，专业化水平有待提升

"互联网+"使会展活动不再是单纯的商业活动，而通过新技术、新产品、新理念的展示与交流，实现信息传播，促进商品和生产要素的流动，搭建新技术推广和生产效率提高的平台，为会展举办地的经济发展做出贡献。近年来，遵义市会展业形成了茶博会、辣博会等具有一定影响力的展览会，但会展业整体的专业化水平不高，尚未充分发挥遵义市优势产业和特色文化的支撑作用，投资洽谈类、工业装备类、建材家居类、农业类等专业会展及主题鲜明的特色会展活动严重不足。这也是导致会展场馆使用率较低的原因之一。

（三） 品牌影响力不断提升，会展档次整体偏低

目前，遵义市培育了酒博会、茶博会、辣博会、旅发会、房交会、年货节、黔北美食节等一批较有影响力的品牌展览会和节庆活动，但会展项目的国际招商水平较低，国际参展商和采购商比重不高。同时，本土会展企业缺

乏参加国际展览协会（UFI）、国际大会与会议协会（ICCA）等国际性组织的认证意识，尚未形成品牌评价机制，导致已有品牌会展缺乏国际影响力。由于缺乏举办大型会展的经验，遵义市会展业现有布展水平较低，展位设计缺乏个性，会展业仍处于缺乏特色的低层次发展阶段，承办的展览会难以达到预期效果。

（四）　会展从业人数不断增加，专业人才较为匮乏

随着遵义市会展业的发展，会展业从业人数不断增加，但由于遵义市会展业发展时间较短，会展人才储备不足，会展组织者、管理者、从业人员及其他基础服务人员多未经过严格的专业培训，从业人员素质整体较低，很难满足会展活动组织与接待的特殊需要。较低的组织水平和服务质量制约了遵义市会展业的发展。会展业是综合性行业，要求从业人员既要具备会展专业知识。又要熟练掌握会展实践操作技巧，涉及经济学、管理学、计算机信息工程等多学科知识。在人才培养上，政府、高校、企业、中介机构、行业协会需要紧密协作。人才培养难度大导致遵义市会展专业人才匮乏。

三、遵义市会展业发展目标

（一）　总体目标

根据《中共遵义市委关于加快第三产业发展的意见》要求，结合黔川渝结合部中心城市、西部内陆开放新高地的总体发展定位，遵义市会展业发展总体定位为黔川渝结合部会展中心，打造成为区域性会展中心。

为实现黔川渝结合部会展中心这一战略定位，遵义市会展业发展应在黔川渝结合部地区持续保持领先水平，分以下两阶段实现：

到2020年，专业展馆及会议设施总面积达30万平方米以上，年举办展览会的展览面积总和超过200万平方米，年举办区域性以上会展数量200场

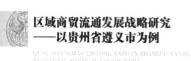

次以上，年实现会展直接经济收入 10 亿元以上，带动相关产业增加收入 100 亿元以上，初步建成黔川渝结合部会展中心。

到 2025 年，专业展馆及会议设施总面积达 40 万平方米左右，年举办展览会的展览面积总和超过 300 万平方米，年举办区域性以上会展数量 300 场次以上，年实现会展直接经济收入 20 亿元以上，带动相关产业增加收入 200 亿元以上，建成具有一定国际及国内影响力的黔川渝结合部会展中心。

（二）综合目标

1. 会展服务质量

遵义市要加快会展场馆及会展企业的国际质量认证。到 2020 年，会展中心区场馆和主要企业通过国际标准认证；到 2025 年，主要会展场馆与企业全部通过国际质量认证。遵义市要大力培育以现代化手段开展会展活动的企业，实现从粗放型办展向集约型办展的转变，使主要会展场馆实现科技现代化。

2. 会展从业人员

遵义市要加快培养会展及相关专业本专科大学生，以满足会展业发展对人才的需求。到 2025 年，遵义市要实现会展专业策划、会展设计、翻译、会展管理等人才数量和质量均居黔川渝结合部地区首位。

3. 会展级别

遵义市要提升全国性会展比重和国际性会展比重，将遵义市会展办成名副其实、有规模、有质量、有效益、有影响的会展，在继续做好已有品牌会展的基础上，大力办好大规模的国际性专业会展。

4. 展馆利用

遵义市要大力发展会展专业企业，提高展馆面积利用率。到 2020 年，遵义市会展场馆面积利用率达到 40%；到 2025 年，遵义市会展场馆面积利用率提高到 60%。

四、遵义市会展业发展思路

（一） 遵义市会展业发展的总体定位

遵义市会展业发展的总体定位是黔川渝结合部会展中心，即黔川渝结合部区域最重要的、在长江经济带有重要影响的、在全国有一定知名度的区域性会展中心城市。

1. 黔川渝结合部最大的会展中心

遵义市要加快具有自身文化特色和富有层次性、立体感的城市会展体系建设，将遵义市会展中心建设成集会展设施最完善、会展数量最多、品牌会展最密集、会展管理最规范、会展服务最优质、会展效益最明显、会展相关产业联动最紧密的多元组合功能于一体的黔川渝结合部最大的会展中心城市。

2. 全国著名的红色文化会议中心

遵义市要着力突出会展中心建设的红色文化内涵，着力推动会展中心建设与红色文化结合、与康养产业融合，将黔川渝结合部会展中心建设成为集红色文化浓郁、康养休闲一流的全国性著名文化体验和康养休闲型于一体的会议中心。

3. 全国著名的特色产业会展中心

遵义市要着力围绕世界酱香型白酒产业基地、辣椒产业基地、茶叶产业基地等特色产业基地，着力推动会展中心建设与特色产业的深度融合，在"中国酒都·华夏民族酒文化博览园"举办"中国（赤水河流域）酱香型白酒国际博览会"或设置"中国（贵州）国际酒类博览会"高端论坛，依托中国辣椒城打造"中国（遵义）国际辣椒博览会"，依托茶博会中心场馆打造"中国·贵州国际茶文化节暨茶产业博览会"，将黔川渝结合部会展中心建设成为特色产业鲜明的全国著名特色产业会展中心。

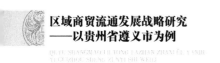
4. 全国著名康养商务会议目的地

遵义市要彰显"山水相望、宜居宜业宜游生态城市"魅力，围绕医疗康养中心，打造全国著名的康养休闲商务会议目的地。

（二） 发展思路

1. 特色化主线

遵义市要发挥城市优势，围绕特色产业优势，突出白酒、茶叶、辣椒、石斛等会展特色化主线，推动会展特色化产业链发展。

2. 市场化发展

遵义市要政府主导，市场主体，发展壮大会展业；培育壮大市场主体，坚持打造完整的市场化产业链，推进场馆市场化运营；完善以展览会服务产业、产业推进展览会的市场化运作路径，形成竞争有序、充满活力的会展业市场格局。

3. 专业化运营

遵义市要积极培育引进专业化的办展机构，加快培育会展专业人才，加快专业场馆的建设和提升改造，推进各类展览和会议的专业化运作，加强专业会展与各个产业发展的契合度，推动会展业向专业化方向发展。

4. 品牌化培育

遵义市要以培育品牌化作为会展业发展的重要着力点，加强知名品牌会展项目引进，培育发展遵义国际会议展览中心等新型品牌会展，以品牌增强会展的黏性，全面提升"中国·贵州国际茶文化节暨茶产业博览会""中国（遵义）国际辣椒博览会"等展览会的品牌知名度和对外影响力。

5. 智慧化应用

遵义市要积极应用云计算与大数据、物联网、移动互联网等信息技术提升传统会展业，推进办展实体信息化，建设新型智慧场馆并对现有场馆进行智慧化改造，推进会展业智慧管理和智慧服务。

6. 生态化发展

生态优先，绿色发展，积极提高会展场馆规划、设计与建设的坚持生态化水平，制定与推行会展展台和搭建材料的生态化标准，厘清会展产业链上下游要素发展之间的相互关系，实现会展业的绿色可持续发展。

7. 国际化视野

依托共建"一带一路"倡议和"渝新欧"国家级对外战略通道，充分利用重要会议和重要赛事举办契机，加大品牌会展国际宣传、国际输出力度，引进国外知名会展，大力推进国际合作交流，扩大品牌会展区域和国际影响力，提升遵义市会展业的国际化水平。

五、遵义市会展业发展布局

黔川渝结合部会展中心按照"一主两副多板块"布局，形成由会展中心区、区域性会展副中心、特色会展板块三个层次构成的空间布局体系。"一主"，即以中心城区为会展中心区；"两副"，即以西部仁怀、东部湄潭为两个区域性会展副中心；"多板块"，即结合各区县产业特色、民俗文化、生态资源等，充分利用商圈、商业街、酒店、交易市场、物流园区、体育场等场馆资源及会议设施，大力发展特色鲜明的主题展览、商务会议、品牌节庆，打造一批特色会展板块。

专栏9-1　遵义市会展业"一主两副"功能定位

①会展中心区：立足黔川渝结合部区域性中心城市的总体发展定位，将红花岗区、汇川区、播州区、新蒲新区作为会展发展的主要区域，建成黔川渝结合部会展中心的窗口和标志性区域。
②西部会展副中心：立足特色轻工业、生态旅游产业带的产业发展定位，以优质酱香型白酒、能源化工、特色优势产业为中心，将仁怀打造成为西部片区特色经济会展中心。
③东部会展副中心：立足生态农业、康养旅游服务产业带的产业发展定位，以绿色食品、特色产业为支持，将湄潭打造成为东部片区特色经济会展中心。

（一） 会展中心区布局

遵义市会展中心区是指由中心城区范围内红花岗区、汇川区、播州区、新蒲新区组成的会展业基础较好、会展及相关产业发展较为成熟的会展发展重点区域。此区域是遵义市经济、文化、社会事业等资源最为富集、发展程度最高、最能代表遵义市现代化形象的区域，是遵义市黔川渝结合部会展中心的窗口和标志性区域。

会展中心区是遵义市会展业最高水平的体现，在会展基础建设上体现国际化、现代化的特点，形成以遵义凤凰山会展中心、遵义（红花岗）国际会展中心、遵义（新蒲）国际会展中心为核心，以专业会展、特色会展为支撑的会展发展体系。遵义市应重点建设遵义（红花岗）国际会展中心和遵义（新蒲）国际会展中心。遵义（红花岗）国际会展中心突出展览功能，集展览、会议、商务等多功能于一体，包括展示展览中心、商务型会议中心、配套酒店等设施；遵义（新蒲）国际会展中心突出会议功能，集会议、展览、食宿、购物、商务、文化、休闲等功能于一体，同步完善交通、通信、住宿、餐饮等相关配套设施，以适应遵义市会展业发展需要。

遵义市要统筹场馆使用，建立协调机制，树立广义上的"会展场馆"概念，统筹使用展馆、展场、会场、市场等，增强统筹意识，设立相应机构对场馆使用进行统一管理，协调各场馆发挥最大效用。

专栏 9-2　遵义市会展场馆分类

①专业会展场馆：遵义凤凰山会展中心、遵义（红花岗）国际会展中心、遵义（新蒲）国际会展中心等。

②以会议为主的场馆：各高等院校学术报告厅、四星级以上宾馆等。

③以展览为主的场馆：遵义城乡规划展览馆、遵义市博物馆、遵义市文化馆、遵义市美术馆、遵义V谷会议会展中心、"万国馆"进口商品展销中心等。

④体育赛事和展览功能兼具的场馆：市级、区级和高等院校的体育馆、体育场、游泳馆等体育赛事专业场地。

⑤经营与展览功能相结合的场馆：国际建材城、遵义国际汽车贸易城、黔北国际汽车博览交易中心、中国辣椒城、新雪域农产品交易市场、汇川区金融小镇、汇川区文化产业园、红军街、黔北老街等商业街及大型商品交易市场。

⑥各大商圈步行街室外展览会场地：丁字口商业街、珠海路商业街、港澳商业街等。

（二）　会展副中心布局

西部仁怀区域性会展副中心依托赤水河流域区域性中心城市建设，围绕"中国国酒文化之都"城市定位，打造具有国际国内影响力的会展品牌，建设成为贵州省内重要的商务会展基地，不断提升城市品牌形象；深度挖掘和延伸仁怀酱香型白酒上下游产业链，结合"中国酒都·华夏民族酒文化博览园"，围绕酱香型白酒全产业链打造品牌会展，形成以会展带品牌、以品牌促会展的良好发展格局，积极争取设置"中国（贵州）国际酒类博览会"分会场或高端论坛。

东部湄潭区域性会展副中心将会展业发展与地方特色产业相结合，使会展业与茶、酒、烟、辣椒、粮等地方优势产业开发形成良好的互动效应；加大"中国·贵州国际茶文化节暨茶产业博览会"建设力度，将其打造成为具有国际化水平、在全国具有较大影响力的品牌会展；定期举办特色产品中小型会展，提高场馆利用率，通过组建会展协会、培育会展企业、加强会展人才培训等方式，提升会展承办能力。

专栏9-3　遵义市区域性会展副中心场馆建设重点

①西部仁怀区域性会展副中心：在"中国酒都·华夏民族酒文化博览园"的"白酒金融信息中心"功能板块建设会展专用场馆，室内展览面积30 000平方米以上，建设三星级以上酒店1~2家。
②东部湄潭区域性会展副中心：完善茶博会展中心场馆建设，提升互补场馆、场地、酒店档次，完善餐饮、娱乐、购物等配套服务功能。

（三）　特色会展板块布局

特色会展板块主要依托各区县商圈、商业街、酒店、交易市场、物流园区、体育场等场馆及会议设施，结合地方自然、文化、产业特色布局特色展览和商务会议，培育特色节庆，提升会展品牌影响力；按照"共享资源、共塑品牌、共同参与"的理念，加强会展项目合作，积极整合主题相近的节庆活动，通过联动办会、共享平台，打造一批特色鲜明的品牌展览会。

遵义市特色会展板块发展重点如表9-1所示。

表 9-1　遵义市特色会展板块发展重点

特色会展板块	发展重点
中央商务区（CBD）板块	依托新蒲新区和高铁新城完善高档酒店配套及商务办公配套，打造集金融、贸易、服务、展览、咨询等多种功能于一体的高端商务会议板块
中央活动区（CAZ）板块	结合新蒲、深溪、高坪、播州等城市湿地公园景观优势，依托新蒲奥体中心场馆资源及周边配套的高端会议酒店设施，打造集商务办公、休闲旅游、文化娱乐、体育健身等功能于一体的高端会议休闲板块
红花岗商圈板块	依托红花岗区成熟的基础设施配套和商务配套，充分利用百盛、红军街等商业设施及高端会议酒店设施，提升完善商贸、商务、文化、旅游产业功能，打造以商业商务、观光旅游、红色文化为主题的商贸会议板块
汇川商圈板块	依托遵义市博物馆、遵义市图书馆、文化馆、体育中心等设施平台，以文化交流、体育运动、休闲旅游为重点，以会议论坛、文化展览、文体竞技、表彰奖励等项目为引领，完善会议酒店商务配套，打造以文化体育为主题的文体会奖板块
播州商圈板块	依托古播文化、长征文化、民族文化、三线文化等文化资源，结合特色产业，实施"文化品牌"升级战略，完善高端商务、酒店等业态，打造以"播州文化"为主题，以文化展览、会议论坛为龙头的文化会展板块
绥阳板块	依托"诗画绥阳·养生天堂"及"中国金银花之乡"品牌，以"国际洞穴旅游科考节"为带动，完善商务、酒店等业态，打造以体育运动、生态养生、休闲旅游、产品交易为重点的休闲会展板块
桐梓板块	结合杉坪花海、柏箐自然保护区、黄莲原始森林、古夜郎漂流、羊磴河漂流、水银河漂流等旅游资源及花秋土鸡、桐梓蜂蜜、桐梓方竹笋等特色产业，利用交易市场、特色商业街、酒店等会展设施，打造商业商务、休闲旅游相结合的休闲会展板块
凤冈板块	围绕"中国富锌富硒有机茶之乡"品牌，依托土壤富含锌硒的独特优势，充分利用遵义高校、科研院所的资源，以"富锌富硒有机农产品"为重点，举办"双有机"论坛、产品展销会，打造特色产业会展板块
余庆板块	围绕"中国小叶苦丁茶之乡"品牌，积极争取成为"中国·贵州国际茶文化节暨茶叶博览会分会场"，依托茶文化广场、余庆坊·玉河茶旅游示范园区等，策划举办"茶叶精深加工暨标准化主题峰会"、茶艺展示、苦丁茶展销会等系列会展活动，打造以茶产业为主体，集商贸商务、生态旅游于一体的特色产业会展板块

表9-1(续)

特色会展板块	发展重点
湄潭板块	依托"茶城、酒乡、烟县、粮仓"品牌优势,充分发展湄潭在茶叶、白酒、烤烟、原米等产业上的优势,积极争取相应的产业发展论坛、产品推介、产业博览会落户湄潭,通过共塑品牌、共同参与,高标准打造展览、会议、节庆多业态融合发展的生态产业会展板块
仁怀板块	突出"国酒文化",依托茅台中国酒文化城、中国酒都酱酒文化纪念馆、石刻龙建筑群国酒文化城等,发挥仁怀酱香型白酒产业优势,结合白酒产业链发展产业、产品推介、博览等专业会展,打造以商务贸易、文化展示、会议服务等为主要内容的商贸文化会展板块
习水板块	拥有四渡赤水纪念馆、女红军纪念馆、赤水河航运历史陈列馆、赤水河盐运文化展览馆、土城古镇博物馆等历史文化资源,同时拥有国家森林公园、中国·丹霞谷旅游度假区等生态景观资源,重点完善提升城区及景区高端会议酒店设施,打造以高端论坛、商务会议、文化展示为主导的红色文化康养会展板块
赤水板块	拥有赤水丹霞国家地质公园、赤水竹海国家森林公园等景观资源及石斛、晒醋、竹等特色产业资源,依托特色商品交易市场及产业园区,重点建设赤水南部新城会议中心和旅游休闲中心,同时完善城区及景区高端会议酒店设施,将会展业与旅游、康养、优势产业发展相结合,打造以商务会展、康体养生、休闲度假为主导功能的旅游生态康养会展板块
正安板块	围绕"吉他之乡"品牌,依托吉他广场、吉他展览馆、吉他音乐村、吉他手工作坊、吉他演奏街区等,以"产业+文化+旅游"为主线,策划"吉他文化艺术节""吉他产业发展论坛""吉他博览会"等一批会议、展览项目,打造以吉他制造为主的专业会展板块
道真板块	结合道真"神秘仡佬、养生天堂""中国最佳环境生态宜居县"的品牌优势,依托仡佬文化博物馆、大沙河仡佬文化国际度假区、中国傩城,大力发展民俗体验、文化展示、休闲度假、生态养生等产业,打造文化、旅游、休闲、度假、养生、养老相结合的民俗会展板块
务川板块	围绕"仡佬文化发源地""大元古国发源地""邹氏家族发源地"等文化历史资源,提升"仡佬之源,丹砂古县"影响力,依托仡佬文化研究院,打造以仡佬民族文化为重点,以文化论坛、学术会议、科研会议为主题的民俗文化会议板块

六、遵义市会展业发展重点

（一） 构建五层次会展体系

　　遵义市承办和举办的会展按重要程度可分为国际性会展、全国性会展、跨省市会展、全市性会展、区县性会展五个层次。遵义市应积极争办国际性会展，全力举办全国性会展，努力承办跨省市会展，大力搞活全市性会展，创新提升区县性会展，对各层次会展均应予以重视，但应根据建设黔川渝结合部会展中心的需要各有侧重。

专栏9-4　各层次会展发展重点

①国际性会展：尽力争取国外某一国家拟在中国举办的展览会、洽谈会等；积极争取跨国企业拟在西部地区召开的订货会；争取买断1~2个国际品牌展览会的举办权，使之长期落户遵义市；积极参与国际性展览会，打造一批在国际上有影响力的产品，作为举办和参与国际展览会的基础。

②全国性会展：将全国性会展作为奠定遵义市在黔川渝结合部地区会展业地位的重要载体；树立竞争意识，创造宽松环境，积极发挥国家级经济技术开发区和各产业园区的平台作用，争取更多的全国性洽谈和投资性会展在遵义召开。

③跨省市会展：积极推进与贵阳市、重庆市、四川省等地深度合作，共同策划和举办一批有国际或区域影响力的展览会、会议和论坛；充分利用上海市对口帮扶遵义市的机遇，争取中国（上海）国际乐器展览会、上海国际汽车工业博览会等知名展览会在遵义市设立分会场；依托遵义市产业优势，积极参加各地举办的有一定规模和影响力的投资洽谈会。

④全市性会展：将全市性会展作为活跃遵义市经济、文化、生活，提升遵义市办会经验和质量的重要途径，定期举办房交会、汽博会、名优特新展等，调动各区县参展积极性，将全市性会展向跨省市会展、全国性会展和国际性会展方向培育，不断提升展览会中市外、国外要素的比例。

⑤区县性会展：鼓励、支持、指导区县策划和举办有地方自然文化特色和促进边贸发展的展览会，如红色旅游文化节、仡佬文化艺术节、夜郎文化旅游节、温泉主题文化节、乌江美食文化旅游节、乡村旅游文化节、名酒节、竹文化节、赤水家具博览会、金银花产业发展论坛、洞穴科考节等，尽力扩大这些节会在全市及市外的影响力。

（二）　推进会展市场化发展

遵义市应创新思维，加快培育会展市场，完善会展市场化发展体制机制；综合运用财税、金融、产业政策等手段，设立会展业发展扶持奖励资金，加大对非政府举办的重大会展活动的扶持补助力度，助推会展业市场化进程；注重会展市场主体培育，形成"企业主体、市场运作、政府保障"的会展业发展新模式。

专栏 9-5　会展市场化发展重点

①推进会展市场化转型：深入推进茶博会、辣博会市场化转型，支持茶博会、辣博会创新办会形式，积极鼓励和吸引国内外机构、行业、企业承办茶博会、辣博会项目，发挥茶博会、辣博会的龙头带动作用和品牌会展孵化作用。
②培育壮大会展市场主体：积极引进国内外知名会展企业落户遵义市，支持通过收购、兼并、控股、参股、联合等形式组建竞争力强的会展企业集团，重点培育在国内有影响力的本地会展企业及产业龙头企业，推动本土会展企业尽快上规模、提档次，鼓励大型骨干会展企业借助资本市场的资源加快发展壮大。

（三）　推动会展专业化发展

遵义市应鼓励支持 B2B 办展模式，引导会展项目走专业化发展道路；依托遵义市优势产业，积极策划举办与酒、茶、辣椒等传统特色产业和电子信息、大数据、新能源汽车等新兴产业相关的地方特色展览会及专业展览会，实现"一行业一展览会"；在提升场馆使用率的同时，利用专业展览会对产业的凝聚力和带动力，集聚、优化市场要素，助推产业发展。

专栏 9-6　专业会展发展重点

①政治文化教育类展览会，如教育装备及高职教仪器展览会、西部文化产业博览会、仡佬族文化论坛等与西部、黔川渝地区发展相关的各类会议、展览、区域协作会议等。
②投资洽谈类专业展览会，如辣博会、茶博会、酒博会等在全国已具有相当影响力的品牌展览会，以竹、中药材、金银花等产业为主题的展览会以及黔川渝跨区域的合作论坛、签字仪式等。
③工业装备类专业展览会，如高端装备制造、医疗、通信、军民融合技术展览等。
④日用工业品类专业展览会：如新能源汽车整车、充电设备、电池生产装备、电机生产装备展览等。
⑤建材家居类专业展览会，如新型材料、铝材、陶瓷、石材、木材、家具、灯饰览等。
⑥轻纺类专业展览会，如服装、鞋帽、工艺品、皮革、羽毛（绒）制品展览等。
⑦农业类专业展览会，如优质特色农产品、花卉果蔬、农林牧副渔产品、食品加工展览等。
⑧电子信息类专业展览会，如大数据、智能终端展览等。

（四）　推动会展品牌化建设

遵义市应依托"中国·贵州国际茶文化节暨茶产业博览会""中国（遵义）国际辣椒博览会"等优势会展平台，加大政策、人才、资金、宣传等投入力度，培育一批在国际、国内具有较大影响力的品牌展览会，通过实施品牌带动战略，推动遵义市会展整体质量的提升。遵义市应充分利用遵义市独特的自然和文化资源，结合"红色文化""仡佬文化""康养文化""国酒文化""盐运文化"，举办赤水河流域生态文化发展论坛、"遵义会议"纪念会、四渡赤水论坛、"国酒文化"论坛、仡佬文化论坛、康养产业发展论坛，打造一批特色会议、论坛。遵义市应积极开展"一县一品牌""一县多品牌"创建活动，每个县培育 1~2 个特色会展节庆品牌，依托白酒、烟草、茶、特色食品、民族医药、竹产业"六张名片"的独特优势，培育打造 3~4 个具有区域影响力的特色产业会展品牌。

专栏 9-7　会展品牌建设重点

①打造国际会展品牌：加大遵义市会展在国际上的宣传推广力度，组织赴境外国家和地区开展会展推介活动，提升"中国·贵州国际茶文化节暨茶产业博览会""中国（遵义）国际辣椒博览会"的国际知名度，举办"中国酱香白酒博览会"，打造成为国际性品牌展览会；扩大遵义市会展业的国际影响力，组建专班积极承办各类国际组织拟在中国召开的会议、举办的展览或赛事等，必要时由政府出面协调，并进行财政补贴和支持。

②培育新兴会展品牌：立足遵义市历史文化、旅游休闲、生态农业等特色元素，培育一批新兴会展品牌；依托遵义市大数据、智能终端等电子信息产业，支持鼓励举办大数据应用论坛、智能终端论坛等新兴展览会，培育一批具有遵义市特色、突出信息化特征的技术型展览会；对接新能源汽车、大健康产业等战略性新兴产业，培育健康生活博览会、养老服务业博览会、汽车生活博览会等一批新兴领域的专业展览会；充分发挥浙商群体在资本、人才等方面的优势，定期召开企业家论坛、浙商大会、投资峰会等商业领域会议。

③开发特色品牌节会：依托遵义市特色文化推动节庆发展，开发一批地域特色鲜明、产业优势突出、群众参与性强的品牌节会活动，打造"黔川渝结合部特色节庆之都"；传承经典节庆活动，发挥遵义市在历史、文化、人文、自然等方面的优势，办好红色旅游文化节、仡佬文化艺术节、洞穴科考节等节会项目，结合遵义市特色的白酒、茶叶、竹等地方传统工艺资源，在传承传统工艺的基础上，拓展节会活动内容，创新节庆活动。

④举办文化体育品牌赛事：以红色文化、传统文化为主题，以文体赛事为载体，传承长征精神，打造一批文化体育品牌赛事，依托遵义市良好的生态优势和气候条件，打造山地自行车、越野跑、登山、攀岩、划船等户外运动精品赛事，提升"贵州遵义娄山关·海龙屯国际山地户外运动挑战赛""遵义·中国茶海山地自行车赛""中国·遵义'娄山勇士'国际越野跑挑战赛""中国·习水北纬 28.3 穿越挑战赛""遵义国际马拉松赛事""赤水河谷国际漂流公开赛"等体育赛事的影响力，打造一批山地户外运动国际赛事；立足本土文化，融合时尚文化，围绕非物质文化遗产、传统工艺、现代科技等举办"文化创意设计"主题系列赛事。

专栏 9-8　遵义市县域特色会展及节庆活动

①西部县域特色会展及节庆活动：中国赤水河流域生态经济发展论坛、赤水河流域特色文化系列论坛、四渡赤水论坛、红色旅游文化节、长征文化节、中国红军节、中国酱香酒节、酒旅文化节、端午踩曲节、丰收节（红高粱节）、石斛康养文化节、竹文化节、家具博览会、习水河流域文化艺术节、医药发展论坛、大健康产业发展论坛。
②东部县域特色会展及节庆活动：赏花采茶节、茶文化节、茶海之心旅游节、飞龙湖"万人祈福"、乡村旅游文化节、飞龙湖原生态摄影节。
③北部县域特色会展及节庆活动：民族传统体育发展论坛、仡佬文化论坛、仡佬文化艺术节、仡佬族吃新节、吉他音乐节、康养节、电子商务扶贫年货节、桂花节、文化旅游产业发展论坛、大沙河定向赛。

（五）　推进会展智慧化提升

遵义市应结合"互联网+"和智慧城市建设，在传统会展基础上，引入物联网技术、移动互联网技术、大数据分析和服务，围绕会展平台功能，积极探索智能应用、智慧管理、智慧营销、智慧布展，对策划、场馆运营、设计和工程、服务和运营以及公共安全、环保、配套服务、相关活动等全产业链上的各种资源进行智慧提升，推进会展服务由传统服务向智慧服务转变。

专栏 9-9　智慧会展发展重点

①加快推进会展信息化建设：鼓励支持会展企业利用互联网思维及信息集成技术，开展会展营运互联网化、会展营销互联网化、会展服务互联网化、会展客户互联网化、会展产品互联网化，加快会展服务向智能场馆运营服务、信息化组展服务以及展览会增值信息服务转变。
②推进大数据技术应用：依托大数据中心建设，采用云计算、大数据等信息技术，加强对会展行业数据的搜集、管理、分析和筛选，实现对遵义市会展业整体发展水平的科学评估与决策，增强大数据在会展业智慧化应用的扩展，做到会展信息的共享与互联互通，提高会展业智慧化管理水平和服务质量。
③开发移动互联网应用平台：基于互联网与移动通信的融合，规划开发集会场服务（预约、洽谈、交流、交易等）、会展旅游（吃、住、行、游、购、娱）、会务服务于一体的移动应用服务平台，使展览会参与者可以通过随身携带的移动终端（智能手机、平板电脑等）随时随地获取会展信息和服务。
④推进智慧场馆建设：建设场馆信息资源库、基本设施管理系统、展期安排系统、销售系统等，推进场馆信息化建设，通过全方位无线网络覆盖场馆，为参展者提供快速上网及定位导航，提升观众参展体验感。

（六）　形成完整会展产业链

遵义市应厘清会展产业链上中下游要素间发展关系，强化会展产业链各环节主体服务功能，以会展项目策划为核心，围绕举办会展所需要的直接服务和配套服务，形成由会展策划与运营服务、场馆租赁服务、商贸服务、商务服务和公共服务构成的会展产业链，实现会展产业的整体协调可持续发展。

专栏 9-10　会展产业链构建重点

①促进会展产业内部协调发展：围绕会展举办所需要的场馆设备租赁、装饰装修、设计搭建、信息咨询、广告宣传、展品运输、场馆卫生清洁等直接服务，提升会展"产业链"中展览、会展场馆、配套服务三大环节的专业服务能力、信息化能力和产业链协同能力。

②积极发展会展服务新业态：培育和发展专业会展审计机构、专业会展技术服务公司、服务总承包商、新型会展媒体等会展配套服务新业态，为会展主办方、参展商提供优质、高效的全方位配套服务。

③完善会展综合配套服务功能：提升会展业产业链各环节综合配套功能，培育和引进法律服务、标准检测等专业性中介服务机构，完善会展功能配套所需的银行、金融、电信、保险、运输、教育、培训等城市服务。

④延伸会展经济产业链：结合消费环境优化和商业模式创新，不断推进商贸、旅游、文化等多业态融合发展，完善展馆周边的住宿、餐饮、娱乐、商场的配套服务设施，提升办展参展的服务体验，提升品牌展览会的经济效益和社会效益。

⑤依托会展推进传统产业转型升级：以茶博会、酒博会、辣博会为龙头，以特色节庆活动为辅助，提升白酒、烟草、茶叶、特色食品、民族医药、竹业等六大优势产业，积极发展具有自然特色、田园风光、展示现代农业设施和科技水平的生态农业、休闲农业；设施农业等新型现代农业；积极承办各类专业展览会，推进新能源汽车、新型材料、高端装备制造、大数据、智能终端、军民融合技术的发展。

（七）　实现会展规范化管理

遵义市应加快推进市场管理规范化，完善会展业标准体系，逐步形成面向市场、服务产业、主次分明、科学合理的会展业标准化框架体系；构建行业诚信体系，加快建立覆盖会展场馆、办展机构和参展企业的会展业信用体系；加强会展市场监管，加大展览会知识产权保护力度，建立健全会展品牌保护机制。

专栏 9-11　会展规范化建设重点

①推进会展标准化建设：在国家会展业标准体系框架下，制定合理的适合遵义市会展业发展的技术、管理、服务、信息、安全、卫生、环保等方面的标准，指导会展活动；制定出台有关会展经营服务、从业人员资质、岗位规范、信息技术等一系列标准，与国际会展业标准接轨；制定会展活动和会展企业的星级评定标准，构建会展评估标准体系，开展行业评估。

②建立会展行业诚信体系：建立信用档案和违法违规单位信息披露制度，推动部门间监管信息的共享和公开，实现信用分类监管；开展诚信展览会和会展企业评选活动，对评出的优秀展览会和会展企业给予适当奖励，对不诚信展览会加大追责力度，增大企业失信成本。

③加强会展知识产权保护和监管：引导各类会展项目申请注册商标和资质认证，建立会展业资质、品牌认证体系，保护会展企业的合法权益；对参展商知识产权状况进行备案审核，建立展览会现场侵权投诉程序，加强巡查监管，做好参展商品的知识产权保护工作；创新监管手段，完善重点参展产品追溯制度，推动落实参展企业质量承诺制度，加强会展维权援助举报投诉和处置能力建设，完善举报投诉受理处置机制。

（八）　构建会展人才储备体系

遵义市应加快实施人才战略，建立健全会展人才培育机制与引进机制；充分利用遵义师范学院、遵义职业技术学院等高等院校的人才培养优势，加速会展及相关行业人才的培养和储备，创新人才培养机制，积极引导校企合作，鼓励中介机构、行业协会与相关院校和培训机构联合培养、培训会展专业人才，形成以"高校培养、职业培训、校企合作"为主的会展人才培育机制；建立健全会展人才引进机制，优化会展人才发展环境，加大高端会展人才引进力度。

专栏 9-12　会展人才储备体系建设重点

①加快会展人才培养：鼓励高校联合成立会展业研究机构，开展会展前沿理论研究，强化会展学科建设，设立本科及硕士研究生教育层次的会展经济与管理相关专业，重点设置会展项目管理、会展策划、会展广告、会展商务、会展旅游等专业，培养适应会展业发展的技能型、应用型和复合型专门人才；鼓励高校开展各类对外交流活动及海外培训项目，培育具有国际化视野的会展业高级应用型人才。

②加强会展职业培训：探索建立会展职业培训机制，开展会展人才队伍培训活动；积极开展多层次会展职业教育和会展从业人员在职培训，举办全国会展策划管理师认证培训、会展技能培训，提高从业人员素质；鼓励和组织会展业专家、学者及项目主办方等开展会展沙龙、会展精英培训班、高层次会展人才培训等项目，培育行业精英。

③注重会展人才引进：制定会展人才引进办法，加大对国内外会展业领军人才、高级管理人才和专业从业人员的引进力度；优化会展人才发展环境，做好人才服务工作，积极举办"会展人才交流合作大会"，为会展人才就业提供便利，并对符合引进条件的高级会展专业人才，在入户、住房等方面提供便利和支持。

第十章
遵义市城市商业环境与商业文化研究

遵义市建设黔川渝结合部商贸物流中心与会展中心，在商业建筑设计导向、景观环境建设、公共服务空间配置、交通体系设置以及商业文化培育等方面，都应有"中心"的要求和标准。

一、商业建筑设计导向

商业建筑风格、材料、色彩的选择要体现城市特色，要与周边环境相互协调，突出商业繁荣繁华的特色，烘托商业氛围，体现时代感和现代化气息。

各商贸商务集聚区建筑风格应突出特色。大型商业购物区突出现代简约，星级酒店区突出富丽豪华，餐饮文化休闲区突出亲水自然，古镇风情区突出传统民居的古色古香，总部经济区突出时尚前卫，广场文化区突出城市品位，政务服务区突出磅礴大气，社区突出简约亲和。

二、景观环境建设

（一） 商业建筑首层通透度控制要求

现代风格商业建筑首层通透部分占建筑首层立面总面积的比例不低于60%；由历史建筑改造的商业建筑首层通透部分占首层立面总面积比例不低于40%。商业建筑首层不得使用高反射镜面玻璃。通透部分的造型与建筑整体风格相统一。

（二） 建筑墙体广告控制要求

商业建筑单体设计时需考虑建筑墙体广告的设置位置与大小比例关系。

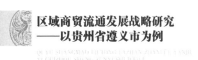

欧式建筑的建筑墙体广告应避免对体现建筑特色的立面要素（如建筑门窗、檐口、线脚、柱廊等）的遮挡，鼓励透空设置。现代建筑的建筑墙体广告面积占高层建筑裙房或多层建筑立面面积比例不得超过40%。

（三） 牌匾设置控制要求

商业建筑牌匾设置应符合相关规定。单栋低层建筑、并列低层建筑、多层建筑、高层裙房，在招牌宽度、招牌厚度、灯箱式招牌、招牌底部、距地面高度、招牌下檐与门面顶端距离等方面，都应符合相关控制要求。

（四） 夜景灯光控制要求

商业中心要做好夜景灯光设计，特别是夜市经济集聚区的灯光及店铺招牌设计。现代商业区、传统商业区、欧式建筑商业区的夜景灯光要与其建筑风格等相协调。

三、公共服务空间配置

商业区要提供足够的公共服务空间，应设置一定数量的花坛、树木（绿地率不低于20%），应提供一定数量供行人驻留、休息的座椅，应设置一些广场、雕塑等，形成富有特色的公共空间。

商业区要注重公共空间形象，在商圈入口、商业中心、广场等区域，设计商圈形象识别系统。广场空间通过环境小品等形成精致化环境，塑造高品位"公共大厅"城市形象；商业街通过公益、文化、休闲、娱乐设施和商业服务设施，营造体验商业；公园休闲区突出水文化特征，并以雕塑等艺术作品成为文化展示平台；滨河区域培育成亲水乐园和城市阳台，形成特色文化走廊；规划展览馆通过新旧图片、文物等陈列，传递强烈的文化气息。

四、交通体系设置

（一）　优先安排公共交通

商业中心优先安排公共交通形式，缓解商业中心周边交通压力。

（二）　扩大商业中心步行街

商业中心适当扩大步行街比例，优化购物环境。商业中心应在核心商圈选择重要商业集聚区，通过围合商业街区，实现人车分流，构建步行购物空间。新建商业中心通过建设商业综合体，构建室内商业步行街。无条件设置步行街的商业中心通过扩宽人行道满足步行购物需求。

（三）　依据标准配建停车场

停车场设置要鼓励在各级商业中心边缘设置停车泊位，引导人车分流。各商业设施依据停车场配建标准，按照其类型和建筑面积，配备足够的停车位。核心商圈停车位配套可适当高配，每100平方米商业设施可考虑按1.1~1.2个车位配置。

五、商业文化培育

城市核心商圈作为遵义市的"城市名片"，应将商业网点的布局与提升城市功能、保护自然人文景观与延续历史文脉有机统一，彰显其独具特色的商业景观、商业文化和商业形象，提升城市商业视觉价值和立体美感，为城市增添无限魅力。在商业文化与特色培育上，遵义市应注重从商业设施布局、商业购物环境、公共空间形象、文化活动策划、企业文化建设等多方面进行全方位培育，体现商圈的开放性、参与性、多元性和融合性，把商圈打造成富有特色的财富商圈、活力商圈、文化商圈、智慧商圈，形成遵义市独特的黔北商圈文化。

（一） 商业布局特色

商业设施通过围合式、韵律式、组合式、对称式等空间形态布局，构造商圈的城市美景视线。

大型商场以其大面积、大规模、多业态的特点，在商业文化特色上着力打造成"购物林荫道"和城市商业地标。步行街作为一种特殊的商业形态，是商圈城市文化的表征，不仅要培育成商业街，更要培育成文化街、时尚街。文化中心是文化传承的主要载体，更要凸显文化特色。

（二） 商业购物环境

购物环境是商业文化中最表象的部分，但也是最需要实力和创意来打造的。遵义市商圈应按照人性化需求进行整体设计装修，为消费者创造时尚、舒适的购物环境。遵义市应在商业建筑风格、店堂色调、景点装饰、商业形象设计、环境塑造、楼层分布、商品陈列等方面注重商业文化塑造。

（三） 文化活动策划

商户应以节假日为契机，通过举行各种时装表演、歌唱大赛、盆景花卉欣赏、茶艺插花示范、美食烹饪演示、消费者权益咨询等活动，在店前营造商业广场文化氛围，打造出遵义市商圈一道靓丽的都市风景线。

公园休闲区通过举办传统文化节会活动，突出会展文化特征。美食街通过大力发掘美食文化，打造独特的黔北饮食文化特色。古镇老街区通过举办庙会、灯会等形式，推出地方剧表演、茶艺表演、民乐演奏、古玩字画等具有文化特色的系列活动，以红色文化为引领，浓郁尹珍文化、沙滩文化、土司文化、国酒文化、仡佬文化、三线文化、浙大西迁文化等黔北文化氛围。

六、保障措施

在《辞海》中，"保障"有两个含义：一为保护、卫护；二为确保、保证做到。建设黔川渝结合部商贸物流中心与会展中心可以从组织保障、制度保障、政策保障、环境保障等方面入手。

（一）　组织保障

遵义市应加强组织领导，成立由市长或主管副市长任组长，市发展改革委、财政局、商务局、交通运输局、投促局、税务局、邮政管理局等部门为成员的黔川渝结合部商贸物流中心和会展中心工作领导小组。领导小组在市商务局下设办公室，研究解决商贸物流中心和会展中心建设中的重大问题。遵义市应加强协调配合，建立部门联动、区域协同的工作机制。市商务局要履行好商贸物流中心和会展中心建设工作的统筹职责，加强与相关部门的沟通协调，形成大流通工作机制。

遵义市应提高重视程度，务必站在全局和战略的高度，充分认识加快发展商贸物流业和会展业在打造黔川渝结合部中心城市中的重大意义，增强紧迫感和责任感，高度重视，解放思想，抢抓机遇，开拓创新，定期召开工作分析会，专题研究如何将商贸物流和会展服务工作的重要性落实到具体的工作之中，实现全市商贸、物流、会展业的快速健康发展。

（二）　制度保障

遵义市应将商贸物流中心与会展中心建设与城市总体发展规划相衔接。市商务局应加强与城市发展规划编制工作领导小组的沟通和协调，争取城市规划面积中有20%~30%的商业用地面积，确保商贸物流业及会展业发展用地。预留商业用地不能随意更改、随意占用，保证规划项目用地落实。

遵义市应对新建5 000平方米以上的大型商场、10 000平方米的专业市场以及大型商业会展项目，纳入建设领域并联审批规划环节，在核发建设工程选址意见书和建设用地许可证之前，由商贸流通行政主管部门出具确认意见书。

商贸、物流及会展建设项目的引进必须在专项规划指导下实施。遵义市应积极引导相关企业按规划进行选址布点，避免网点建设无序、盲目和重复；同时，积极协助有关部门争取重点项目用地指标，精心包装各大项目，争取纳入省级重点项目库，从省级层面争取用地指标份额，保障项目用地要求。

（三） 政策保障

遵义市应出台配套政策，确保相关商贸服务业、物流业和会展业优惠政策落实到位。遵义市应全面落实国家、贵州省和遵义市关于商贸物流和会展发展的各类优惠扶持政策，从税收、规费、土地、融资、奖励等方面鼓励商贸物流业和会展业发展；完善土地要素供给，充分利用国家、贵州省和遵义市关于商贸物流业和会展业发展用地的相关政策，对重要的商贸物流设施、会议中心、展馆建设，优先安排用地。新建商贸物流及会展项目选址必须符合《遵义市土地利用总体规划》要求。

遵义市应围绕商贸物流及会展发展的重点领域和重点项目，加强政策措施的统筹联动，对商贸物流、电子商务、农产品流通、会展经济等重点领域的重特大项目，实行"一事一议"，在用地、财税、工商登记、信贷融资等方面给予相应的个性化优惠政策，安排专人全过程协助办理，提高效率。

遵义市财政每年安排商贸物流及会展发展专项资金，并按一定比例递增，重点用于产业规划、招商引资、重大商贸活动及会展活动、市场应急调控等工作。此外，遵义市应安排一定的商贸物流及会展业重点项目扶持发展资金，为全市商贸物流及会展重点项目提供资金保障，加快项目建设步伐。

（四） 环境保障

遵义市应以开放的视野加强与毗邻省市、发达地区乃至发达国家的合作，积极引进、利用全省、全国、全球商业资源与市场，着力引进国内国际知名品牌零售企业、金融机构、会展企业、物流企业以及中介服务机构（会计、法律、建筑设计、评估、担保等）高端要素进入遵义市，大力发展合资合作项目，通过区域合作，拓宽商贸物流及会展业发展空间，营造优势互补、协调发展、共同繁荣的良好发展环境。

　　遵义市应完善各种基础设施和综合配套设施，继续加大对道路、交通、电力等基础设施的投入和建设力度，加快对重要商贸区域、重大商贸物流网点停车场和其他市政设施的改造建设。新建重大网点必须有配套的停车场（库），完善与商贸、物流、会展发展相关的其他各类综合配套设施建设。

　　遵义市应加强市场监管，营造诚信商业环境，加强对各类商业网点的监管，引导企业和商户依法经营、公平竞争，营造公平公正的市场环境；积极动员群众、媒体、行业协会参与监督，形成诚信经营的良好商业氛围。

第十一章
基本结论与建议

建设黔川渝结合部商贸物流中心与会展中心，必须处理好十大关系。在此基础上，本书提出了六个方面的建议。

一、基本结论

1. 商贸流通业逐步增长，但增长速度放缓

遵义市 2017 年社会消费品零售总额为 811.69 亿元，比上年增长 12.2%；而 2016 年同比增长为 13.05%，2011 年同比增长为 20.79%；2016 年商品销售总额为 2 592 亿元，比上年增长 15.85%；而 2015 年同比增长为 15.14%，2011 年同比增长为 28.03%。

2. 对国民经济的贡献较大，但贡献率占比减少

2017 年，商贸流通业的增加值为 327.65 亿元，同比增长 23.2%，占地区生产总值的比重为 11.9%，占三次产业的比重为 33.88%，先导产业作用明显。但是，商贸流通业的增加值占地区生产总值的比重却逐年下降。2011 年，商贸流通业的增加值占地区生产总值的比重为 15.96%，占三次产业的比重为 43.47%；2016 年，商贸流通业的增加值占地区生产总值的比重为 12.24%，占三次产业的比重为 33.99%。未来，遵义市的商贸流通业对经济发展的贡献越来越低，其促进经济增长的作用逐渐减弱。同时，这说明遵义市经济发展是以"工业经济"为主导的，第三产业的发展（包括商贸物流业的发展）处于弱势。

3. 现代流通物流方式发展较快，但新型业态发展较为滞后

遵义市非公有制经济占主导地位，经营主体多元化；连锁经营、特许经营、现代物流、电子商务、无店铺零售等现代流通方式和新型业态有较快发展，商业经营方式和商业业态发生较大变化，商业管理水平和服务水平有了较大提高。但是，新型业态发展滞后，新型业态中特别是工厂直销中心、仓储会员店、大型购物中心等发展较为滞后。

4. 商贸物流中心与会展中心全力推进，但商贸物流基础设施差距较大

随着《市人民政府关于加快建设黔川渝结合部商贸物流中心的实施意见》（遵府发〔2017〕19号）、《市人民政府关于加快建设黔川渝结合部会展中心的实施意见》（遵府发〔2017〕20号）的出台，黔川渝结合部商贸物流中心和会展中心加快建设。但是，由于遵义市商贸物流产业基础薄、起步晚，目前还存在规模不大、档次不高、布局不合理、集约化程度不高、基础设施滞后等问题，与发达地区相比有较大差距。同时，城市核心商圈、专业市场群、会展中心、物流园区还未真正形成，整体聚集辐射能力不强。

5. 商贸物流基础设施建设力度较大，但存在较大的市场闲置风险

遵义市加快建设黔川渝结合部商贸物流中心与会展中心，全力推进物流园区、市场集群、城市核心商圈、会展中心、城市商业综合体、农商旅联动综合体以及各大型网点建设，商贸物流网点设施、商业物流基础设施建设力度较大，成效明显。但是，在"互联网+"时代，电子商务、网络零售兴旺发达，商业人工智能不断发展，消费者行为发生巨大变化，庞大的商贸物流设施在客观上存在较大的市场闲置风险。

6. 消费能力后发力量强劲，但高品质商业发展不足

据预测，2025年，遵义市的人均地区生产总值将达到80 737.71元。未来5~10年，遵义市的人口逐年增长，人均地区生产总值、人均可支配收入也将逐年上升，说明该地区的消费能力有强劲的后发力量。但是，遵义市的城市核心商圈、特色商业街等建设与高品质商业发展要求有一定距离，不能满足消费者高品质消费的需求。

二、遵义市商贸物流与会展业发展应注意的十大关系

商贸物流与会展业在此合称商贸物流业。

1. 经济社会发展与商贸物流业的关系

经济社会发展与商贸物流业发展是一种互为促进关系。随着遵义市经济的持续快速发展，城镇居民可支配收入不断提高，居民消费支出不断增加，促进了遵义市商贸物流业的发展。商贸物流业的不断发展，必然促使经济快速发展。随着新时代社会文明的进步，人们的消费水平、消费观念、消费结构、消费模式等也会随之变化，这些变化又必然通过一定的消费环境来实现，新商贸、新流通、新业态在其中起着不可低估的中心作用。

2. 人口、购买力、交通条件与商贸物流业的关系

人口的适度规模决定了社会消费品的需求总量。人口规模越大，意味着人的需求越大，市场也就越大。商贸物流业的特点就是服务，无论是消费性服务还是生产性服务，都是以人为中心的。没有一定的人口规模，服务就将失去服务对象，成为无源之水。因此，遵义市区域商贸物流业的发展，既要考虑人们不同的消费水平及人口流量的变化，更要与人口总量规模相适应。另外，商贸物流业的发展必须考虑人口的结构特征，人口的结构特征将影响市场商品的需求结构。人口结构包括年龄结构、文化结构、性别结构等。不同类别的人口，其消费需求、消费习惯、消费行为、消费模式以及购买动机都具有很大的差异性，将直接影响市场的商品需求结构。购买力直接决定商贸流通规模。交通条件，影响人口的流向。商贸流通业的特色、档次以及购物环境影响外来消费人口。因此，遵义市商贸物流业要以特色取胜。

3. 商贸物流业发展规划与城市总体规划、社会经济发展总体规划的关系

城市总体规划是一个城市建设发展的蓝图。社会经济发展总体规划是经

济社会发展的蓝图，决定经济发展方向和发展格局。商贸物流业发展规划对于城市总体规划及社会经济发展总体规划而言，是局部与全局的关系。更具体地说，是商贸物流业这个子系统与城市这个综合大系统的关系，是商贸物流子系统与国民经济大系统的关系。因此，商贸物流业发展规划必须服从和服务于总体规划要求，商贸物流业发展规划的宗旨和内容要有利于促进总体规划的实现。

商贸物流业发展规划的对象具有自身的专业特点。它是专门调整流通生产力布局的，需要以城市经济生活中商品流通的基本规律为主要依据，结合实际需要，合理安排不同规模、不同业态业种的商业网点，以发挥商业网点设施在保障城市生活功能、促进城市建设发展方面的基础作用，从而促进商业网点建设、商贸流通业发展与整个城市建设的协调发展。

从行政规制的实际效率看，总体规划的行政权威比商贸物流业发展规划大。因此，商贸物流业发展规划应当把总体规划作为重要的规划依据，形成下位规划与上位规划的位阶关系，以增强规划的权威性。

4. 商贸流通业发展规划与专项子规划的关系

商贸物流业发展规划是一个城市或地区商业发展的总体要求和全局性的安排意见，它涉及的范围包括零售业各种业态的发展，也包括零售业以外的批发、物流配送、餐饮以及其他生活服务业网点的发展，还包括对城市不同区域商业网点配置的不同要求。为了使商贸物流业发展规划进一步细化，根据不同城市的具体情况，商贸物流业规划之下可以制定若干专项子规划，如商业网点规划、商圈规划、市场规划、便民商业规划、物流规划等。专项子规划是商贸物流业规划在某一方面的补充和具体化，同商贸物流业规划的关系是局部与整体的关系。根据系统论的观点，系统的功能是由其结构决定的，结构好的系统，其功能就强，反之就弱。如果商贸物流业规划是一个系统，专项子规划就是它的子系统，一个子系统安排不当，或者与商贸物流业规划系统及其他子系统有抵触，规划的功能就会减弱，甚至无法执行。因此，是否制定子规划及如何制定子规划，都要持慎重态度，考虑遵义市的具体情况。

5. 商贸物流业规划的前瞻性与可操作性的关系

规划的前瞻性是指规划本身体现对城市建设和商业发展的超前意识。改革开放 40 多年来，我国城市建设日新月异，居民居住地域变化加快，商贸流通业发展规划必须体现这种变化趋势，准确分析并把握一个城市未来的发展空间、发展潜力和发展趋势。例如，城市辖区的扩大、老城区的改造和新城区的开发、不同社区的分布及发展、公路和轨道交通的建设发展等交通条件的变化以及城市现代化水平的提升等因素，对生活方式、消费方式有较大影响。这使得商贸流通业规划要同城市未来的发展实际相适应，避免因规划失当而丧失发展机会或造成投资的浪费。

规划的可操作性也要得到高度重视，防止在实际工作中不好执行。规划的可操作性取决于对城市商贸流通现状的透彻了解和科学分析。因此，商贸流通设施普查是编制商贸物流业规划的前期重要工作，商贸流通设施普查可以取得规划编制所需的基础数据，包括网点的业种业态类别、经营方式、营业面积、销售额、从业人员数量等，进而结合城市经济及社会发展的现状和发展趋势，对城市各区域商业网点发展现状进行全面的定量分析，再同国内或国外同类城市进行比较研究，确定出发展的重点和分行业分地区的网点布局。有了这样的全面调查和分析研究，才能使规划虚实结合，使规划的编制既立足于现实，又着眼于发展，既有合理的发展内容，又有引导性的配套措施，以保障规划在实际工作中得以贯彻落实。

6. 城市商业与农村商业统筹协调发展的关系

商贸物流业规划的重点在城市。在新时代乡村振兴战略背景下，我们必须处理好城市商业与农村商业的关系。遵义市作为城乡二元结构特征显著的地区，发展农村现代商贸物流业是缩小城乡差别、发展现代农业、繁荣农村经济、实现乡村全面振兴的重要突破口。商贸物流业规划尤其要处理好城乡商贸统筹协调发展问题，在重点规划发展城市商业时，要特别注重农村商贸流通基础设施建设、农村商业网络建设、农村特色市场发展等方面规划，做到既要突出重点又要城乡统筹。

7. 商贸物流现代化与商业网点的便民化、多样化的关系

我国现代化建设使城市面貌和人民生活得到了很大改善，特别是在进入全面建设小康社会阶段后，人民群众对城市商业的现代化提出了更加迫切的要求。商业特别是零售商业贴近消费的特点，决定了商贸物流现代化必须考

虑便民，考虑保持商贸物流多样化。商贸物流业规划的编制要兼顾这一点，既要有利于引导和促进新型业态、连锁经营、物流配送、电子商务等现代流通方式的发展，又要从实际出发，量力而行。

商贸物流现代化的宗旨是要为生产和消费提供高效率、高质量的流通服务，让生产实现良性循环，让广大消费者得到更多实惠。商贸物流现代化与便民化、多样化是联系在一起的。多层次的生产力发展水平，决定了商业不可能在短时间内全部实现现代化，而只能是先进与后进并存，逐步提升。因此，制定商贸物流业规划，不应该一味地追求高档化，以致脱离实际。特别是零售网点的区域布局和业态业种的配置应充分考虑从各个方面满足广大群众不同层次的消费需要。中心商业区的网点应突出体现商业的多样化，社区商业网点应注重体现便民化。

目前，现代商业新兴业态的出现，主要是因为这些新兴业态的发展满足了人们个性化、时尚化、便捷化和休闲化的消费需求。结合遵义市特有的商业格局，新兴业态的布局还需与各商业中心区的特点结合起来。

现代商业发展与业种、业态布局的关系如表11-1所示。

表11-1 现代商业发展与业种、业态布局的关系

业态	位置选择	交通方式
折扣店	商业密集区	公交车辆
食品超市	居民区、交通要道、车站等	步行可达
综合超市	居民区、商业密集区等	步行或自行车可达，有公交车
大型综合超市	集中住宅区、城乡结合部、商业密集区等（有大型自行车停放处和适当停车场）	短程步行或远程公交车可达，自行车或汽车可达
仓储式超市	城乡结合部（必须有大停车场）	汽车或远程公交车可达

8. 城市中心商业区、居住区与农村商业设施的关系

在城市现代化建设进程中，中心区人口大量外迁，在中心区以外形成不少新的居住区。中心商业区和居住区的商业设施规划不仅要在网点的总体规模上分别提出不同的要求，而且要明确区分两者不同的功能。

中心商业区（城市核心商圈）在严格控制总体规模的基础上，应通过改

造和结构调整，重点建设好特色商业街，推进业态多元化，发展专卖店、精品店，开展错位经营和多功能服务。中心商业区特别是要注意营造文化氛围，主要满足高档次、高品位、特殊类型商品的消费需求，形成集购物、餐饮、休闲、娱乐于一体的商业特色，更好地发挥城市窗口的作用。居住区的商业设施建设，在商业网点规划中应占有重要的地位，其功能定位应主要面向本地区居民，满足他们在日用品、一般消费品以及日常生活服务等方面的需求，形成贴近居民、方便快捷、行业配套的社区商业服务中心。

此外，商贸物流业规划还应规划好若干个城市商业副中心，一方面可以减轻中心商业区的交通压力，另一方面可以弥补社区商业服务中心功能上的局限性。

9. 发展大型商贸物流企业与保护中小商贸物流企业的关系

在商贸物流市场的竞争中，大店（大企业）对于中小店铺（中小企业）具有明显的竞争优势。大店发展过多，必然造成市场上的过度竞争，进而危及中小店铺的生存。众多的中小店铺贴近消费者，方便顾客就近购买，经营方式灵活，具有大店难以替代的作用。

商贸物流业是劳动密集型行业。创造大中小店铺协调发展的环境，是商贸物流业规划要解决的重要问题。解决这一问题的着力点就在于对大店的发展实行必要的控制，尤其是在零售业。这种控制实质上就是为中小店铺提供生存和发展的空间。控制大店无序发展的有效办法是对新设大店做出规划并实行听证会制度。

10. 商业网点营业面积与社会消费品零售总额的关系

社会消费品零售总额是反映商贸流通渠道能力的重要指标，商业网点设施是商贸流通渠道的物质载体。从资源配置的角度来说，商业网点设施需要高效率。但是，坚持从实际出发的原则，遵义市商贸物流业规划必须根据遵义市商贸物流网点营业面积与社会消费品零售总额的现实关系，在商业网点营业面积的规模和效率之间作出合理的权衡。

本书利用遵义市 2010—2017 年的社会消费品零售总额（SL）、商业网点面积（MJ）的历史数据，经过回归估计得到相关系数矩阵（见表 11-2）和估计方程的计量经济学模型。

表 11-2 社会消费品零售总额（SL）、商业网点面积（MJ）的相关系数矩阵

项目	SL	MJ
SL	1.000 000	0.877 286
MJ	0.877 286	1.000 000

回归估计方程：

$$SL = 98\ 605.97 + 1.81 \times MJ$$

$$Prob\ T = 0.002 \quad Prob\ T = 0.004$$

$$R^2 = 0.77$$

由模型可知，遵义市的限额商业网点面积每增加 1 个单位（1 平方米），其社会消费品零售总额将增加 1.81 个单位。

三、对遵义市商贸物流业发展的建议

一是以超常规思路政策，谋求超常规的发展。遵义市应依托产业、交通、区位、资源优势，通过建立完善的商贸物流动力机制、规范的商贸物流约束机制、灵敏的商贸物流运行机制，以超常规的理念、超常规的思路、超常规的手笔，实现超常规的发展，为遵义市商贸物流发展提档提速。同时，遵义市应制定商贸物流业和会展业发展规划，强化政府规划、管理和服务职能。

二是突出商贸物流特色，打造商贸物流亮点。遵义市应突出发展物流配送、专业市场、特色购物、特色餐饮、生态休闲，以特色商贸物流推动全市商贸物流发展。遵义市应打造以中央商务区、城市核心商圈为主要依托的黔川渝结合部商贸中心，以物流产业带和物流园区为主要依托的黔川渝结合部物流中心，以遵义国际会议展览中心为主要依托的黔川渝结合部特色会展中心，以南部新区专业市场发展为主要依托的特色专业市场群，以特色镇、特色街、特色景区为重要节点的生态休闲中心。遵义市应通过特色、亮点打造，塑造商贸物流品牌。

　　三是全力打造城市核心商圈，实现聚集功能。遵义市应按照"人车分流、商住分开、集中打造、立体开发"的思路，坚持"整体规划、分步实施、强力推进"的运作方式，全力打造遵义市生态城市核心商圈，修建标志性的商业建筑、步行街、公共休闲场所、商业景观、停车场等商业配套设施，同时着手引进大型商贸企业入驻，突出精品、名品、新品特征，使之成为一个集购物、休闲、文化、餐饮、娱乐于一体的现代商圈，成为遵义市的城市名片。

　　四是培育专业大市场和物流园区，发挥辐射功能。遵义市应依托区域交通、城市产业和资源优势，全力培育打造专业大市场和物流园区，极大发挥其区域性辐射功能。

　　五是创新城乡商贸统筹发展模式，实现农产品流通现代化。遵义市应通过建立农产品渠道联盟，创新农产品流通渠道，发挥龙头企业、合作社和农户三个联盟主体的作用，实现农户组织化、龙头企业规模化、经销商品牌化；通过经营连锁化、销售超市化和配送集中化，创新流通业态；通过在农产品领域采用拍卖、仓单、远程合约、期货交易等方式，实现创新农产品流通方式。

　　六是狠抓招商引资，以项目带动商贸物流高质量发展。遵义市应完善招商引资优惠政策，优化投资环境，简化办事程序，提高服务水平，打造一流的软环境，大力引进外地有实力的开发商来遵义市建设符合规划要求的商贸物流设施。遵义市应以现代化的基础设施吸引国内外知名零售商、批发商、物流商、专业市场、星级宾馆以及先进商业业态等入驻遵义市，以大项目带动遵义市商贸物流高质量发展。

参考文献

［1］林文益. 贸易经济学［M］. 北京：中国财政经济出版社，1995.

［2］徐从才. 现代商品流通：转型与发展［M］. 北京：中国人民大学出版社，2000.

［3］徐从才. 流通革命与流通现代化：转型与发展［M］. 北京：中国人民大学出版社，2009.

［4］夏春玉. 流通概论［M］. 大连：东北财经大学出版社，2006.

［5］洪涛. 流通产业经济学［M］. 北京：经济管理出版社，2001.

［6］柳思维. 城市商圈论［M］. 北京：中国人民大学出版社，2012.

［7］晏维龙. 马克思主义流通理论当代视界与发展［M］. 北京：中国人民大学出版社，2009.

［8］周万钧，干勤. 城乡一体化与商贸发展战略研究［M］. 重庆：重庆出版社，2001.

［9］纪宝成. 商品流通论：体制与运行［M］. 北京：中国人民大学出版社，1993.

［10］郭冬乐，宋则. 中国商业理论前沿［M］. 北京：社会科学文献出版社，2000.

［11］马龙龙. 流通产业组织［M］. 北京：清华大学出版社，2006.

［12］马龙龙. 流通产业结构［M］. 北京：清华大学出版社，2006.

［13］马龙龙. 流通产业政策［M］. 北京：清华大学出版社，2005.

［14］祝合良. 中国商品流通的规范与发展［M］. 北京：首都经济贸易大学出版社，2018.

［15］纪良纲. 京津冀协同发展：现实与路径［M］. 北京：人民出版社，2016.

［16］荆林波，袁平红. 未来二十年中国流通产业发展战略［M］. 北京：经济科学出版社，2014.

［17］陈甫军. 中国地区间市场封锁问题研究［M］. 北京：经济科学出版社，2015.

［18］曾庆均. 现代贸易组织理论与实务［M］. 重庆：西南师范大学出版社，1999

［19］曾庆均，干勤，周文兴. 重庆商贸发展研究：重庆商贸中心的历史、现状与前景［M］. 重庆：重庆出版社，2001.

［20］曾庆均. 零售学［M］. 北京：科学出版社，2012.

［21］曾庆均. 城乡商贸统筹发展研究［M］. 北京：科学出版社，2014.

［22］曾庆均. 长江上游商贸物流中心研究：基于重庆的视角［M］. 北京：科学出版社，2016.

［23］曾庆均. 三峡库区城乡商贸统筹研究：以"万开云"板块为例［M］. 北京：科学出版社，2017.

［24］曾庆均. 重庆零售蓝皮书［M］. 成都：西南财经大学出版社，2017.

［25］曾庆均. 重庆市商品交易市场蓝皮书［M］. 成都：西南财经大学出版社，2017.

［26］曾庆均. 商品交易市场发展论［M］. 成都：西南财经大学出版社，2015.

［27］曾庆均，孙畅，张弛，等. 供销合作社发展规划研究：以遵义市供销合作社为例［M］. 成都：西南财经大学出版社，2017.

［28］曾蓼，王宁，曾庆均. 长江经济带商贸流通业协调发展评价［J］. 改革，2018（8）：129-137.

［29］曾庆均. 西部大开发中重庆商贸的发展：构建重庆大区域商贸中心［J］. 重庆商学院学报，2000（3）：35-39.

［30］曾庆均. 我国城乡市场协调发展的策略［J］. 商业研究，2001（11）：94-97.

[31] 彭智敏. 长江经济带综合立体交通走廊的架构 [J]. 改革, 2014 (6): 34-36

[32] 王维国. 协调发展的理论与方法研究 [M]. 北京: 中国财政经济出版社, 2000

[33] 曾珍香. 可持续发展协调性分析 [J]. 系统工程理论与实践, 2001 (3): 18-20.

[34] 彭荣胜. 区域经济协调发展的内涵、机制与评价研究 [D]. 开封: 河南大学, 2007.

[35] 张宇. 成渝经济区协调发展机制研究 [D]. 成都: 西南财经大学, 2010.

[36] 刘国光. 加快流通业从末端行业向先导性行业转化 [J]. 中国商贸, 1999 (2): 9-10, 5.

[37] 黄国雄. 论流通产业是基础产业 [J]. 财贸经济, 2005 (4): 61-65, 97.

[38] 刘子峰. 论流通产业的战略性地位 [J]. 财贸研究, 2005 (2): 39-45.

[39] 曹金栋, 杨忠于. 关于流通业战略性地位的理论探讨及对策分析 [J]. 经济问题探索, 2005 (2): 108-109.

[40] 路红艳, 梁威, 孙维升. 内贸流通区域协调发展趋势及路径选择 [J]. 商业经济研究, 2017 (8): 5-7.

[41] 黎鹏. 区际产业的互补性整合与协同发展研究: 理论依据、实践需求和方法论思路 [J]. 经济与社会发展, 2003 (5): 46-50.

[42] 李清泉. 论区域协调发展战略 [D]. 北京: 中共中央党校出版社, 2000.

[43] 孙海燕, 王富喜. 区域协调发展的理论基础探究 [J]. 经济地理, 2008 (6): 928-931.

[44] 覃成林, 张华, 毛超. 区域经济协调发展: 概念辨析、判断标准与评价方法 [J]. 经济体制改革, 2011 (4): 34-38.

[45] 郭茜琪. 论地方政府在市场化进程中的诺思悖论行为 [J]. 学术界, 2008 (2): 160-165.

[46] 全海娟. 区域经济协调发展评价指标体系及评价模型研究 [D].

南京：河海大学，2007.

［47］曾珍香，顾培亮. 可持续发展的系统分析与评价［M］. 北京：科学出版社，2000.

［48］宋则."十三五"时期寻求商贸流通业创新发展新突破［J］. 中国流通经济，2016（1）：10-16.

［49］阿瑟·刘易斯. 二元经济论［M］. 施炜，谢兵，苏玉宏，译. 北京：北京经济学院出版社，1989.

后记

　　笔者在《供销合作社发展规划研究——以遵义市供销合作社为例》一书的后记中写了这样一段文字："初识遵义，是书本上大家非常熟悉的 1935 年'遵义会议'的故事，该会议成为中国共产党历史上生死攸关的转折点，于是遵义有了'转折之城，会议之都'的美誉。深识遵义，实感遵义历史厚重、山川秀美，是因为规划，因规划与遵义结缘实在是一种福分。"

　　因规划再度与遵义市结缘，再度深识遵义市。

　　遵义市位于贵州省北部，是贵州省第二大城市、黔川渝三省（直辖市）结合部中心城市。发展商贸物流与会展业，是中心城市发展的必然要求。同时，遵义市有发展商贸物流与会展业得天独厚的优势条件。遵义市因 1935 年召开的"遵义会议"而闻名于世，被称为"转折之城，会议之都"。遵义市是西部陆海新通道的重要节点城市，是西南地区承接南北、连接东西、通江达海的重要交通枢纽，是成渝—黔中经济区走廊的核心区。遵义市又是首批国家历史文化名城、"茅台酒"的故乡、国家全域旅游示范区。

　　2017 年 9 月，中共遵义市委五届三次全会通过的《中共遵义市委关于加快第三产业发展的意见》（遵党发〔2017〕8 号）提出了建设"三区三中心"目标（黔川渝结合部旅游康养集聚区、金融集聚区、大数据服务集聚区和商贸物流中心、会展中心、文化中心）。建设黔川渝结合部商贸物流中心和会展中心，是其中的"两中心"，编制黔川渝结合部商贸物流中心发展规划和黔川渝结合部商贸会展中心发展规划是发展之需。

　　2018 年 1 月，受遵义市商务局邀请，我们通过竞标承担了"遵义市建设黔川渝结合部商贸物流中心和会展中心战略及发展规划"项目。该项目由三部分构成：《遵义市建设黔川渝结合部商贸物流中心和会展中心战略研究（2018—2025）》《遵义市建设黔川渝结合部商贸物流中心发展规划（2018—2025）》《遵义市建设黔川渝结合部会展中心发展规划（2018—2025）》。

行走在遵义市商贸流通发展之路上，走遍遵义市所属区（县）商务部门，走访遵义市城市商圈、市场物流园区与特色商业街，阅读商贸物流与会展发展的经典文献。听之、观之、学之、悟之，我们深感改革之艰辛、发展之不易。

我们最终形成的一个研究报告、两个规划是在与遵义市商务局领导充分沟通、征求各方意见、学习借鉴基础上完成的。本书又是在研究报告和发展规划的基础上形成的。本书是课题组成员共同努力的成果。课题组成员有：重庆工商大学经济学院教师孙畅、王晓琪，2016级区域经济学硕士研究生张晴云、2016级产业经济学硕士研究生王纯。具体写作分工如下：曾庆均撰写了第五、六、十一章；孙畅撰写了第七、九章；王晓琪撰写了第二、八章；张晴云、王纯、曾庆均撰写了第一、三、四章；王晓琪、孙畅撰写了第十章。

本书由商贸流通与现代服务业研究生导师团队项目（yds193001）、教育部人文社科重点研究基地长江上游经济研究中心商贸流通团队项目（CJSYTD201701）资助出版。

由于我们水平有限，尤其是对新时代区域商贸物流及会展发展认识不到位、理解不深入，研究中难免有不尽如人意之处，热诚欢迎学界前辈、同仁和实务部门的同志批评指正。

曾庆均
2023年3月于重庆